Kirsten Winkler, KulturSchock Iran

REISE KNOW-HOW im Internet

Aktuelle Reisetips und Neuigkeiten
Ergänzungen nach Redaktionsschluß
Büchershop und Sonderangebote
Leserforum rund ums Reisen

http://www.reise-know-how.de/

Der
Reise Know-How Verlag
Peter Rump GmbH
ist Mitglied der Verlagsgruppe
REISE KNOW HOW

Kirsten Winkler

KulturSchock Iran

Impressum

Kirsten Winkler
KulturSchock Iran

Reise Know-How Verlag Peter Rump GmbH
Hauptstr. 198
33647 Bielefeld/Brackwede
© **Peter Rump** 1995
2. Auflage **1998**

ALLE RECHTE VORBEHALTEN

Umschlaggestaltung: M. Schömann, P. Rump
Fotos: © die Autorin
Lithographie, Druck, Bindung: Fuldaer Verlagsanstalt, Fulda

ISBN: 3-89416-160-4

PRINTED IN GERMANY
Dieses Buch ist erhältlich in jeder Buchhandlung der BRD,
Österreichs, der Niederlande und der Schweiz.
Bitte informieren Sie Ihren Buchhändler über folgende Bezugsadressen:
BRD: Prolit GmbH, Postfach 9, 35461 Fernwald (Annerod), alle Barsortimente
Schweiz: AVA-buch 2000, Postfach 27, CH-8910 Affoltern
Österreich: Mohr Morawa Buchvertriebs GmbH, Sulzengasse 2, A-1060 Wien
Niederlande: Nilsson & Lamm BV, NL-1380 AD Weesp

Wer im Buchhandel kein Glück hat, bekommt unsere Bücher auch direkt bei:
Rump-Direktversand
Heidekampstr. 18, 49809 Lingen (Ems)

Außerdem in dieser Reihe:

KulturSchock ÄGYPTEN
KulturSchock CHINA
KulturSchock INDIEN
KulturSchock ISLAM
KulturSchock JAPAN
KulturSchock MEXIKO
KulturSchock PAKISTAN
KulturSchock RUSSLAND
KulturSchock THAILAND
KulturSchock VIETNAM

Der Verlag sucht **Autoren** für weitere KulturSchock-Bände

Inhaltsverzeichnis

Vorwort

Die Bände der "Kulturschock-Reihe" sollen ihren Lesern fremde Kulturen näherbringen. Im Mittelpunkt stehen nicht die Sehenswürdigkeiten des jeweiligen Landes, sondern seine Bewohner. Die fremden und uns teilweise unverständlich erscheinenden Sitten und Gebräuche der Menschen werden beschrieben und erklärt. Der vorliegende Band befaßt sich mit den Menschen im Iran. Ihre Lebensgewohnheiten sollen vor dem Hintergrund der geschichtlichen und religiösen Entwicklung des Landes dargestellt werden. Seit den Eroberungszügen des Kalifen Omar Mitte des 7. Jahrhunderts ist der Islam die vorherrschende Religion im Land, das bis in die dreißiger Jahre des 20. Jahrhunderts Persien hieß.

Das arabische Wort **Islam** bedeutet völlige Hinwendung zu Gott, das Wort Muslim bezeichnet einen Menschen, der sich den Geboten Gottes unterworfen hat. Damit ist schon viel über den Islam gesagt. Die Religion, und hierin unterscheiden sich die schiitische und sunnitische Richtung nicht voneinander, ist die Grundlage allen menschlichen Handelns und bestimmt das gesamte Leben der Gläubigen, von der Geburt bis zum Tod.

Heute bekennen sich weltweit annähernd eine Milliarde Menschen zum Islam. 80 % der Muslime gehören der sunnitischen Richtung an, die restlichen 20 % verschiedenen schiitischen Gruppierungen.[1]

Der Iran ist das einzige islamische Land, in dem schiitische Muslime die Mehrheit bilden. Seit 1501, dem Jahr der Thronbesteigung des Safawidenherrschers Ismael, ist der Schiismus Staatsreligion im Iran. Heute bekennen sich knapp über 90 % der Bevölkerung des Iran zum Schiismus.[2] Im Zentrum des schiitischen Glaubens steht, nicht anders als bei den Sunniten, der Glaube an den einen Gott, an seinen Gesandten Mohammad und an das Jüngste Gericht. Auch andere Länder, wie Irak (53,5 %), Jemen (46,9 %) oder Libanon (41 %), weisen einen großen Bevölkerungsanteil schiitischer Muslime auf.

Im ersten Kapitel des Buches werden die Grundlagen des Islam besprochen und die Unterschiede zwischen Sunnismus und Schiismus erklärt. Die muslimische Gemeinschaft hat sich bereits in den ersten Jahren nach dem Tod des Propheten Mohammad gespalten. Einem geschichtlichen Abriß des Iran im 20. Jahrhundert folgt die Beschreibung des Landes in der Gegenwart mit der Schilderung des öffentlichen Lebens sowie einem Einblick in den Privatbereich. Beleuchtet wird das Leben iranischer Familien verschiedener Gesellschaftsschichten unter Berücksichtigung der Rollen von Mann und Frau in der islamischen Welt. Außerdem wird deutlich, welche Veränderungen sich für die Bevölkerung durch die Islamische Revolution von 1979 ergeben haben.

Das letzte Kapitel ist schließlich an diejenigen Leser gerichtet, die sich mit dem Gedanken tragen, eine Iran-Reise zu unternehmen. Verschleierung der Frauen und Geschlechtertrennung sind Schlagworte, die im Zusammenhang mit einem islamischen Land zwangsläufig fallen. Bei einer Reise durch den Iran werden Besucher aus dem Ausland ständig und überall direkt mit diesen islamischen Verhaltensregeln konfrontiert. Für Reisende wird dargelegt, warum sie sich bei einem Besuch des Iran, mehr noch als bei einer Reise in ein anderes islamisches Land, in ihrem Auftreten und Verhalten den Gegebenheiten des Landes anzupassen haben.

Die islamische Gesellschaft hat im Laufe von Jahrhunderten gewisse **Verhaltensregeln** entwickelt, die sich noch heute mehr oder weniger ausgeprägt in allen islamischen Staaten zeigen. Mißachtet ein Fremder Sitten oder Gebräuche, wird er entweder belächelt, freundlich darauf hingewiesen, oder aber er erntet auch einmal einen bösen Blick. Mit Gründung der Islamischen Republik kehrte der Iran aber zum Islamischen Recht, der Scharia, zurück. Seither bedeutet das Verletzen eines religiösen Gebotes zugleich eine Gesetzesübertretung, die durchaus auch eine Strafe nach sich ziehen kann. Doch ganz so aufregend ist das alles gar nicht, denn auch im Iran werden Touristen mit Nachsicht behandelt. Trotzdem sollten Reisende von sich aus um die Einhaltung der vorgegebenen Verhaltensregeln bemüht sein.

Wer bereit ist, die **Vorurteile**, die gegenüber dem Iran und auch der iranischen Bevölkerung fast 20 Jahre nach der Revolution im westlichen Ausland noch immer herrschen, einmal zu vergessen, wird ein schönes Land mit einer beeindruckenden Kultur und aufgeschlossenen, stets hilfsbereiten Menschen kennenlernen. Das sollte natürlich nicht den Blick davor verschließen, daß die Geschicke des Landes nach dem Umsturz von einem Revolutions-Regime bestimmt werden und der Iran zudem zu den Staaten mit den meisten Menschenrechtsverletzungen zählt.

Die Revolution von 1979, die für die politische Situation der letzten Jahre verantwortlich ist, ging vom Volk aus. Doch steht ein Großteil der Bevölkerung schon lange nicht mehr hinter der Politik ihrer Regierung, weil die Ziele, für die sie gekämpft haben, nicht erreicht wurden. Und auch jene, die die Regierung noch immer unterstützen, sind längst nicht so fanatisch, wie es hierzulande häufig dargestellt wird. Im Mai 1997 nun wurde im Iran eine neue Regierung gewählt. Überraschend gewann der als gemäßigt geltende Außenseiter Seyyed Mohammad Chatami. Viele Menschen verbinden mit dieser Wahl Hoffnungen auf eine bessere Zukunft.

Die **Transkription** arabischer und persischer Worte in die deutsche Sprache ist nicht ganz einfach, weil beide Sprachen mehr Konsonanten als die deutsche Sprache aufweisen. Die Schreibweise der arabischen und persischen Städte- und Personennamen sowie diverser Fachbegriffe variiert daher in der deutschsprachigen Fachliteratur beträchtlich. Für einige geläufige Begriffe gibt es in der deutschen Sprache eine feststehende Schreibweise, an die ich mich gehalten habe. Für andere, in der deutschen Sprache nicht ganz so weit verbreitete Begriffe habe ich jene Schreibweisen gewählt, die ich in der entsprechenden Literatur am häufigsten vorgefunden habe.

Der Islam

Entstehung des Islam

Koranhandschrift aus dem 15. Jh.

"O ihr Gläubigen, glaubet an Allah und
seinen Gesandten und an das Buch, das
Er Seinem Gesandten herabgesandt hat,
und an die Schrift, die Er zuvor herab-
sandte. Und wer nicht an Allah und seine
Engel und seine Bücher und seine Gesandten und an den Jüngsten Tag glaubt,
der ist wahrlich weit irregegangen."
(Sure 4, 137) [3]

11

Mohammad wurde um 570 n. Chr. in Mekka im heutigen Saudi-Arabien geboren. Die Stadt, die vorwiegend vom Handel lebte, war damals von einigen Christen, etwas zahlreicheren Juden, vor allem aber von Anhängern verschiedener Naturreligionen bewohnt. Als Pilgerstätte war sie in ganz Arabien bekannt. Das bedeutendste Heiligtum der Stadt war und ist auch heute noch die *Kaaba*, ein kleiner Tempel, in dessen Ostmauer ein schwarzer Stein, vermutlich ein Meteorit, eingemauert ist. Hier verehrte man nicht wenige Gottheiten. Im Jahr 610, im Alter von etwa 40 Jahren, erschien Mohammad erstmals Erzengel *Gabriel* und verkündete ihm die göttliche Botschaft. Bis an sein Lebensende wurden ihm weitere **Offenbarungen** zuteil, die nach seinem Tod von Anhängern gesammelt und im Koran (Rezitation) festgehalten wurden.

Nach den ersten Offenbarungen begann der Prophet, einem kleinen Kreis Familienangehöriger zu predigen, bevor er sich drei Jahre später vor eine breite Öffentlichkeit wagte. Mohammad sprach von Monotheismus, der Verehrung des einen Gottes, und forderte die Abkehr vom Polytheismus und die Vertreibung der bis dahin verehrten Götter. Als sein erster Versuch, die Bevölkerung Mekkas zu bekehren, mißlang, begab er sich nach *Yathrib*, einer 350 km nordöstlich gelegenen Stadt. In den Jahren 619 bis 621 gelang es ihm, einen Großteil der Bevölkerung dieser Stadt für die neue Religion zu gewinnen. Durch den Erfolg bestärkt, kehrte der Prophet zurück nach Mekka, um zum Sturz der Stadtführung, die weiterhin ihrer alten Religion anhing, aufzurufen. Auch der zweite Versuch der Bekehrung mißlang, und Mohammad mußte fliehen.

Mit der **Hidschra** (Emigration) Mohammads von Mekka nach Yathrib, der Stadt, die von nun an *Medina, Stadt des Propheten*, genannt wurde, beginnt im Jahr 622 die **islamische Zeitrechnung.** Bis zu diesem Zeitpunkt sah sich Mohammad in der Nachfolge der jüdisch-christlichen Propheten, mit dem Auftrag, die Rückkehr der Menschheit zum reinen Monotheismus, wie ihn erstmals Abraham verkündet hatte, zu predigen. Doch weder Juden noch Christen erkannten ihn als Propheten an. Zahlreiche aus dem Alten Testament bekannte Erzählungen, von Adam über Abraham bis hin zu Moses, werden auch im Koran beschrieben. Doch die Juden bemängelten die Unvollständigkeit der koranischen Ausführungen und lehnten sie ab. Daraufhin gelangte Mohammad zu der Überzeugung, daß nicht seine, sondern jene Darstellungen im Alten Testament unvollständig seien und ihm allein die wahre Religion Abrahams offenbart wurde.

In einem weiteren Schritt kam der Prophet zu dem Schluß, daß die von ihm gepredigte Religion älter sei als die der Juden und Christen, da er allein die reine Form der monotheistischen Religion vertrete. Unter Muslimen setzte sich die Ansicht durch, Judentum und Christentum als irregeleitete Form der Religion Abrahams zu betrachten, die durch Mohammad zu ihrer ursprünglichen Form zurückfand.

Nachdem Mohammad den Islam von Juden- und Christentum abgegrenzt hatte, veränderte er die Gebetsrichtung der Gläubigen. Diese hatten sich bisher in Richtung Jerusalem, also der Stadt, die sowohl für Juden als auch für Christen die heiligste aller Städte ist, verneigt. Die neue Gebetsrichtung galt nun der Kaaba, dem weithin verehrten Heiligtum seiner Geburtsstadt Mekka. Die wahre Bedeutung seiner Geburtsstadt für die Religion Abrahams wurde dem Propheten offenbart. Der Koran (Sure 3, 97f) nennt ein Haus in Mekka, das Abraham für die Menschheit errichtete, damit der eine Gott in ihm verehrt werde. Mohammad identifizierte die Kaaba in Mekka als das in der Offenbarung genannte Haus Gottes. Weiterhin heißt es in jenen Koranversen, daß es für jeden Gläubigen, der es ermöglichen kann, eine Pflicht sei, zu diesem Haus Gottes zu pilgern. Damit wird eine der fünf wesentlichen religiösen Pflichten der Muslime benannt. Die Stadt Mekka war bereits in vorislamischer Zeit als Wallfahrtsort bekannt, das Haus Gottes jedoch durch die Verehrung zahlreicher Naturgottheiten entfremdet worden. Als Mohammad die Zusammenhänge begriffen hatte, sah er es als seine dringlichste Aufgabe an, dieses Haus vom Polytheismus zu befreien (Sure 2, 126). Doch dazu mußte zunächst Mekka erobert werden.

In Medina gelang es dem Propheten innerhalb weniger Jahre, zahlreiche Stämme um sich zu sammeln. Mit 10.000 Soldaten zog er schließlich gen Mekka und konnte im Jahre 628 seine Heimatstadt ohne größere Gegenwehr einnehmen. Nach der **Eroberung von Mekka** und der Reinigung der Kaaba vollzogen Mohammad und seine Anhänger die Wallfahrt, wobei sie zahlreiche vorislamische Riten übernahmen.

632 n. Chr., im 11. Jahr der neuen Zeitrechnung, starb Mohammad, nachdem es ihm gelungen war, fast die gesamte Halbinsel für den Islam zu gewinnen.

Iran

Täbriz
Maschad
▲ Qolleh-ye Damavand 5604
Teheran
AFGHANISTAN
Qom
Hamadan
Isfahan
▲ Zard Kuh 4574
Yazd
IRAK
Ahwaz
Kerman
Zahedan
Schiraz
Bam
Buscher

0   500 km

Grundlagen
der Religion

Größtes Heiligtum des Islam: Die Kaaba
in Mekka (Miniatur aus dem 19. Jh.)

"Sprich: 'Gehorchet Allah und dem Gesandten'; doch wenn sie sich abwenden,
dann (bedenke), daß Allah die Ungläubigen nicht liebt."
(Sure 3, 33)

Der folgende Abschnitt behandelt die theoretischen Grundlagen des Islam. Ein großer Teil der angesprochenen Merkmale trifft sowohl auf den sunnitischen als auch auf den schiitischen Islam zu. Doch es gibt bereits in der Ausbildung dieser Grundlagen gewisse Unterschiede zwischen den beiden Richtungen. Alles, was im folgenden behandelt wird, bezieht sich in erster Linie auf den Sunnismus, auch wenn es nicht in jedem Satz direkt erwähnt wird. Die Besonderheiten des Schiismus werden in einem späteren Abschnitt besprochen.

Die Quellen

Der Koran

"Er hat herabgesandt zu dir das Buch mit der Wahrheit, bestätigend das, was ihm vorausging; und vordem sandte Er herab die Thora und das Evangelium als eine Richtschnur für die Menschen; und Er hat herabgesandt das Entscheidende." (Sure 3, 4)

Die wichtigste Quelle für das Verständnis des Islam ist der Koran. Das *heilige Buch* der Muslime enthält das Wissen, das der Gläubige benötigt, um ein Leben im Sinne Gottes zu führen und dadurch ins Paradies zu gelangen. Die Bedeutung des Koran ergibt sich aus dem Glauben der Muslime an die göttliche Urheberschaft ihrer Schrift. Die jüdisch-christliche Vorstellung, Mohammad selbst habe den Koran verfaßt, lehnen sie ab.

Allah hat seine Botschaft an die Menschheit durch Erzengel Gabriel und den Propheten Mohammad übermittelt, wie es der Koran an verschiedenen Stellen darlegt. Jedes einzelne Wort ist das reine Wort Gottes. Als Beweis für die Echtheit der göttlichen Offenbarung wird die geringe Bildung Mohammads herangezogen. Da er Analphabet war, konnte er die ihm offenbarten Worte nicht eigenhändig niederschreiben. Nach jeder Offenbarung trug er einem kleinen Kreis die Verse vor. Diese wurden teilweise niedergeschrieben, teilweise auswendig gelernt. Weite Teile des Koran sind in einem sprachlich vollendeten Arabisch abgefaßt, das Mohammad in dieser Form nicht zugetraut wird.

Da Mohammad also nicht der Verfasser des Koran, sondern nur der Übermittler der göttlichen Botschaft ist, diese aber in arabischer Sprache gesandt wurde, ist das Arabische bis heute die heilige Sprache des Islam geblieben. Obwohl der Koran inzwischen in zahlreiche Sprachen übersetzt wurde, ist es für gläubige Muslime undenkbar, in einer anderen als der arabischen Sprache zu beten. Die heilige Sprache gilt als unübersetzbar, jede Übersetzung kann die Botschaft Gottes nur unzulänglich wiedergeben. Deshalb lernen zahlreiche Muslime nichtarabischer Staaten Arabisch, um den Koran in der unverfälschten Sprache Gottes lesen zu können.

Der Text des Koran ist in **114 Suren** unterteilt. Die heutige Anordnung der Suren entspricht aber nicht der Reihenfolge ihrer Offenbarung. Nach dem Tod des Propheten wurden die einzelnen Verse gesammelt und geordnet. Unter dem Kalifen *Othman*, dem dritten Kalifen (Nachfolger) in der Nachfolge Mohammads, wurde jedoch eine Neugestaltung des Koran notwendig, da sich Verfälschungen eingeschlichen hatten und verschiedene Versionen der Schrift im Umlauf waren. Die gesäuberte und neu zusammengestellte Fassung wurde den bedeutendsten Städten der islamischen Welt übermittelt. An den Anfang der Schrift stellte man ein kurzes Gebet, die *"Fatiha"* (Eröffnende), die täglich während der Pflichtgebete rezitiert wird. Dann folgen zunächst die längeren Suren, die dem Propheten jedoch erst spät, während seines Aufenthaltes in Medina, offenbart wurden. Diese Suren befassen sich hauptsächlich mit den Antworten Gottes auf Probleme und Fragen, mit denen sich der Prophet und seine Gemeinde konfrontiert sahen. Die frühen Suren, die er in Mekka empfangen hatte und die im allgemeinen kürzer gehalten sind, befinden sich im hinteren Bereich des Buches. Sie beinhalten zum großen Teil religiöse Grundsätze und die Pflichten für die Gläubigen.

Die zentrale Forderung, die sich durch das gesamte Buch und durch alle Suren zieht und an die Einwohner von Mekka (Juden, Christen und auch Anhänger der Naturreligionen) gerichtet ist, lautet, Allah als den einen Gott anzuerkennen und nach seinen Geboten zu leben. Wer sich nach diesen Geboten richtet, wird am Jüngsten Tag in das Paradies einziehen und reich belohnt werden. Wer sich seinen Geboten widersetzt, auf den wartet die Hölle.

Der Islam gehört, zusammen mit Judentum und Christentum, zu den drei großen **monotheistischen Religionen,** die alle im Nahen Osten entstanden sind. Gemeinsam ist den drei Religionen der Glaube an den einen Gott, der Glaube an die Propheten, der Glaube an die Heilige Schrift und der Glaube an das Jüngste Gericht. Die Auseinandersetzung mit den beiden anderen monotheistischen Religionen Judentum und Christentum nimmt einen breiten Raum im Koran ein. Nach dem Koran ist Mohammad der letzte von zahlreichen Propheten, die Allah (Gott) auf die Erde sandte, um der Menschheit die Religion des einen Gottes zu verkünden. Unter den im Koran genannten Propheten befinden sich 25 jüdisch-christliche, bereits aus der Bibel bekannte Persönlichkeiten von Adam über Abraham bis zu Jesus. Gläubige Muslime haben die Thora und das Neue Testament, trotz einiger angeblicher Irrtümer, als göttlich gegeben anzuerkennen.

Da der Koran als letzte der Offenbarungsschriften überbracht wurde, halten Muslime ihn für die endgültige und unverfälschte Botschaft Gottes, der hierin die vorausgegangenen Schriften korrigiert. Als Beispiel bietet sich das Leben Jesu an. Grundsätzlich wird die göttliche Urheberschaft der

Evangelien anerkannt. Da sie jedoch erst nach dem Tod Jesu von seinen Gefährten aufgezeichnet wurden, kann ihnen nicht die Bedeutung des Koran mit seinen direkt von Gott übermittelten Worten zukommen. So kritisiert der Koran die christliche Auffassung, Jesus sei der Sohn Gottes. Immer wieder wird diese Thematik aufgegriffen, der Glaube an die Dreifaltigkeit wird als eine Art Polytheismus angesehen (Sure 4, 172). Muslime lehnen das christliche Dogma 'Jesus sei Gottes Sohn' ab und betrachten ihn als Propheten, wie vor ihm Abraham und nach ihm Mohammad.

Der Koran ist zugleich wichtigste Quelle für Fragen der *islamischen Rechtsprechung.* Die *Scharia*, das Islamische Recht, setzt die von Allah im Koran verbindlich aufgestellten göttlichen Gesetze durch. Und jeder einzelne Vers aus dem heiligen Buch wird als Gesetz gewertet. Deshalb ist zum Beispiel eine Anordnung im Koran über die in der Öffentlichkeit zu tragende Kleidung oder die Waschung vor dem täglichen Pflichtgebet nicht als Empfehlung zu verstehen, der jeder Gläubige nach eigenem Belieben nachkommen kann oder nicht, sondern als Wille Gottes, dem jeder Mensch zu gehorchen hat. So haben nicht nur die Abschnitte des Koran, die sich tatsächlich mit Strafhandlungen wie Diebstahl oder Mord befassen, in der Scharia Einzug gehalten, sondern auch Bereiche, die nichts mit einer Straftat nach unserer Auffassung zu tun haben und als Privatsache jedes Einzelnen eingestuft würden.

Mohammad reitet mit Begleitern durch die Hölle. Dort werden Sünder gequält, indem ihnen unter Aufsicht des Teufels heißes Öl eingeflößt wird. (Abbildung einer persischen Miniatur aus der Nationalbibliothek Paris)

Die Sunna

Der Koran hält nicht für alle Lebensbereiche ausreichende Erklärungen bereit. Manche Fragen der menschlichen Existenz sind nicht ausführlich genug behandelt, andere gar nicht erwähnt. So benötigten bereits die Gläubigen in der Frühzeit des Islam weitere Quellen, auf die sie bei ungeklärten Fragen zurückgreifen konnten. So entstand die *Sunna* (Tradition), die den Gläubigen rät, sich stets nach dem Vorbild des Propheten zu richten. Legitimation erhält die Sunna aus dem Koran:

"Wahrlich, ihr habt an dem Propheten Allahs ein schönes Vorbild für jeden, der auf Allah und den Letzten Tag hofft und Allahs häufig gedenkt."
(Sure 33, 22)

Der Prophet Mohammad führte also ein vorbildliches Leben, an dem sich die Gläubigen orientieren können. Wer sein Leben nach dessen Vorbild gestaltet, kann nicht fehlgehen. Die Sunna, der vorbildliche Weg Mohammads, wurde so zur zweitwichtigsten Quelle des Islam.

Zu Lebzeiten Mohammads konnten sich die Bewohner Medinas mit ihren Fragen noch direkt an den Propheten wenden. Unmittelbar nach seinem Tod begannen die Gläubigen aus dem Umkreis Mohammads, seine Gewohnheiten bis in die kleinste Einzelheit zu ergründen, um nichts in Vergessenheit geraten zu lassen. Die in der Sunna zusammengetragenen Überlieferungen lassen sich in **drei Kategorien** einteilen. Man trug alles zusammen, was Mohammad *gesagt*, *getan* und *gebilligt* hatte. Seine Worte und Handlungen zeigten den Gläubigen auf, wie er sich zu bestimmten Problemen, die nicht im Koran behandelt sind, geäußert und wie er sich selbst in gewissen Situationen verhalten hat. Daneben fanden aber auch solche Überlieferungen Aufnahme, in denen der Prophet Äußerungen oder Taten anderer beobachtete und durch sein Stillschweigen akzeptierte. Gesammelt wurde alles, von Äußerungen zu religiösen Pflichten über Stellungnahmen zur Behandlung von Ungläubigen bis hin zu Fragen der Sexualität. Die Anordnungen über die religiösen Pflichten der Gläubigen sowie ein Großteil des Strafrechts lassen sich aus der Sunna herleiten.

Im Laufe der Zeit wurden, ähnlich wie bei der Zusammenstellung des Koran, eine Unmenge gefälschter oder neu erfundener Überlieferungen (arabisch: *hadith* – überlieferter Bericht oder Ausspruch) entdeckt, die aussortiert und neu zusammengestellt werden mußten. Jedes **Hadith** besteht aus der Handlung selbst und der Kette seiner Überlieferer. Die Aufgabe bestand nun darin, für jedes Hadith festzustellen, ob sich die Kette der Personen, die den Ausspruch gehört haben wollen, lückenlos bis zu Mohammad oder seinem Umkreis zurückführen läßt. Wenn dies der Fall war und zudem die Überlieferer, Männer wie Frauen, als vertrauenswürdig und zuverlässig eingestuft werden konnten, wurden Ausspruch oder Handlung als authentisch aufgenommen.

Die bekannteste und zugleich bedeutendste **Hadith-Sammlung** wurde von dem abbasidischen Rechtsanwalt *Bukhari*, der im 9. Jahrhundert lebte, zusammengestellt. Er soll 60.000 Hadithe auf ihre Echtheit hin überprüft und eine Auswahl von 7000 als authentisch erachtet haben. Die sunnitische Richtung des Islam basiert in weiten Teilen ihrer Rechtsprechung auf *Bukhari*. Neben diesem Werk werden weitere fünf Hadith-Sammlungen, die ebenfalls von abbasidischen Rechtsanwälten des 9. Jahrhunderts zusammengetragen wurden, anerkannt: *Muslim, Abu Dawud, Tirmidhi, Nasai* und *Ibn Madscha*. Doch nur die beiden Werke von *Bukhari* und *Muslim* werden als absolut authentisch anerkannt, die restlichen vier Hadith-Sammlungen sind von etwas geringerer Bedeutung. Die sechs Werke zusammen werden als **Sunna** bezeichnet und enthalten die echte Überlieferung dessen, was Mohammad gesagt, getan und gebilligt hat. Nach diesem vorbildlichen Weg haben sich die Sunniten benannt.

Der Konsens

Aber auch die beiden bislang genannten Werke zusammen können nicht alle Fragen zufriedenstellend beantworten. So entstanden weitere Quellen, genannt **Konsens und Analogieschluß**, die jedoch keine Quellen im eigentlichen Sinne sind. Vielmehr sind es Methoden, die den islamischen Rechtsgelehrten die Möglichkeit bieten, anhand des Quellenstudiums von Koran und Sunna neu entstehende Problembereiche zu analysieren. Die Methoden sind aber wirklich nur in jenen Fällen anzuwenden, in denen Koran und Sunna keinen direkten Hinweis auf die Lösung eines bestimmten Problems geben. Da diese "Quellen", die erst einige Zeit nach Mohammads Tod entstanden, von fehlbaren Menschen entwickelt wurden, kann ihnen natürlich nicht die Bedeutung von Koran und Sunna zukommen. Ein durch Konsens oder Analogieschluß gefälltes Urteil erhält deshalb nur dann Rechtsgültigkeit, wenn es auf der Grundlage von Koran und Sunna getroffen wurde.

Bis zum 8. und 9. Jahrhundert entstanden verschiedene sunnitische **Rechtsschulen** (arabisch – *madhhab*), von denen sich vier durchsetzen konnten. Noch heute stehen die *Malikiten, Schafiiten, Hanafiten* und die *Hanbaliten* gleichberechtigt nebeneinander. Alle sunnitischen Muslime gehören einer dieser vier klassischen Schulen islamischer Rechtsprechung an. Diese Rechtsschulen wandten die verschiedenen Methoden der Rechtsfindung in der Praxis an. Doch nur Koran und Sunna wurden von allen vier Schulen gleichermaßen als Quellen der Rechtsprechung akzeptiert, während der Konsens von Anfang an umstritten war. Während die Hanafiten beispielsweise den Konsens als Mittel zur Rechtsfindung zuließen, beriefen sich die Hanbaliten von vornherein ausschließlich auf Koran und Sunna.

Der **Konsens** (arabisch – *idschma*) ist ein gemeinschaftlich gefundenes Urteil zu bestimmten Fragen der Rechtsprechung. Läßt sich ein bislang ungeklärtes oder neu entstehendes Problem mit Hilfe von Koran und Sunna allein nicht lösen, wird die Meinung der Gemeinschaft bzw. die der Rechtsgelehrten herangezogen. Die Zulässigkeit des Konsenses als "Quelle des Islam" gründet sich auf ein Hadith Mohammads, der gesagt haben soll: "Meine Gemeinde wird nie in einem Irrtum übereinstimmen."[4] Doch wie hat eine solche Konsensentscheidung ausgesehen? Bereits in der Frühzeit des Islam war es natürlich utopisch, eine Übereinstimmung zwischen der gesamten Gemeinde (arabisch – *umma*) zu finden, so daß dieses Hadith auf das Urteil der dazu befähigten Rechtsgelehrten (arabisch – *ulama*) beschränkt wurde.

Die Anwendung des Konsenses als Methode zur Rechtsfindung bot den Gelehrten die Möglichkeit, Themenbereiche, die von Koran und Sunna nicht angesprochen werden, auf der Grundlage dieser Quellen, aber doch relativ unabhängig zu beurteilen. *Idschtihad*, die freie Urteilsfindung durch Gelehrte, ermöglichte, ein- und dieselbe Frage an verschiedenen Orten und zu verschiedenen Zeiten unterschiedlich zu bewerten, je nachdem unter welchen Voraussetzungen das Problem betrachtet wurde.

Da nun die Gefahr bestand, daß jeder Geistliche *Idschtihad* betrieb und seine Interpretation als die richtige verkündete, schränkte man das Recht der Gelehrten auf freie Urteilsfindung schon bald wieder ein. Fragen, die einmal geklärt waren, galten als endgültig gelöst und auch für die Zukunft bindend. Seit dem 10. Jahrhundert schließlich schienen alle nur erdenklichen Fragen geklärt, selbständiges Forschen in den Quellen wurde verboten. In allen Fragen hatten sich die Theologen und Juristen an die bereits bestehenden Grundsätze zu halten. Das bedeutete, daß ein Rechtsspruch aus dem 8. Jahrhundert auch im 11. oder 12. Jahrhundert Gültigkeit besaß, auch wenn die Situation, die damals zu dem Urteil führte, eine völlig andere war als in den späteren Jahrhunderten. Dadurch wurde die Fortentwicklung des Islamischen Rechts unterbunden.

Idschtihad, die freie Rechtsfindung, war nur noch in solchen Fällen möglich, die, bedingt durch die Technisierung in zahlreichen Lebensbereichen, wirklich neu waren und deshalb zuvor nicht geklärt werden konnten. Für Fälle, die durch das bestehende Recht nicht abgedeckt waren, erstellte ein Rechtsgutachter (arabisch – *mufti*) ein Gutachten (arabisch – *fatwa*), das dann Rechtsgültigkeit erlangte.

Der Analogieschluß

Bei der Anwendung des Analogieschlusses (arabisch – *qijas*) haben sich die Gelehrten besonders eng an die Quellen zu halten. Von einem in Koran oder Sunna behandelten Fall wird auf einen ganz ähnlich gelagerten, aber in den beiden Quellen nicht erörterten Fall geschlossen. Ein Beispiel für den Analogieschluß ist das mehrfach in Koran und Sunna angesprochene Verbot des Weingenusses. Andere alkoholische Getränke werden nicht genannt. Per Analogieschluß wurde das Verbot auf alle alkoholischen Getränke erweitert.

Die Scharia: das Islamische Recht

"Diejenigen, die sich Allah und Seinem Gesandten widersetzen, die werden gewiß erniedrigt werden, eben wie die vor ihnen erniedrigt wurden; denn Wir haben bereits deutliche Zeichen herniedergesandt. Und den Ungläubigen wird eine schmähliche Strafe."
(Sure 58, 6)

Die Scharia *("was vorgeschrieben ist")* setzt sich zusammen aus den in Koran und Sunna genannten Vorschriften. Alles, was in diesen beiden Quellen erwähnt ist, wird zum Gesetz erhoben. Den anderen beiden Quellen der Rechtsprechung, Konsens und Analogieschluß, kommt nur untergeordnete Bedeutung zu.

Die islamische Rechtswissenschaft (arabisch – *fiqh*) hat eine Methode entwickelt, in der jede nur erdenkliche menschliche Handlung gewertet und in ein aus **fünf Kategorien** bestehendes System eingeordnet wird: Handlungen sind verboten (*haram*), unerwünscht (*makruh*), erlaubt oder gleichgültig (*mubah*), empfohlen (*mustahabb*) oder obligatorisch (*fard*). Die Erfüllung der religiösen Pflichten der Gläubigen, beispielsweise das tägliche Pflichtgebet, sind, wie der Name schon sagt, obligatorisch. Ob ein Gläubige jedoch in der Moschee oder zu Hause betet, ist gleichgültig.

Das **Strafmaß** der Scharia richtet sich zum Teil nach den in Koran und Sunna für bestimmte Vergehen vorgeschriebenen Bestrafungen (arabisch – *hadd*). Diese Strafen sind, weil göttlich gegeben, verbindlich. Auf Abfall vom Glauben, das schlimmste Vergehen, das sich ein Muslim zuschulden kommen lassen kann, steht zum Beispiel der Tod durch Steinigung. *Zina* (Unzucht oder Ehebruch) ist für Ledige mit 100 Peitschenhieben, für Verheiratete mit der Steinigung zu bestrafen. Einem Dieb ist die rechte Hand abzuschlagen, auf Trunkenheit steht Auspeitschen bis kurz vor dem Tod. Für Mord wird keine Hadd-Strafe angewandt, sondern Vergeltungsrecht (arabisch – *qisas*). Bei vorsätzlicher Tötung erhält der nächste männliche Verwandte des Opfers das Recht, den Täter eigenhändig zu töten, bei Körperverletzung darf er dem Täter die gleiche Verletzung zufügen.

Die Scharia unterscheidet in ihrer Strafzumessung kaum zwischen Vergehen gegen Religion oder Moral und tatsächlichen Straftaten. Alles, was unter den Begriff Sünde fällt, ist bei uns Privatangelegenheit jedes einzelnen Menschen und sorgt höchstens einmal für ein schlechtes Gewissen. In der Scharia ist jede Sünde zugleich auch eine Straftat, weil sie gegen den in Koran und Sunna offenbarten Willen Gottes verstößt.

Die meisten islamischen Länder haben seit dem ausgehenden 19. Jahrhundert **Strafgesetzbücher** erlassen, die sich an der Rechtsprechung europäischer Staaten, besonders Frankreich, orientieren und die strengen Bestrafungen der Scharia milderten. Damit ist ein Vergehen gegen die Religion, beispielsweise das Trinken von Alkohol oder die Hingabe an das Glücksspiel, noch immer eine Sünde, aber keine Straftat mehr. Im Zuge der Reislamisierung verschiedener islamischer Staaten in der Gegenwart wurde die Scharia jedoch in einigen Ländern wie Iran oder Afghanistan erneut eingeführt.

Die fünf Säulen des Islam: die religiösen Pflichten der Gläubigen

"Der Islam ist auf fünf (Grundpflichten) gebaut: Bezeugen, daß es keinen Gott gibt außer Gott und daß Muhammad der Gesandte Gottes ist, das Gebet verrichten, die Abgabe (*zakat*) entrichten, die Wallfahrt vollziehen und den Ramadan fasten." (Hadith aus Bukhari, Muslim, Tirmidhi und Nasai)[5]

Unter den fünf Säulen des Islam versteht man die fünf religiösen Pflichten, die alle Muslime, sofern sie am Jüngsten Tag ins Paradies einziehen wollen, zu befolgen haben. Diese Pflichten gehören laut Scharia zur Fard-Kategorie, also zu jenen Dingen, die für alle Gläubigen obligatorisch sind und bei Vernachlässigung nicht allein die Mißachtung der göttlichen Gebote darstellen, sondern auch strafrechtlich verfolgt werden können. Die erste Pflicht besteht im Aufsagen des Glaubensbekenntnisses, das zugleich die Grundlage für die anderen Pflichten ist. Mit dem Glaubensbekenntnis (arabisch – *schahada*), "Ich bezeuge, daß es keine Gottheit außer Gott gibt und daß Mohammad der Gesandte Gottes ist",[6] gesprochen in Gegenwart von zwei Zeugen, nimmt der Gläubige offiziell die Religion an. Die übrigen vier religiösen Pflichten bestehen aus dem täglichen Pflichtgebet, der Spende für Bedürftige, dem Fasten während des Monats Ramadan und der Pilgerfahrt nach Mekka. Ziel dieser Pflichten ist es, die Gläubigen zu veranlassen, ihr Leben komplett nach ihrer Religion auszurichten und sich ganz und gar dem Willen Gottes zu unterwerfen.

Das Pflichtgebet

"Gott hat fünf Gebete als Pflicht festgelegt. Wer die dazu nötigen Teilwaschungen gut vollzieht, sie (die Gebete) zu ihrer Zeit verrichtet und die dazugehörige Verbeugung und Andacht vollständig vollzieht, hat bei Gott Anspruch darauf, daß er ihm vergibt. Wer es nicht tut, hat bei Gott keinen Anspruch: Wenn er will, vergibt er ihm; und wenn er will, peinigt er ihn."
(Hadith aus Abu Dawud und Nasai)[7]

Die Pflicht, die den Gläubigen das ganze Jahr hindurch begleitet, ist das Pflichtgebet (arabisch – *salat*), das fünfmal am Tag (vor Sonnenaufgang, zur Mittagszeit, am Nachmittag, zum Sonnenuntergang und am Abend nach Einbruch der Dunkelheit) verrichtet werden muß. Fünfmal am Tag erklingt dazu der Ruf des ***Muezzin,*** um die Gläubigen an die Gebetszeit zu erinnern. Den Muslimen ist freigestellt, ob sie in der Moschee, bei der Arbeit, unterwegs oder zu Hause beten. Wichtig ist allein, daß sie sich in einem Zustand innerer und äußerer Reinheit befinden und zudem auf einem reinen Untergrund beten. Die Teilnahme am Gebet innerhalb der Gemeinde ist nur zur allwöchentlichen Predigt am Freitagmittag und auch nur Männern vorgeschrieben.

Vor dem Gebet muß jeder Gläubige eine rituelle Waschung vornehmen, eine Teil- oder Ganzkörperwaschung, je nachdem, ob eine kleine oder große Verunreinigung vorliegt. Die kleine Waschung wird immer dann erforderlich, wenn aus dem Körper feste, flüssige oder gasförmige Stoffe austreten, beispielsweise nach einem Toilettengang, durch Schwitzen oder auch nach dem Schlafen. Unter fließendem Wasser müssen das Gesicht und der Vorderkopf, die Arme bis zum Ellenbogen und die Füße bis zu den Knöcheln gewaschen werden. Nach einer großen Verunreinigung (Geschlechtsverkehr, Regel der Frau, Wochenbett) wird die Ganzwaschung erforderlich, bei der jedes Körperteil gewaschen werden muß. Steht kein Wasser zur Verfügung, kann die Waschung symbolisch mit Sand vorgenommen werden. Erst nach der Waschung darf gebetet, darf der Koran in die Hände genommen werden.

Frauen und Männer beten in der ***Moschee*** in voneinander abgegrenzten Bereichen. In der Regel beten hier nur sehr wenige Frauen, die meisten bevorzugen es, dieser religiösen Pflicht im eigenen Haus nachzukommen. Der arabische Begriff *Masdschid*, von dem sich das deutsche Wort Moschee ableitet, bedeutet, "Ort, wo man sich niederwirft". Diejenige Moschee, in der freitags die Predigt abgehalten wird, heißt *Masdschid Dschami*, "die Versammelnde".

Zu der ***Grundausstattung*** einer Moschee gehört der Brunnen für die Waschung im Innenhof oder einem Seitengebäude. Der *Mihrab*, die Gebetsnische, befindet sich an der *Qibla*, der Wand, die nach Mekka zeigt.

24

Diese gibt den Betenden die Richtung an, in die sie sich zu verneigen haben. Der *Minbar*, die Kanzel, von der freitags gepredigt wird, befindet sich ebenfalls an der *Qibla*. Die Innenräume der Moscheen sind meist mit Teppichen ausgelegt, die nur barfuß oder in Strümpfen betreten werden dürfen, um die Reinheit des Bodens zu gewährleisten.

Wird unterwegs gebetet, wird ein kleiner **Gebetsteppich** ausgerollt oder auch einfach nur ein Stück Pappe ausgebreitet, um den Straßenstaub abzuweisen. Muslime glauben, daß ihnen durch fünfmaliges Beten fünfmal am Tag alle Sünden vergeben werden.

Da es sich viele Berufstätige nicht einrichten können, zu jeder Gebetszeit eine Moschee aufzusuchen, ist es wichtig, daß der Gläubige fast überall, wo er sich auch gerade befindet, seinen kleinen Gebetsteppich ausrollen kann. So sieht man in zahlreichen islamischen Ländern im Bazar, in einem kleinen Park, im Zug und bei anderen Gelegenheiten Männer, die ihrem Pflichtgebet nachgehen. Wer es mit seiner Arbeitszeit gar nicht vereinbaren kann, betet am Abend zu Hause oder in der Moschee etwas ausgiebiger. Bei längeren Busfahrten versucht der Busfahrer, zu den Gebetszeiten einen Rastplatz anzusteuern. Auf der Reise besteht für Gläubige jedoch nicht die Verpflichtung, die genauen Gebetszeiten einzuhalten. Die vorgeschriebenen Gebete dürfen zu einer anderen Zeit nachgeholt werden.

Imam-Moschee in Isfahan

Die Abgabe für die Armen

"Und verrichtet das Gebet und zahlet die Zakat und gehorchet dem Gesandten, auf daß ihr Barmherzigkeit empfangen möget."
(Sure 24, 57)

Eine weitere Pflicht betrifft die Besserverdienenden unter den Gläubigen. Die jährliche **Steuerabgabe** für die Armen (arab. – *zakat*) hat nur zu entrichten, wer über ein bestimmtes Einkommen verfügt. Ausführungen über den Zweck dieser Steuerabgabe finden sich wiederholt in Koran und Sunna, Arme und Bedürftige werden als Empfänger dieser Gelder genannt. Aber obwohl die ärmeren Mitbürger einen Anspruch auf Empfang dieser Gelder haben, wird eine genaue Angabe der zu zahlenden Beträge und die Eintreibung der Steuer vermieden. Der Koran baut vielmehr auf das Pflichtgefühl der Gläubigen, da die Nichtbeachtung eines religiösen Gebotes dazu führt, am Jüngsten Tag in die Hölle zu fahren. Trotzdem besitzen diese Zahlungen häufig einen mehr symbolischen Charakter, ohne daß überprüft würde, ob die Summe der tatsächlich zu entbehrenden entspricht.

Das Fasten

"Der Monat Ramadan ist der, in welchem der Koran herabgesandt ward: eine Weisung für die Menschheit, deutliche Beweise der Führung und (göttliche) Zeichen. Wer also da ist von euch in diesem Monat, der möge ihn durchfasten; ebenso viele andere Tage aber, wer krank oder auf Reisen ist. Allah wünscht euch erleichtert und wünscht euch nicht beschwert, und daß ihr die Zahl (der Tage) erfüllen und Allah preisen möchtet dafür, daß Er euch richtig geführt hat, und daß ihr dankbar sein möchtet."
(Sure 2, 186)

Während des **Monats Ramadan** haben sich die Gläubigen einer dreißigtägigen Fastenzeit (arabisch – *saum*) zu unterwerfen. Die religiöse Pflicht des alljährlichen Fastens wirkt sich intensiv auf den gewohnten Tagesablauf der Gläubigen aus. Während des gesamten Monats muß sich der gläubige Muslim vom frühen Morgen an (sobald während der Dämmerung ein weißer von einem schwarzen Faden zu unterscheiden ist) bis Sonnenuntergang des Essens, Trinkens, Rauchens sowie des Geschlechtsverkehrs enthalten (Sure 2, 188). Die Pflicht des Fastens gilt für jeden Muslim, der die Pubertät erreicht hat und ist sicherlich das am schwierigsten einzuhaltende religiöse Gebot des Islam. Es erfordert ein hohes Maß an Willenskraft. Durch Einhalten des Fastengebotes demonstrieren die Gläubigen ihren absoluten Gehorsam allen, auch den schwierigsten Geboten Allahs gegenüber.

Diejenigen Muslime, die das Fasten einhalten möchten, stehen meist vor **Sonnenaufgang** auf, um ein ausgiebiges Frühstück zu sich zu nehmen, das sie gut durch die ersten Stunden des neuen Tages bringt. Während der Ramadan-Wochen haben viele Lebensmittelläden und Restaurants tagsüber geschlossen. In den wenigen geöffneten Kaffeehäusern begnügen sich zahlreiche Gäste mit einem Gespräch oder einem Kartenspiel, verzichten aber auf einen Tee und die obligatorische Wasserpfeife. Natürlich gibt es auch Ausnahmen. Für die meisten Muslime, auch die weniger gläubigen, gilt noch heute, das Fastengebot zumindest nicht in der Öffentlichkeit zu brechen.

Die erste Mahlzeit kurz nach **Sonnenuntergang** ist für die Fastenden jeden Tag wieder etwas ganz Besonderes. Familien und Freunde kommen zusammen, um zu Hause oder im Restaurant gemeinsam zu speisen. In jedem Land gibt es Ramadan-Spezialitäten, Gerichte, die nur in diesen Wochen serviert werden. Meist versammelt man sich schon weit vor Sonnenuntergang. Die Speisen, ob zu Hause oder im Restaurant, werden bereits Minuten vor dem Ereignis aufgetischt, aber noch nicht angerührt. Wenn dann zum Sonnenuntergang endlich das erlösende Signal in Form von mehreren Böllerschüssen und dem Gebetsruf des Muezzin ertönt, sind die Straßen menschenleer. Und überall begeben sich die Gläubigen mit Heißhunger an ihr Essen. Während der Ramadan-Wochen wird das Sonnenuntergangsgebet nur von wenigen Muslimen gehalten. Dafür herrscht zum Nachtgebet reger Betrieb in den Moscheen.

Gläubige, die sich auf einer Reise befinden, kranke Menschen, schwangere oder stillende Frauen sind von den **strengen Fastengeboten** ausgenommen. Ausgesetzte Tage sind jedoch später nachzuholen.

In der Praxis ist heute zu beobachten, daß sich, wahrscheinlich in allen islamischen Ländern, mehr alte als junge Menschen an die Fastengebote halten. Während die meisten älteren Menschen noch stärker in der religiösen Tradition stehen, sind es eher die jüngeren, die während des Tages doch einen Tee oder einen Happen zu sich nehmen. Etliche Gläubige werden mit gutem Vorsatz in die Wochen des Ramadan starten, das Fasten jedoch, besonders wenn es in die Sommermonate fällt, nicht durchhalten. Nach der Scharia gehören die fünf Säulen des Islam zu den obligatorischen Dingen, die bei Mißachtung unter Strafe zu stellen sind. Doch werden Fastenbrecher heute in den meisten islamischen Ländern mit einem gemäßigten Strafgesetzbuch nicht mehr bestraft. In Saudi-Arabien allerdings ist noch die traditionelle Form der Scharia in Kraft, im Iran seit 1979 wieder, so daß den Menschen dort nicht zu raten ist, die Fastengebote öffentlich zu mißachten.

Das **Fastenbrechen** (arabisch – *Id al-Fitr*) wird nach Ablauf des Fastenmonats Ramadan, an den ersten drei Tagen des Monats *Schawwal*, ausgiebig gefeiert. Das Fasten wird beendet durch ein ausgelassenes Fest mit Freunden und Verwandten, bei dem die Gläubigen all das genießen, was sie in den letzten Wochen entbehrten.

Die Pilgerfahrt nach Mekka

"Die Monate für die Pilgerfahrt sind wohlbekannt; wer also beschließt, die Pilgerfahrt dann zu vollziehen: keine sinnliche Begierde, keine Übertretung noch irgendein Streit während des Pilgerns! Und was ihr Gutes tut, Allah weiß es. Und verseht euch mit der (notwendigen) Zehrung; aber wahrlich, die beste Zehrung ist Rechtschaffenheit. Und fürchtet Mich (allein), ihr Verständigen."
(Sure 2, 198)

Um den 27. Tag des Monats Ramadan wird das Fest *"Lailat al-Qadr"* (Nacht der Macht) begangen. Überlieferungen zufolge hat der Prophet Mohammad in dieser Nacht seine **erste Offenbarung** empfangen. Für Muslime, die im letzten Monat des Jahres eine Pilgerfahrt zur Kaaba nach Mekka unternehmen wollen, beginnen in dieser Nacht die Vorbereitungen. Sie beten die ganze Nacht hindurch und legen spezielle Kleidung an.

Die Pilgerfahrt nach Mekka (arabisch – *hadsch*) zum Besuch der Kaaba ist die letzte der "Fünf Säulen". Hadsch läßt sich mit "Besuch der heiligen Stätten" übersetzen. Die Kaaba, das **Haus Gottes,** steht heute inmitten einer riesigen Hofmoschee. Die Pilgerfahrt findet im letzten Monat des Jahres, *"Dhu al-Hidscha"* (Monat von Hadsch), statt und versammelt Tausende von Gläubigen aus aller Welt in der heiligsten islamischen Stadt. Obwohl es im Koran heißt, daß jeder Gläubige zumindest einmal im Leben die Pilgerfahrt nach Mekka unternehmen solle, ist dieses Gebot in der Realität natürlich nicht umsetzbar. Zu Lebzeiten Mohammads und auch noch unmittelbar nach seinem Tod war der Islam nur auf der Arabischen Halbinsel verbreitet, und die Pilgerreise ließ sich ohne größere Schwierigkeiten für große Teile der Gläubigen bewerkstelligen. Doch mit der weiten Verbreitung des Islam in den folgenden Jahrhunderten wurde die Pilgerreise für die ärmere Bevölkerung außerhalb des Kerngebiets nicht mehr durchführbar und zu einem Privileg der Reichen, die heute zumeist mit dem Flugzeug anreisen und nicht mehr den strapaziösen Landweg auf sich nehmen müssen.

Deshalb gilt diese Pflicht auch nur für Muslime, die erstens gesund sind und zweitens in ihrer Abwesenheit ausreichend für ihre Familie gesorgt haben. Frauen dürfen nur in Begleitung eines nahen männlichen Verwandten (Ehemann, Vater oder Bruder) an der Pilgerfahrt teilnehmen.

Die Wallfahrer beginnen bereits gegen Ende des Fastenmonats mit ihren Vorbereitungen für die Wallfahrt. Vor ihrem Aufbruch nach Mekka beten die Pilger (arabisch – *hadschi*), vollziehen die rituellen Waschungen, schneiden sich die Haare, Männer rasieren sich. Dann legen sie besondere Pilgerkleidung an, die aus reinem weißen Stoff besteht und erst wieder abgelegt wird, wenn die Wallfahrt zu Ende ist.

Nach der Eroberung Mekkas im Jahr 628 n. Chr. vollzog Mohammad die Wallfahrt. Für diese erste "islamische Wallfahrt" übernahm der Prophet ei-

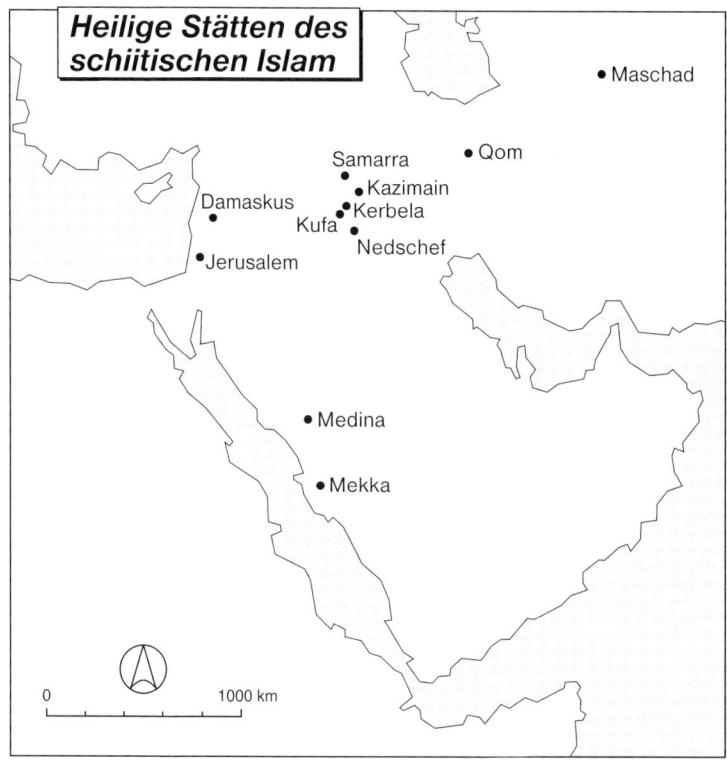

Heilige Stätten des schiitischen Islam

- Maschad
- Qom
- Samarra
- Kazimain
- Damaskus
- Kerbela
- Kufa
- Nedschef
- Jerusalem
- Medina
- Mekka

0   1000 km

ne ganze Reihe der bereits in vorislamischer Zeit durch die Anhänger der Naturreligionen entwickelten Rituale, denen er einen neuen Sinn gab. Das **zentrale Ritual** der Pilgerfahrt besteht in einem siebenmaligen Umkreisen der Kaaba entgegen dem Uhrzeigersinn. Während des Umrundens versuchen die Pilger, den schwarzen Stein, der etwa einen Meter Durchmesser besitzt, zu berühren oder zu küssen. Bedingt durch die Massen, die in diesen Tagen die Kaaba umrunden, kann das nur den wenigsten unter ihnen gelingen.

Der Höhepunkt der Pilgerfahrt wird am zehnten Tag des Pilgermonats mit dem Begehen des **Opferfestes** "'*Id al-Adha*" erreicht. Dieses Fest ist für alle Muslime, gleichgültig ob sie sich in Mekka oder zu Hause aufhalten, das größte Fest des gesamten Jahres. Das Opferfest soll daran erinnern, daß Abraham seinen Sohn Ismael, den Stammvater der Araber, opfern wollte, um seine Bereitschaft, sich ganz dem Willen Gottes zu unterwerfen, zu demonstrieren. Doch Allah verzichtete auf dieses Opfer und gestattete Abraham, anstelle seines Sohnes einen Widder darzubringen. Zum Gedenken an dieses Ereignis muß jeder Muslim, ob er an der Hadsch teilnimmt oder nicht, ein Opfertier schlachten. Im Unterschied zu den Muslimen glauben Juden und Christen, daß Abraham seinen Sohn Isaak, den Stammvater der Juden, habe opfern wollen.

Muslime, die an der Pilgerfahrt teilnehmen, entwickeln während dieser Wochen ein starkes Gemeinschaftsgefühl mit Muslimen aus aller Welt. Für mehrere Wochen eines jeden Jahres erscheint die gesamtislamische Gemeinde geeint, obwohl sie ja bereits wenige Jahre nach Mohammads Tod auseinandergebrochen ist. Wieder zu Hause, werden die Pilger von nun an von Verwandten, Nachbarn und Freunden voller Respekt mit dem Ehrentitel *Hadschi* angeredet. Besonders in kleineren Ortschaften, in denen es sich nur wenige Einwohner jemals leisten können, eine Pilgerfahrt nach Mekka zu unternehmen, nehmen *Hadschis* eine besondere Stellung ein.

Der Dschihad

Als sechste Säule des Islam wird hin und wieder der Dschihad genannt, der Heilige Krieg. Dschihad heißt wörtlich übersetzt "Anstrengung" (Allah zu dienen). Der Heilige Krieg hat zum einen die Verteidigung der islamischen Gemeinde zur Aufgabe, zum anderen die Zerschlagung des Polytheismus, was mit der gleichzeitigen Vergrößerung der Gemeinschaft gleichzusetzen ist. Im Koran heißt es zwar, daß Freiheit im Glauben gewährt wird (Sure 2, 257), doch bezieht sich diese Freiheit nur auf die "Schriftbesitzer" Juden und Christen. Sie werden geduldet, weil ihr Glaube in weiten Teilen Übereinstimmungen mit dem Islam aufweist. Doch haben sie für ihren Schutz eine gewisse Steuer zu entrichten. Für Polytheisten, die keine Schrift vorweisen können, gibt es nur zwei Möglichkeiten: entweder zum Islam überzutreten oder bis zum bitteren Ende zu kämpfen.

Die schiitische Richtung des Islam

Mullahs in Qom

"So unerheblich uns der Unterschied zwischen Sunna und Schia erscheinen mag, so grimmig und unversöhnlich ist der Haß, mit dem sich die Anhänger der beiden Richtungen verfolgen."[8]

Spaltung der Glaubensgemeinschaft

Mohammad starb im Jahr 632 christlicher Zeitrechnung, ohne seine Nachfolge zur Zufriedenheit der Gemeinde geklärt zu haben. Das **Prophetentum** war mit seinem Tod abgeschlossen, Mohammad wird im Koran wiederholt als letzter Prophet Gottes bezeichnet. Seinen Nachfolgern blieb die Aufgabe, die Leitung der Gemeinde im Sinne des Propheten fortzuführen, also die im Koran aufgestellten göttlichen Gebote durchzusetzen. Da keiner von Mohammads Söhnen, sondern nur seine Tochter *Fatima* (mit *Ali,* einem Cousin des Propheten, vermählt) den Vater überlebte, konnte das neu geschaffene Amt, das Kalifat (Nachfolge), nicht innerhalb der engen Familie des Propheten weitergegeben werden. Auch der Koran selbst, der zu vielen Fragen eine Anleitung gibt, äußert sich nicht zur Nachfolge Mohammads.

Die ersten drei **Kalifen** nach dem Tod des Propheten waren *Abu Bakr,* der Vater von Mohammads Frau *Aischa, Omar,* ein früher Weggefährte, sowie *Othman,* der dem Geschlecht der *Omayyaden* angehörte. Die Familie des dritten Kalifen war dem Propheten in der Anfangszeit der neuen Religion lange feindlich gesinnt gewesen und bekannte sich erst spät zum Islam. Othman wurde 656 durch einen Anhänger *Alis* ermordet. Mit Ali, Cousin und zugleich Schwiegersohn des Propheten, folgte einer der ersten Muslime Mekkas im Amt des Kalifen nach. Die Anhänger Alis argumentierten, Othman habe nicht nach den Grundsätzen des Koran regiert. Außerdem waren sie wohl der Ansicht, Ali sei der geeignetere Kandidat.

Mit der Ernennung Alis zum Kalifen begannen die Auseinandersetzungen zwischen Alis Familie und den Omayyaden, die den Tod Othmans rächen wollten. Dies führte schließlich zur Spaltung der islamischen Gemeinschaft in sunnitische und schiitische Muslime. Der Streit entzündete sich zunächst an den Modalitäten in bezug auf die Nachfolgeregelungen im Kalifenamt. Die Schiiten, die Anhänger Alis, benannt nach *"Schiat Ali"* (Partei des Ali), vertraten die Auffassung, daß die direkten Nachfahren des Propheten über seine Tochter Fatima und ihren Ehemann Ali in besonderem Maße befähigt seien, die Leitung der Gemeinschaft auszuüben und ihnen deshalb das Amt des Kalifen rechtmäßig zustehe. Sie lehnten die ersten drei Kalifen ab, die sich ihrer Ansicht nach das Amt erschlichen hatten.

In ihrer Argumentation stützen sich die Schiiten auf verschiedene Äußerungen des Propheten, die ihrer Auffassung nach eindeutig ihr Anrecht auf das Kalifat belegen. Im März 632, als sich Mohammad, von seiner letzten Wallfahrt aus Mekka kommend, auf dem Rückweg nach Medina befand, soll der Prophet zum Beispiel am Teich von Ghadir Khumm zu Ali und dessen Untertanen gesagt haben:

"Jeder, dessen Schutzherr ich bin, hat auch Ali zum Schutzherrn. Oh Gott, sei dem ein Freund, der auch sein Freund ist, und dem ein Feind, der auch sein Feind ist."
(Hadith)[9]

Die Authentizität dieses Ausspruches von Mohammad wird von den Sunniten nicht angezweifelt, der Spruch sogar in ihren Hadith-Sammlungen aufgeführt. Doch interpretieren sie ihn nicht als Designierung Alis in das Kalifenamt, sondern lediglich als Aufmunterung für seinen, angeblich unter den Soldaten unbeliebten Schwiegersohn. Ganz anders sehen das die Schiiten. Für sie hat Mohammad seinen Schwiegersohn Ali an diesem Tag ganz offiziell zu seinem Nachfolger erklärt. Noch heute erinnern seine Anhänger alljährlich mit einem großen Fest an dieses Ereignis.

Die **Hadith-Sammlungen** der Schiiten überliefern eine ganze Reihe weiterer Aussprüche des Propheten, in denen er Ali zu seinem Nachfolger bestimmt haben soll. Die Echtheit dieser Überlieferungen wird von den Sunniten aber zumeist bestritten. Eines dieser Hadithe lautet:

"Oh ihr Menschen! Ich hinterlasse euch zwei Kleinodien; an sie haltet euch, dann werdet ihr nach meinem Tode nicht irregehen: das Buch Gottes und meine Nachkommenschaft, die Familie des Hauses."
(Hadith)[10]

Ali und seine Nachkommen bezogen diese Äußerung auf ihre Familie. Doch bei der ersten Vergabe des Amtes unmittelbar nach dem Tod des Propheten hat keiner der Verantwortlichen gewußt, daß Ali Nachfolger hätte werden sollen, und dieser drängte sich anscheinend auch nicht auf.

Die Sunniten vertreten die Ansicht, daß die Angehörigkeit zur Familie des Propheten bei der Ernennung des Kalifen eine nur untergeordnete Rolle spielen sollte. Für sie hat der gläubigste und fähigste Bewerber das Kalifat, unabhängig von seiner familiären Abstammung, auszuüben. Er muß die Gemeinde im Sinne des Propheten leiten können, und wenn diese ihm folgt, ist er der richtige Kandidat. So erkennen die Sunniten auch *Ali*, obwohl seine Regierung zur Spaltung der Urgemeinde geführt hat, als rechtmäßigen Kalifen an.

Doch war das Kalifat *Alis* von Anfang an umstritten, weil die Rolle, die er bei der Ermordung seines Vorgängers *Othman* spielte, nicht geklärt werden konnte. So verlegte er seinen Regierungssitz von Medina nach Kufa, einer im heutigen Irak gelegenen Stadt. Omayyadenherrscher *Muawiya*, ein Cousin *Othmans*, forderte *Ali* heraus, um ihm das Kalifenamt abzuringen. Die **Schlacht von Siffin** im Sommer 657 endete, ohne daß es einem der beiden Widersacher gelungen wäre, sich entscheidend durchzusetzen. Ein Schiedsgericht wurde eingesetzt. Es sollte geklärt werden, ob

Othman während seiner Regierung göttliche Gebote verletzt habe, was seine Ermordung durch einen Anhänger Alis gerechtfertigt hätte. Das *Schiedsgericht* konnte keinen Amtsmißbrauch Othmans feststellen. Daraufhin erklärte sich *Muawiya* zum Sieger und ließ sich zum Kalifen ernennen. Der neue Kalif, der in Damaskus residierte, wurde weithin anerkannt.

Diese Entwicklung führte zu stärkeren Protesten unter den Anhängern Alis. Ein Teil seiner Armee, etwa 4000 Charidschiten, verurteilte die Zustimmung Alis, den Sieger durch ein Schiedsgericht ermitteln zu lassen, als Verstoß gegen die göttliche Ordnung, da Ali allein der rechtmäßige Nachfolger Mohammads sei und dies auf dem Schlachtfeld hätte beweisen müssen. Die Charidschiten, zu denen zahlreiche frühe Gefährten Mohammads zählten, waren nicht länger bereit, an Alis Seite zu kämpfen. Zwar gelang es Ali, den Aufstand in den eigenen Reihen niederzuschlagen, doch war seine Armee durch den Kampf dermaßen geschwächt, daß sie in der folgenden Zeit ihrem Widersacher Muawiya nichts mehr entgegenzusetzen hatte. Obwohl es dem Omayyadenkalif Muawiya in den folgenden Jahren gelang, fast das gesamte Reichsgebiet zu erobern, rief der geschlagene Ali, dem nur Gebiete in den Grenzen des heutigen Irak blieben, seine eigene Dynastie aus.

Die Himmelfahrt Mohammads (Abbildung aus dem 15. Jh.)

661 wurde Ali durch einen Charidschiten, also einen seiner ehemaligen Anhänger, ermordet. Alis ältester Sohn *Hasan* folgte ihm als Herrscher über sein zusammengeschrumpftes Reich. Doch hielt sich dieser weitgehend aus der Politik heraus, ohne Ambitionen, Muawiya herauszufordern. Nach Verhandlungen mit seinem vermeintlichen Gegenspieler verzichtete er auf das Kalifenamt und sprach Muawiya seine Anerkennung als Kalif aus. Trotz dieser Huldigung wurde er schon bald darauf ermordet.

Der Anspruch der *Schia* auf die Kalifenschaft blieb, trotz des vorübergehenden Verzichts Hasans, weiterhin bestehen und ging nach dessen Tod auf Alis jüngeren Sohn *Husain* über. Und auf Muawiya folgte im Amt des omayyadischen Kalifen 680 sein Sohn *Yazid*. Husain versuchte ein weiteres Mal, im Kampf gegen die Omayyaden das Kalifenamt für seine Familie zu gewinnen. Doch wurde er in der aussichtslosen **Schlacht bei Kerbela** im Jahr 680 geschlagen und getötet. Seit dieser bitteren Niederlage entwickelte sich der schiitische Islam zu einer Religion der Rebellion und auch des **Märtyrertums.** Die Nachfolger Husains versuchten weiterhin, die Omayyadenherrschaft zu attackieren, doch ernsthaft bedrohen konnten sie sie nicht mehr. Mit jedem Opfer aus der Familie Alis hatten die gläubigen Schiiten einen weiteren Märtyrer in ihrem Kampf um die Einigung aller Muslime zu verzeichnen. Während sich der Haß der Schiiten auf die Regierung der Sunniten steigerte, gelang es den Omayyaden, ihr Reich weiter zu vergrößern.

Der Omayyadenherrschaft folgte in der Mitte des 8. Jahrhunderts die Abbasidenherrschaft. Die Rolle der Schiiten änderte sich dadurch nicht. Den Schiiten, die gegen die Übermacht der Sunniten nie eine reelle Chance auf die Leitung einer vereinten islamischen Gemeinde hatten, blieb nur der Untergrund. Bis heute hält die Feindschaft zwischen sunnitischen und schiitischen Muslimen an, und ein jeder Krieg zwischen beiden Parteien, die ja eigentlich Glaubensbrüder sind, wird von beiden Seiten als Dschihad bezeichnet, wie zum Beispiel der Krieg zwischen Iran (ca. 90 % Schiiten) und Irak (ca. 53 % Schiiten, Regierung jedoch sunnitisch), der immerhin acht Jahre dauerte.

Die Spaltung der Gemeinde bereits in der Frühzeit des Islam war nicht religiöser, sondern politischer Natur. Es war ein reiner Machtkampf zweier anfänglich gleichwertiger Parteien um die Herrschaft über die gesamtislamische Gemeinde. Doch seit dem Scheitern Alis gelang es seiner Partei nicht mehr, politische oder militärische Übermacht zu erringen. Für die Anhänger dieser Partei bedeutet jedoch die kurze Herrschaft Alis die einzig rechtmäßige Herrschaft, die es seit dem Tod Mohammads überhaupt gegeben hat. Über diese machtpolitischen Streitigkeiten hinaus entwickelte die Schia schon bald darauf religiöse Besonderheiten, die im folgenden erläutert werden.

Religion der zwölf Imame: Religion der Märtyrer

"Innerhalb der allgemeinen Imamgläubigkeit hängen die Iranier der sogenannten Zwölfer-Schia an, d.h., sie anerkennen zwölf infolge ihrer Abstammung von Mohammad allein berechtigte Anwärter für das Chalifat oder die Propheten-Stellvertreterschaft und damit für die Ausübung der Herrschaft über die Gläubigen. Diese Imame führten ein unerhört heiliges Leben und wirkten zahlreiche Wunder, weshalb sie heutzutage mit Lobpreisungen und Gebetsanrufungen überschüttet werden."[1]

Unter den verschiedenen schiitischen Gruppierungen bilden die **Zwölfer-Schiiten**, die auch *Imamiten* genannt werden, die mit Abstand größte Gemeinde. Die Religion der zwölf Imame ist Staatsreligion im Iran, und auch die Schiiten im Irak, die die Bevölkerungsmehrheit in ihrem Land stellen, bekennen sich zu dieser Richtung des Schiismus. Die Zwölfer-Schiiten erkennen eine Reihe von zwölf Imamen, angefangen bei *Ali*, dem Schwiegersohn des Propheten, und endend mit *Mohammad al-Mahdi*, als ihre religiösen Führer an.

Nach schiitischer Auffassung ist zu allen Zeiten ein von Gott gelenktes Oberhaupt nötig, um die Menschen auf den Weg der Gerechtigkeit zu führen. Zunächst hatten die von Gott gesandten Propheten diese Aufgabe zu erfüllen. Mit Mohammad endete die Propheten-Reihe. Im schiitischen Glauben wird die **Imam-Reihe** unmittelbar in die Nachfolge der Propheten-Reihe gestellt. Schiitische Muslime glauben an die Unfehlbarkeit ihrer religiösen Führer, der **Imame**, denen direkt nach Mohammad größte Wichtigkeit in religiösen Fragen zukommt. Nach dem Tod des letzten Propheten übernahmen nun die Imame deren Aufgabe. Für die Leitung der Gemeinde sind besondere Fähigkeiten vonnöten. Nur ein vollkommener Mensch kann dieses Amt übernehmen und muß vom Propheten oder seinem direkten Vorgänger im Amt als Imam designiert werden. Bei den Schiiten nehmen die Führer der Gemeinde, die direkt von Mohammad abstammen, also eine ganz andere Position ein als bei den Sunniten.

Die Leitung der Gemeinde wird unter den Nachkommen *Fatimas* und *Alis* weitervererbt, bleibt also immer in der Familie des Propheten. Die Nachfolge geht über vom Vater auf einen seiner Söhne, nicht unbedingt den ältesten. Doch wahrscheinlich existierte diese Regelung in der Frühzeit des Schismus noch nicht. Anders läßt es sich nicht erklären, warum nicht einer der Söhne des zweiten Imam, Hasan, die Nachfolge des Vaters übernahm, sondern dessen jüngerer Bruder Husain. In der Folge wurde das Amt in der Familie Husains weitervererbt.

Doch schon bald spaltete sich auch die schiitische Gemeinde. Nicht alle Schiiten glauben an die Imam-Reihe der Zwölfer-Schiiten. Bis zum vierten Imam sind sie sich noch alle einig über die Abfolge. Mit dem fünften kommt es dann zur ersten Spaltung der Anhänger Alis. Eine Gruppe, die sich *Zaidiya* nennt (auch unter der Bezeichnung **Fünfer-Schiiten** bekannt), erkennen *Zaid*, einen der Söhne des vierten Imam, als seinen Nachfolger an, die restlichen Schiiten seinen Bruder *Mohammad al-Baqir*. Mit Ernennung des siebten Imam spalteten sich die Schiiten erneut. Die Ismaeliten, die zweitgrößte der schiitischen Gemeinden, halten Ismael für den siebten Imam. Da mit ihm diese Reihe ausstirbt, sind sie auch unter dem Namen *"Siebener-Schia"* bekannt. Bei den Zwölfer-Schiiten geht es hingegen mit *Musa al-Kazim* weiter.

Außer Ali hatte keiner der Imame der Zwölfer-Schiiten jemals wirklich die Chance auf die Leitung der inzwischen ins Unermeßliche gewachsenen gesamtislamischen Gemeinde. Ihr Anspruch auf das Kalifenamt blieb zwar durch die Jahrhunderte, rein theoretisch betrachtet, bestehen, doch blieben sie zu allen Zeiten in der Minderheit und ohne Macht und waren zudem häufig von Verfolgungen bedroht. So beschränkten sich die Imame auf die religiöse Leitung ihrer bescheidenen Gemeinde. Die Imame der Schiiten werden von ihren Anhängern als Märtyrer verehrt, die im Kampf für den gerechten Islam gestorben sind, wenn auch nicht für jeden einzelnen Todesfall bewiesen ist, daß wirklich die omayyadischen oder später abbasidischen Kalifen dafür verantwortlich sind. Zumindest der erste Imam, Ali, starb durch die Hand eines enttäuschten Anhängers seiner eigenen Partei.

Der verborgene Imam: Warten auf seine Rückkehr

"Von dem letzten Imam, dem Mahdi, glauben die Perser, er sei nirgends begraben, sondern von Allah entrückt worden. Zu einem von der Vorsehung bestimmten Zeitpunkt werde er wieder erscheinen, um (…) die Welt mit dem Glauben an den wahren Propheten zu erfüllen. Daher nennt man den Imam Mahdi auch den 'Herrn der Zeit'."[12]

Der elfte Imam aus der Zwölferreihe der religiösen Führer, Imam *Hasan al-Askari,* starb kinderlos im Jahr 874, angeblich an einer Vergiftung durch den Kalifen. Damit löste er Schwierigkeiten in der Imam-Nachfolge aus. Die Gläubigen gingen zunächst davon aus, daß die Imam-Reihe nun abgeschlossen sei. So berichten zumindest die ältesten schiitischen Quellen. Doch läßt sich das Aussterben der Imam-Reihe nicht mit ihrem Glauben vereinbaren, ist es doch zu allen Zeiten notwendig, daß ein von Gott gelenktes Oberhaupt, nach schiitischem Glauben der Imam, über die Menschen wacht. Ansonsten müßte die Erde zugrunde gehen. Verschiedene Versionen der vorangegangenen Ereignisse machten nun die Runde. Unter den Meinungen kursierte auch jene Auffassung, die behauptete, *Hasan* habe einen Sohn mit einer byzantinischen Sklavin gehabt. Die Geschichte

vom minderjährigen Sohn, der aus Angst vor einer möglichen Abba-
sidenverfolgung versteckt gehalten, aber kurz vor dem Tod seines Vaters
zu dessen Nachfolger ernannt wurde, setzte sich schließlich, fast 200 Jahre nach dem Ereignis, durch.

Die Regentschaft des **zwölften Imam,** des vierjährigen *Mohammad al-
Mahdi,* war nur kurz. Noch am Todestag seines Vaters verschwand er auf
geheimnisvolle Weise aus seinem Haus in Samarra und tauchte nie wieder
auf. Damit endete die Imam-Reihe der größten schiitischen Gruppierung
endgültig. Die Zwölfer-Schiiten glauben jedoch nicht an den Tod ihres letzten Imam, sondern vielmehr daran, daß er von Gott entrückt wurde und im
Verborgenen auf der Erde weiterlebt. Sie verehren den zwölften Imam als
Mahdi, den Auserwählten, der am Jüngsten Tag zurückkehren wird, um
ein Reich der Gerechtigkeit und der Wahrheit zu errichten.

Stellvertretung des Imam

"Wenn die Moslems nach göttlichem Ratschluß geleitet werden sollen, so muß Allah seinen Willen einem Sterblichen kundtun. Wem aber? Etwa einem weltlichen Herrscher,
der doch erd- und leibgebunden ist? Das wäre ein unwürdiges Rasthaus für die Einkehr
Allahs! Sein Geist offenbart sich nur der Seele eines ganz vergeistigten Menschen, der
unter Verzicht auf alle weltlichen Gelüste sich allein der Gottesschau weiht (...). Daher
tue sich der Wille Allahs nur den heiligen Imamen, d.h. den Nachfolgern Mohammads in
der Prophetenwürde, und heutigentags ausschließlich den ihnen nachfolgenden
Modschtaheds kund."[13]

Da die Zwölfer-Schiiten nicht wissen konnten, wie lange ihr Imam im Verborgenen leben und wann er schließlich zu ihnen zurückkehren würde,
mußten sie sich Gedanken darüber machen, wer in der Zeit seiner Abwesenheit die Leitung der Gemeinde übernehmen solle. Nach schiitischem
Glauben stand der letzte Imam von 874 bis 941 noch mit vier Botschaftern
(arabisch – *safir*), die die Leitung der Gemeinde in seinem Auftrag durch-
führten, in Verbindung. Diese Phase wird die *"Kleine Verborgenheit"* genannt. Die letzte Nachricht, die der verborgene Imam seinem vierten Botschafter übermittelte, lautete, daß er diese Verbindung abbrechen werde
und daß jeder, der in Zukunft vorgebe, mit ihm in Kontakt zu stehen, ein
Betrüger sei.

Seit Mitte des 10. Jahrhunderts ist also auch diese Verbindung abgebrochen. Die nun beginnende Phase nennt man die *"Große Verborgenheit"*,
die bis heute anhält, da der Imam bislang nicht wieder auftauchte. Der
schiitische Imam, als einzig rechtmäßiges Oberhaupt der Gemeinde, war
sowohl für religiöse als auch politische Belange zuständig. Die Aufgaben,
die er zu erfüllen hatte, waren genau jene, die auch schon der Prophet
Mohammad in der Gemeinde von Medina persönlich ausübte oder aus-

üben ließ. Der Imam war für die Leitung des täglichen Gebetes und der Freitagspredigt zuständig, zog Steuern ein, stand seinen Anhängern zur Lösung von Problemen jeglicher Art zur Verfügung, war oberster **Richter,** verurteilte und verhängte Strafen, und er war oberster **Feldherr.** Mit seinem endgültigen Verschwinden mußten diese Aufgaben, bis zu seinem erneuten Wiederauftauchen, neu verteilt werden. Einen Teil der genannten Aufgaben wies man den Gelehrten (arabisch – *ulama*; Singular: *alim*) zu, die durch ihr Studium über das umfassendste Wissen auf dem Gebiet der Theologie verfügten und durch ihre Religiosität besonders befähigt waren. Die bedeutendste der schiitischen Rechtsschulen, die sich in dieser Zeit zu formieren begannen, wurde nach dem sechsten Imam, *Dschafar as-Sadiq,* "dschafaritisch" genannt. Der Imam hatte sich zeit seines Lebens mehr mit den Wissenschaften und dem Recht als mit der aktuellen Politik befaßt.

Mit der Zeit entwickelte sich ein neuer Stand in der schiitischen Gesellschaft, der **Stand der Geistlichen.** Aus einem Studium der Religion und ihrer Quellen heraus entstand eine neue Wissenschaft, die Religions- und Rechtswissenschaft. Die *Ulama* leiteten die Gemeinschaft in allen religiösen Angelegenheiten in Abwesenheit des zwölften Imam, der nach schiitischem Glauben auch heute noch das eigentliche weltliche und religiöse Oberhaupt aller Gläubigen (Schiiten wie Sunniten) ist. Für die Zeit der "Großen Verborgenheit" verzichteten die schiitischen Ulama zunächst noch auf ihren Anspruch auf weltliche Macht. Sie hätten aus der Opposition heraus gegen die sunnitische Mehrheit ohnehin keine Chance gehabt. Vielmehr betrachteten sie jede weltliche Herrschaft, da sie allein dem verborgenen Imam zusteht, als unrechtmäßig. Doch nach und nach eigneten sich die Ulama sämtliche Aufgaben des Imam an. Der Endpunkt dieser Entwicklung wurde mit der **Machtübernahme der Mullahs** im Iran 1979 erreicht.

"In ihrem äußeren Gehabe geben sie sich einen heiligmäßigen Anstrich, indem sie sich bei ihrer Lebenshaltung äußerste Genügsamkeit auferlegen, alle Ehrungen ausschlagen, Tändeleien verabscheuen und auf nichts anderes zu sprechen kommen als auf Gegenstände des ewigen Heiles."[14]

Jeder, der sich im Iran dazu berufen fühlt, kann den Beruf eines *islamischen Geistlichen* ergreifen, mit oder ohne entsprechende Ausbildung. Wer genügend Gläubige von seinen Fähigkeiten überzeugen kann, wird immer Arbeit haben. Wer allerdings einen höheren Rang anstrebt sowie das Recht, eigenhändig die Quellen zu interpretieren, wird nicht umhinkommen, mehrere Stufen eines langwierigen Studiums an einer theologischen Hochschule (persisch – *howzeh elmiyeh*) zu durchlaufen. Die größten und bedeutendsten Hochschulen des Landes befinden sich in Maschad und Qom. Seit der Islamischen Revolution ist ein stetiger Zuwachs der

Studentenzahlen zu beobachten. In der theologischen Hochschule "Fei-ziyye" in Qom studierten 1993 25.000 Studenten Theologie.[15] Die theolo-gischen Hochschulen arbeiten völlig **unabhängig vom Staat** und finan-zieren sich über religiöse Stiftungen sowie Steuerabgaben der Gläubigen. Die Unterrichtssprache ist das Hocharabische, die Sprache, die zu Mo-hammads Zeiten in Gebrauch war. Die ersten beiden Abschnitte des Studi-ums dauern jeweils etwa fünf Jahre. Die Schwerpunkte liegen im Erlernen des Hocharabischen sowie dem Aneignen der Grundlagen der islamischen Rechtswissenschaft (arabisch – *fiqh*). Während der dritten und letzten Stu-fe des Studiums, dessen Dauer unbegrenzt ist, versuchen sich die Studen-ten (arabisch – *talaba*) am **Quellenstudium** von Koran und Sunna.

Während des gesamten Studiums sind Prüfungen gänzlich unbekannt. Die Lehrer befinden darüber, ob ein Student in der Lage ist, in die nächste Stufe aufzusteigen. Das Ziel der letzten Phase des Studiums ist, die Be-rechtigung zu erwerben, selbständig *Idschtihad* (arabisch – "das sich Abmühen") zu betreiben. Nicht jeder Student erreicht dieses Ziel. Da es kein Examen gibt, entscheidet auch in diesem Fall der Lehrer, der selbst über den Grad des Mudschtahid (arabisch – "der sich Abmühende") verfü-gen muß, ob einer seiner Schüler die Fähigkeiten des Idschtihad aufweist und sich in Zukunft selbst Mudschtahid nennen darf.[16] Ein Mudschtahid, der über eine ganz besondere juristische und religiöse Gelehrsamkeit ver-fügt, darf sich *Mardscha at-taqlid* (Instanz der Nachahmung) nennen. Sei-nem Urteil sollen möglichst viele Gläubige folgen. Auch den Titel *Mardscha at-taqlid* kann ein Gelehrter nur dann erwerben, wenn er ihm durch einen anderen Mardscha verliehen wird.

Die allgemeine Bezeichnung für Geistliche im Iran ist der Begriff *Mullah* (arabisch – *maula*: Herr oder Meister), der von diesen allerdings nicht ger-ne gehört und von der Bevölkerung meist nur im Zusammenhang mit ei-nem einfachen Geistlichen benutzt wird, der über einen nicht ganz so ho-hen Grad theologischen und juristischen Wissens verfügt. Die **Mullahs** selbst bevorzugen die Bezeichnung *Rohani*, Prediger. Nur ein ganz kleiner Teil der Geistlichen durchläuft alle drei Stufen der theologischen Hoch-schule mit Erfolg. Die ganz große Mehrheit der Mullahs verfügt über eine weit weniger ausgeprägte Bildung und zumeist nur begrenzten arabischen Sprachkenntnissen und lebt von der Verrichtung einfacher religiöser Aufga-ben in Moschee und Gemeinde. Viele Mullahs haben nie an einer theologi-schen Hochschule studiert. Eine andere allgemeine Bezeichnung für einen Rechts- bzw. Religionsgelehrten, die alleine noch nichts über den Grad der Gelehrtheit aussagt, ist *Alim* (Plural: *Ulama*).

Für die meisten **Titel** ranghoher Geistlicher im schiitischen Islam gibt es keine genau festgelegten Kriterien, sie sind vielmehr Ehrentitel, die den Geistlichen von den Gläubigen selbst verliehen werden. Verfügt ein

Mudschtahid in der Bevölkerung über eine große Anhängerschaft und ist weithin als Autorität in allen Fragen juristischer und religiöser Art anerkannt, wird er von seinen Anhängern mit einem Ehrentitel angeredet, der sich dann häufig in der gesamten Bevölkerung durchsetzt. Einer dieser Ehrentitel ist *"hodschat al-islam"* (Autorität des Islam), der nächsthöhere *"ayatollah"* (Wunderzeichen Gottes). Dieser Titel wird relativ wenigen *Mudschtahids,* die sich besonders ausgezeichnet haben, verliehen. Der höchste zu vergebende Titel ist *"ayatollah al-uzma"* (Großes Wunderzeichen Gottes). Er wird nur einem *Mardscha at-taqlid* verliehen. Alle diese Titel für Geistliche und Gelehrte entstammen der arabischen Sprache und sind nicht nur im schiitischen, sondern auch im sunnitischen Islam gebräuchlich.

Die Mullahs im Iran, egal welchen Rang sie einnehmen, tragen alle die gleiche Kleidung, einen **Turban** (persisch – *amameh*) und einen langen schwarzen oder braunen Mantel, der vorne offen getragen wird (persisch – *aba*). Einen islamischen Geistlichen kennzeichnet außerdem ein langer Bart. Der Turban besteht entweder aus schwarzem oder weißem Stoff. Einen schwarzen Turban dürfen diejenigen Geistlichen anlegen, deren Herkunft sich in direkter Linie zu Mohammad zurückverfolgen läßt. Schwarz wird als Zeichen der Trauer um den Märtyrertod Husains, des dritten Imam, getragen. Die männlichen Nachfahren Mohammads tragen den Titel *Seyyed,* den sie auch an ihre Söhne weitervererben.

Unterschiede
Sunnismus – Schiismus

Königin Fatima auf einer persischen
Miniatur aus dem 16.Jh.

43

Die Quellen des Islam

Die oben bereits genannten Quellen des Islam, aus denen sich das vorbild-liche Leben der Gläubigen ableiten läßt, aus denen sich aber auch die Rechtsprechung entwickelt hat, werden von Sunniten und Schiiten unter-schiedlich gewertet. Der **Koran** ist natürlich für Muslime beider Richtun-gen die wichtigste Quelle und oberstes Gebot. Die Fassung des Koran, die seit Jahrhunderten von allen Muslimen akzeptiert wird, wurde unter der Herrschaft Othmans überarbeitet und neu zusammengestellt. Obwohl die Schiiten die Herrschaft des dritten Kalifen als Usurpation bezeichnen, so benutzen sie doch die Othman'sche Version der heiligen Schrift.

Die zweitwichtigste Quelle ist auch für die Schiiten die **Sunna**. Doch die-jenigen Hadithe, die Sunniten und Schiiten als authentisch anerkennen, unterscheiden sich stark voneinander. Wie die Sunniten sind auch die Schiiten davon überzeugt, daß sich im Laufe der Zeit zahlreiche Unwahr-heiten in die Überlieferungen der Worte und Handlungen des Propheten eingeschlichen haben – teilweise gefälscht, teilweise neu erfunden. Aus-sonderungen der überzähligen **Hadithe** Mohammads wurden von beiden Parteien unternommen. Doch beide Gruppierungen kamen zu unter-schiedlichem Ergebnis und bestanden auf der Richtigkeit ihrer eigenen Auswahl. Die Zusammenstellung geschah nicht nach rein wissenschaftli-chen Maßstäben, sondern vielmehr danach, welcher angebliche Aus-spruch des Propheten die jeweilige Richtung der Religion unterstützte. Während die Sunniten eine Sammlung von sechs Hadith-Werken besitzen, schwören die Schiiten ihrerseits auf ihre eigenen vier Bände, die von den Rechtsgelehrten *Kulaini*, *al-Qummi* und *at-Tusi* im 10. und 11. Jahrhundert zusammengetragen wurden.

Die **Besonderheit der schiitischen Sunna** liegt darin, daß die Schiiten nicht nur den Propheten Mohammad, sondern auch seine Tochter Fatima und die zwölf Imame für göttlich gelenkt und damit unfehlbar halten. Das bedeutet, daß die Schiiten nicht nur die Überlieferungen des Propheten in ihre Sunna aufgenommen haben, sondern auch jene der anderen Unfehl-baren. Alles, was die *"Vierzehn Unfehlbaren"* gesagt, getan und gebilligt ha-ben, wird von schiitischen Muslimen als absolut verbindlich anerkannt und bildet zusammen mit dem Koran die Grundlage des schiitischen Rechts. Als authentisch werden jedoch nur diejenigen Hadithe der "Vierzehn Un-fehlbaren" anerkannt, die durch einen der Imame als Überlieferer beglau-bigt sind.

Rechtsgelehrte beider islamischer Strömungen erarbeiteten im Laufe der Zeit Methoden, anhand derer sie auf der Grundlage von Koran und Sunna zur Urteilsfindung bei ungeklärten Fragen theologischer und juristischer Natur gelangen konnten. Dieser Prozeß war bei den Sunniten bereits wesentlich früher abgeschlossen, denn sie begannen unmittelbar nach dem Tod des Propheten mit der theoretischen Aufarbeitung der Quellen. Erste, für die schiitische Theologie und Jurisprudenz wichtige Werke entstanden im 10. Jahrhundert, ihre Vollendung fanden sie jedoch erst sehr viel später, im 13. Jahrhundert. Die von sunnitischen und schiitischen Muslimen anerkannten Methoden der Rechtsfindung unterscheiden sich stark voneinander.

Der für die sunnitische Rechtsprechung, zumindest bis zum 10. Jahrhundert, so wichtige **Konsens** der Gemeinde bzw. der Gelehrten wird von schiitischen Muslimen grundsätzlich abgelehnt. Solange Mohammad noch lebte, konnten sich alle Gläubigen in strittigen Angelegenheiten an den Propheten wenden. Für die Anhänger *Alis* bestand auch in der Zeit nach dem Tod Mohammads nicht die Notwendigkeit, Urteile durch einen Konsens oder eine andere Entscheidung herbeizuführen. In der Zeit, in der die Imame die Leitung der schiitischen Gemeinde innehatten, waren sie für die Klärung strittiger theologischer oder juristischer Fragen verantwortlich. Die Gläubigen konnten sich direkt an sie wenden, so daß die Diskussion zwischen den Gelehrten überflüssig war. Für diesen Abschnitt ihrer Geschichte verwerfen sie folgerichtig nicht nur den Konsens, sondern auch den *Idschtihad* und den *Analogieschluß*. Auch in der Zeit der "Kleinen Verborgenheit" stand der Imam mit einem Botschafter in Verbindung und konnte auf diese Art und Weise Entscheidungen treffen. Die Schiiten, die in der islamischen Welt, seit dem Scheitern Alis, in der Minderheit stehen, hätten den Konsens, so wie ihn die Sunniten anwenden, überhaupt nicht akzeptieren können. In einer Konsensentscheidung der gesamten Gemeinde hätten die Schiiten als die islamische Minderheit nie eine Chance der Durchsetzung gehabt.

Alle Methoden der Rechtsfindung durch fehlbare Menschen in der Frühzeit, als der Imam noch unter seinen Anhängern weilte, werden also abgelehnt. Erst nach seiner Entrückung entstanden eigene Methoden. Doch auch an dem Punkt, als die letzte Verbindung mit dem verborgenen Imam schließlich abgebrochen war und die *Ulama* gezwungen waren, nach neuen Methoden der Rechtsfindung Ausschau zu halten, gedachten sie nicht, den Konsens zu übernehmen. Anstelle einer Urteilsfindung durch Konsens oder Analogieschluß verließen sie sich lieber auf ihren eigenen Verstand. So stehen die Vernunft und der Gebrauch des eigenen Verstandes ab dem 10. Jahrhundert im Zentrum ihrer Überlegungen. Die **Urteilsfindung durch Vernunft** (arabisch – *aql*) besagt, daß der Mensch seinen Verstand gebrauchen soll, um im Rahmen der göttlichen Gebote zur richtigen Lösung zu gelangen.

Doch das Einsetzen der Vernunft, die wirklich bedeutende, jedoch lange Zeit umstrittene schiitische Methode der Urteilsfindung, die den Schiismus vom Sunnismus wesentlich unterscheidet, entwickelte sich erst sehr viel später, im 13. Jahrhundert. In dieser Zeit setzte sich im schiitischen Recht *Idschtihad*, die freie Forschung und Auslegung der Quellen, weitgehend durch. Wenn die Quellen bei gewissen religiösen oder juristischen Problemen keine direkte Lösung anbieten, muß der Verstand zu Hilfe genommen werden. Die freie Rechtsfindung ist also doch nicht gänzlich frei, sie unterliegt immer noch Koran und Sunna. Doch das Recht des *Idschtihad* stand nur denjenigen Gelehrten zu, die sich im Laufe eines langjährigen Studiums besondere Fähigkeiten im Begreifen juristischer und theologischer Zusammenhänge erarbeitet haben. Endgültig hat sich dieses Prinzip erst im 19. Jahrhundert durchsetzen können.

Laien und auch jene Mullahs, die nicht über ausreichende Qualifikationen verfügen, dürfen nicht selbst *Idschtihad* betreiben. Sie haben sich in allen Fragen an eine anerkannte Autorität zu wenden, die dann eine Lösung finden wird (arabisch: *taqlid* - Nachahmung). Doch dürfen die Gläubigen selbst die Entscheidung treffen, welchem *Mudschtahid* sie folgen wollen. Das Urteil, das ein *Mudschtahid* fällt, muß nicht zwangsläufig richtig sein. Da er ein fehlbarer Mensch ist, kann er Irrtümern unterliegen. Die Entscheidung eines *Mudschtahid* kann durch einen anderen durchaus abgeändert werden. So bleibt die Bewertung eines Falles nicht für die Ewigkeit stehen, sondern kann, wenn neue Fakten auftreten, bestätigt oder auch entsprechend korrigiert werden. Entscheidungen, die ein *Mudschtahid* gefällt hat, besitzen über seinen Tod hinaus keine Rechtsgültigkeit. Seine Urteile erlöschen. Eine Ausnahme bildete die, im Jahr 1989 gegen Salman Rushdie ausgesprochene *Fatwa* Ayatollah Khomeinis, die nach seinem Tod von seinem Nachfolger bestätigt wurde.

Die religiösen Pflichten der Gläubigen

"Der neunte Monat, der Ramadan, ist der Fastenmonat. Tagsüber ist während dieser Zeit das Fasten so streng, daß nicht einmal ein Tropfen Wasser erlaubt ist. Besonders eifrige binden sich ein Tuch vor den Mund, damit ja kein Staub eindringen und das Fasten brechen kann."[17]

Die religiösen Pflichten der Schiiten sind dieselben wie für alle anderen Muslime auch: Glaubensbekenntnis, Gebet (persisch - *namaz*), Fasten (persisch - *ruza*), Armensteuer (persisch - *zakat*), Pilgerfahrt nach Mekka (persisch - hadsch). Die Ausübung der Pflichten unterscheidet sich nur in Kleinigkeiten voneinander:

Das **Pflichtgebet** wird etwas anders gehandhabt als in der sunnitischen Welt. Die Schiiten haben nicht fünfmal am Tag zu beten, sondern nur dreimal. Sie beten deshalb aber nicht weniger. Sie fassen vielmehr Mittags-

und Nachmittagsgebet sowie Abend- und Nachtgebet zusammen. Die einzelnen Gebetszeiten werden dadurch länger. Der Gebetsruf erklingt bei Sonnenaufgang, mittags und bei Sonnenuntergang. Das Zusammenfassen der Pflichtgebete erleichtert die Tageseinteilung, besonders für berufstätige Menschen. Auch beim Gebet selbst gibt es kleinere Unterschiede zu beobachten. Wenn die Betenden niederknien und den Kopf senken, liegt die Stirn auf einem kleinen flachen Gebetsstein (persisch – *muhra*), der aus einem schiitischen Heiligtum stammt, also von der Grabstätte eines der Imame, beispielsweise aus Medina, Kerbela oder Maschad. Im Eingangsbereich einer jeden Moschee liegen zahlreiche dieser Steine bereit.

"Am häufigsten unternehmen die Perser Wallfahrten zum Grabe des achten Imam, Reza, das sich in der Stadt Meschhed in der Provinz Chorasan (Ostiran) befindet. Der Name dieses Heiligen wird von Kranken beständig im Munde geführt, weil sie sich durch seine beharrliche Anrufung Genesung versprechen."[18]

Die *Wallfahrten* zu den heiligen Stätten nehmen einen besonderen Platz im Leben der schiitischen Gemeinde ein. Die Hadsch, die Wallfahrt nach Mekka, wird jedes Jahr von zahlreichen Gläubigen unternommen. Und genauso wie bei den Sunniten nehmen die Heimkehrer auch bei den Schiiten eine ganz besondere Stellung ein. Respektvoll nennt man Männer "*Hadschi Aqa*" und Frauen "*Hadschi Khanum*".

Außer der Pilgerfahrt nach Mekka sind die Wallfahrten zu den **Gräbern der Imame** wichtig. Stehen die Gläubigen am Grab eines Imam, beklagen sie allgemein die Situation des Schiismus und im besonderen den Märtyrertod der schiitischen Imame. Sie umkreisen mehrmals den heiligen Schrein und küssen ihn. Die Gräber der Imame besucht man auch, wenn man darauf hofft, daß ein bestimmter Wunsch in Erfüllung gehe. Dann werfen die Gläubigen Geld durch das Gitter, das den eigentlichen Schrein umgibt, oder binden Stoffe oder Wollfäden an selbiges. In Extremfällen, beispielsweise wenn ein Kind schwer erkrankt ist und kaum Hoffnung auf eine Heilung besteht, kann es passieren, daß sich der Vater oder ein anderer naher Verwandter in Erwarung eines Wunder für eine längere Zeit an das Gitter des heiligen Schreins kettet.

Imam *Ali ar-Rida* (persisch – *Reza*), der achte Imam, ist der einzige schiitische Führer, der im Iran, genauer in Maschad, begraben liegt. Die Gräber der anderen Imame befinden sich in Medina in Saudi-Arabien und an verschiedenen Orten des Irak. In Medina liegen der zweite Imam *Hasan*, der vierte Imam *Ali Zain al-Abidin*, der fünfte Imam *Mohammad al-Baqir* und der sechste Imam *Dschafar as-Sadiq* begraben. Das zweite große Wallfahrtszentrum der Schiiten ist das Nachbarland Irak: Kerbela (Grab des dritten Imam *Husain*), Nedschef (Grab des ersten Imam *Ali*), Samarra (Gräber des zehnten und elften Imam, *Ali an-Naqi* und *Hasan al-Askari*) und Kazimain (Gräber des siebten und neunten Imam, *Musa al-Kazim* und *Mohammad al-Dscha-wad*) heißen die Orte mit den verehrten Begräbnisstätten.

Da die Beziehungen des Iran zum Irak in der Vergangenheit meist angespannt waren, war es für Pilger immer schwer, die Erlaubnis zu erhalten, zu einer der Grabstätten zu reisen. In den letzten zehn Jahren haben sich die Beziehungen zwischen beiden Staaten weiter verschlechtert. Der schiitische Teil der Bevölkerung stellt die Mehrheit im Irak, ist aber trotzdem ohne jede politische Macht. Immer wieder werden ganze Gruppen von Schiiten des Landes verwiesen und in den Iran geschickt, obwohl sie Iraker und damit Araber sind und ihre Heimat nur widerwillig verlassen. Seit der Beendigung des zweiten Golfkrieges, seit 1991, ist Saddam Hussein darum bemüht, die systematische Vernichtung ihres Lebensraumes im Süden des Landes voranzutreiben. Er ließ die beiden heiligen Städte Kerbela und Nedschef bombardieren und machte selbst vor den Grabstätten der Imame nicht halt. Anschließend begann er, das Sumpfgebiet zwischen Euphrat und Tigris, in dem mehrere hunderttausend Schiiten lebten, trockenzulegen und damit ihre Existenz zu zerstören. Ein Zerstörungswerk aus Angst, die Schiiten könnten sich eines Tages gegen seine Herrschaft auflehnen.

In jüngster Zeit ist der Irak bemüht, die Beziehungen zum Iran zu verbessern. So ist es seit September 1997 für iranische Schiiten erstmals seit 1980 wieder erlaubt, zu den heiligen Stätten im Nachbarland zu reisen.

Die Möglichkeit, eine Pilgerfahrt nach Medina zu unternehmen, besteht nur für die wenigsten Iraner. Medina, die zweitheiligste Stadt des Islam, liegt so weit entfernt, daß sich die meisten Iraner einen Besuch der heiligen Stätten nicht leisten können. Das *Grab Imam Rezas* in Maschad ist somit das einzige Grab eines Imam, das für alle Iraner in Reichweite liegt. So nimmt Maschad, im Nordosten Irans gelegen, eine außerordentlich wichtige Stellung ein.

Besondere schiitische Feiertage

"Hunderte von fanatischen Anhängern Husains schlagen sich und verwunden sich Kopf, Gesicht und Körper mit Schwertern und Messern. Aus Liebe zu Imam Husain lassen sie ihr Blut fließen."[19]

Bei der Aufzählung der religiösen Feiertage muß unterschieden werden zwischen jenen, die von Schiiten wie Sunniten begangen werden, und solchen, die nur für schiitische Muslime von Bedeutung sind. Zu den allgemeinen muslimischen Feierlichkeiten zählen die Ereignisse rund um den Fastenmonat Ramadan oder den Monat der Hadsch. Auch des Todestages des Propheten wird von beiden islamischen Strömungen mit einer Feier gedacht. Interessanter sind jedoch die **speziell schiitischen Feiertage**. Der schiitische Islam kennt eine Reihe von Feierlichkeiten, die ganz eng mit den religiösen Führern, den zwölf Imamen, verknüpft sind. Das religiöse Jahr der Muslime beginnt mit dem Monat Muharram, der für Schiiten zugleich der Monat der Trauer ist. Nach schiitischem Glauben starben alle ihre Imame, außer dem entrückten zwölften, als Märtyrer im Kampf um den gerechten Islam. Besonders verehrt wird der dritte Imam, Husain. Doch zunächst die Vorgeschichte:

Bis zum Märtyrertod *Husains* 680 in Kerbela waren die **Anhänger Alis** eine rein politische Partei, die sich mit ihren Konkurrenten, den Omayyaden, einen Machtkampf um die Herrschaft über die islamische Gemeinde lieferten. *Husain*, in Medina residierend, war von seinen Anhängern in Kufa gebeten worden, seinen Widersacher, den Omayyaden-Kalifen *Yazid,* erneut herauszufordern. Doch *Husain* wurde, noch bevor er Kufa erreicht hatte, von gegnerischen Truppen in der Wüste abgefangen und vom lebenswichtigen Wasser des Euphrat abgeschnitten. Mit seinen etwa 70 Männern hatte er keine Chance gegen ein übermächtiges Heer. Am 10. Oktober 680 (nach islamischem Kalender der 10. Muharram 61) starb *Husain*. Durch diese bittere Niederlage wurde die Partei endgültig in die Opposition gedrängt. Die kufischen Anhänger der Partei bereuten zutiefst, ihrem Imam in der schweren Stunde der Niederlage nicht beigestanden zu haben. Im November 684 sammelten sich einige der Parteimitglieder aus Kufa zu einem Todesmarsch, mit dem sie ihre große Schuld, *Husain* im Stich gelassen zu haben, durch das Hingeben ihres eigenen Lebens verringern wollten. Zunächst zogen die "kufischen Büßer" nach Kerbela, wo sie einen Tag und eine Nacht im Gedenken an ihren religiösen Führer mit Selbstanklagen zubrachten. Von dort ging es weiter in Richtung Syrien. Als sie im Januar 685 auf gegnerische Truppen trafen, wurden sie fast alle niedergemetzelt.

In Erinnerung an Husains Martyrium in der Schlacht von Kerbela entwickelten sich eine Reihe von Trauerfeierlichkeiten. Aus den Selbstanklagen am Grab Husains entstanden die **Aschura-Bräuche**, die zum Teil noch heute in Form von Prozessionen und Passionsspielen lebendig sind. Sie werden in den ersten zehn Tagen des Monats Muharram begangen und erreichen am zehnten Tag des Monats, dem Todestag *Husains*, ihren Höhepunkt. Der Begriff *"Aschura"* meint den zehnten Tag dieses Monats. Diese Trauerfeierlichkeiten finden natürlich nicht nur im Iran statt, sondern in allen islamischen Ländern mit hohem schiitischem Bevölkerungsanteil.

Alljährlich lassen die Schiiten ihre Geschichte in Prozessionen lebendig werden. Tausende von Gläubigen versammeln sich und vereinigen sich in ihrem Haß auf die Sunniten, die sie für die Leiden der Familie *Alis* verantwortlich machen. In ihrer Trauer und Bußbereitschaft zeigen sie extreme Formen des Schmerzenskultes. Es kommt zu Selbstgeißelungen, mit denen sie ihre Bereitschaft, den Märtyrertod zu sterben, demonstrieren. Drei verschiedene Arten von Selbstgeißelungsprozessionen, die im Verlauf der zehntägigen Feierlichkeiten in den meisten schiitischen Wallfahrtsorten, in zahlreichen iranischen Städten und Dörfern und in anderen schiitisch-islamischen Ländern und Gegenden stattfinden, sind zu unterscheiden: Brustschläger, Kettengeißler und Schwertgeißler.

Brustschlägerprozessionen finden an allen Tagen der Muharram-Feierlichkeiten statt. Bei dieser Form der Geißelung, an der auch Frauen und ältere Menschen teilnehmen, schlagen sich die Gläubigen mit Fäusten auf die Brust. Wenn die Feierlichkeiten ihrem Höhepunkt entgegenschreiten, treten die **Kettengeißler** in Aktion. Sie geißeln sich mit Eisenketten, die mit spitzen Nadeln versehen sind, den Rücken. In größeren Städten werden solche Prozessionen häufig in mehreren Stadtteilen organisiert. Wenn verschiedene Umzüge aufeinandertreffen, kommt es gelegentlich zu Straßenschlachten, bei denen es regelmäßig Tote zu beklagen gibt. In einer solchen Schlacht nimmt jeder Kämpfer die Position *Husains* ein, sein jeweiliger Gegner ist *Yazid*, der Omayyadenkalif. So werden die Ereignisse von Kerbela alljährlich wachgerufen. Wer während dieser Umzüge den Tod findet, gilt nach schiitischem Glauben als Märtyrer, dem das Tor zum Paradies offensteht. Den Höhepunkt der Prozessionen bildet der Auftritt der **Schwertgeißler** am 10. Muharram. Die Teilnehmer, in weiße Totenhemden gekleidet, schlagen sich mit Schwertklingen ihre Stirn blutig.

Etliche europäische Reisende haben Aschura-Bräuche auf ihren Reisen durch Persien und Irak beobachten können und in Reiseberichten zum Teil sehr ausführlich dargelegt. Sehr anschaulich beschreibt der Engländer *William Francklin*, der Persien 1786/87 bereiste, seine Erlebnisse: "Während dieser verschiedenen Prozessionen erträgt man mancherlei Unbill, sind doch die Perser begeistert bis zum Enthusiasmus. Sie glauben allesamt, daß die Seelen derer, die während des Moharram umkommen, augenblicklich ins Paradies eingehen; dies, zusammen mit einer Verzückung, die, solange sie anhält, größer ist, als ich sie je bei einem anderen Volk gesehen habe, läßt sie den Tod verachten, ja sogar suchen. Es gibt viele, die sich selbst freiwillig Wunden zufügen, und manche enthalten sich während der zehn Tage fast gänzlich des Wassers, in Erinnerung an das und als Mitleid dessen, was ihr Imam in Ermangelung des Wassers gelitten hat. Alle Leute verzichten während des Moharram auf Bäder und wechseln ihre Kleider nicht."[20]

Aufgrund der Gefahren dieses Muharram-Brauches, der bis in die Neuzeit hinein in dieser Form in schiitischen Gegenden lebendig blieb, sind die Prozessionen von geistlicher Seite verschiedentlich abgelehnt worden. Im Jahr 1928 ließ *Reza Schah* die Umzüge verbieten. In anderen Ländern wie Irak oder Libanon blieben sie jedoch erlaubt. Nach der Abdankung *Rezas* Anfang der vierziger Jahre lebte der Brauch auch im Iran wieder auf und erfreut sich bis zum heutigen Tag großer Beliebtheit bei einem beträchtlichen Teil des iranischen Volkes. Die Zahl der Teilnehmer ist groß, die Zahl der Zuschauer ebenso. Die Geißelungen wurden jedoch abgeschwächt. Die Gläubigen geißeln sich heute zumeist nur noch mit Geißeln ohne Nadeln. Größere Verletzungen treten hierbei nicht mehr auf. Die Schwertgeißlerprozessionen wurden ganz verboten, im Iran ebenso wie im Libanon. Doch die Schiiten in der südlibanesischen Stadt Nabatija hielten sich auch im Jahr 1994 nicht an die Order ihrer religiösen Führung. Bei der Schwertgeißlerprozession fügten sich viele Teilnehmer Verletzungen am Kopf zu.

Ab dem 18. Jahrhundert werden zum Gedenken an das Martyrium *Husains* außerdem **Theateraufführungen** veranstaltet, die das Leiden des Imam nachspielen. Der arabische Name dieser Passionsspiele ist *"taziya"* (Beileidsbezeugung). Im speziellen schiitischen Sprachgebrauch wird der Begriff im Sinne von "Passionsspiel" oder "Gedenkfeier" um die Märtyrertode der Imame verwendet. Aufgeführt werden die Stücke in Moscheen und Privathäusern sowie auf öffentlichen Plätzen. Während der gesamten Feierlichkeiten wird stets jenes Geschehen der Leidensgeschichte nachempfunden, das sich am jeweiligen Tag ereignete. Höhepunkt der Veran-

---

Schiiten gedachten des Märtyrertods von Hussein Ibn Ali

W.K. AMMAN, 19. Juni. Die libanesischen Schiiten haben am Sonntag den Märtyrertod des Propheten-Enkels Hussein Ibn Ali mit Blut und Tränen begangen. Hussein Ibn Ali war im Jahre 680 im Verlauf der Kämpfe um die Nachfolge des 632 verstorbenen Propheten Mohammed gemeinsam mit seinen Anhängern in der Nähe der südirakischen Stadt Kerbela getötet worden.

Hunderte von Schiiten in der südlibanesischen Stadt Nabatija hielten sich nicht an das Gebot ihrer religiösen Führung, von blutigen rituellen Kasteiungen zum Gedenken an den Tod Husseins abzulassen. Sie zogen durch die Straßen und fügten sich mit Schwertern am Kopf Verletzungen zu. Angehörige des libanesischen Roten Kreuzes leisteten einigen Teilneh-

mern der traditionellen Zeremonie Erste Hilfe, die wegen ihrer Wunden zusammengebrochen waren.

Tausende anderer Schiiten beschränkten sich auf religiöse Gesänge, viele brachen in Tränen aus. Angehörige der proiranischen Schiiten-Organisation Hizbullah („Partei Gottes") hielten sich an die Anordnungen ihrer Führung und verzichteten in diesem Jahr auf das blutige Ritual. Zehntausende von Männern, Frauen und Kindern marschierten durch die Schiiten-Viertel von Süd-Beirut und durch die Straßen der ostlibanesischen Stadt Baalbek, wo sich ebenfalls Schiiten konzentrieren und die Kämpfer der Hizbullah Stützpunkte unterhalten. Als Zeichen der Trauer trugen die Männer schwarze Banner.

aus: FAZ, 20.6.94

staltungen ist die Aufführung von Schlacht und Martyrium. Das Publikum zeigt seine Trauer und Ohnmacht durch Tränen sowie durch Schläge auf Kopf und Brust.

Auch diese Aufführungen ließ *Reza Schah* 1932 verbieten. Obwohl sie in den vierziger Jahren wieder erlaubt wurden, sind die prachtvollen Aufführungen in den Großstädten heute weitgehend verschwunden. Man veranstaltet sie nur noch vereinzelt in kleineren Ortschaften auf dem Land.

Die Schiiten trauern nicht nur am Todestag Husains, sondern gedenken auch der Martyrien der anderen im Kampf um Gerechtigkeit gestorbenen Imame. Am 13. Tag des siebten Monats Radschab zum Beispiel wird in großen Prozessionen des **Todestages Alis**, ihres ersten Imam, erinnert.

Der schiitisch-islamische Kalender kennt jedoch nicht nur Trauertage. Der **größte Feiertag** im schiitischen Jahr ist der 15. Saban und heißt "*al-mahdi*". Man feiert den Geburtstag des verborgenen zwölften Imam.

Ein weiteres Fest, das ebenfalls nur die Schiiten kennen, feiert man im letzten Monat des Jahres, am 18. Dhu al-Hidscha, dem Monat der Pilgerfahrt nach Mekka. Man gedenkt der Ereignisse am Ghadir Khumm, als Mohammad, nach schiitischem Geschichtsbild, Ali zu seinem Nachfolger ernannte. Das Fest heißt **"Id al-ghadir"** und ist im Iran seit Jahren offizieller Feiertag.

Die Rolle von Mann und Frau in Familie und Gesellschaft nach Koran und Sunna

"Allah hat das eine Geschlecht gegenüber dem anderen bevorzugt in bezug auf geistige Fähigkeiten, das Erteilen eines guten Rates, die Fähigkeit, die religiösen Pflichten zu erfüllen und Gottes Befehle auszuführen. Für die Männer sind folglich Prophetie, religiöse Führerschaft, Heiligkeit, die Riten der Pilgerschaft, die Zeugenschaft vor Gericht, die Verpflichtung zum Heiligen Krieg, die Verehrung Gottes in der Moschee und der Versammlungsort reserviert."
(Korankommentator Baydawi, 13. Jh.)[21]

Die Rollen von Mann und Frau in der islamischen Welt werden von den in Koran und Sunna genannten Vorschriften bezüglich ihres Zusammenlebens bestimmt. Mann und Frau unterscheiden sich demnach in vielerlei Hinsicht voneinander. Aufgrund ihrer körperlichen und psychischen Unterschiede liege es im Interesse der "islamischen Gleichberechtigung" der Geschlechter, ihnen, ihren Fähigkeiten entsprechend, verschiedene Rechte und Pflichten zuzuordnen. Nach islamischer Auffassung sei der Wunsch nach Familiengründung bei der Frau stärker ausgeprägt als beim Mann. Sie lasse sich von Gefühlen leiten und sei demnach in den Wissenschaften und bei der Lösung rationaler Probleme dem Mann unterlegen. Diese, von einem islamischen Geistlichen des 20. Jahrhunderts[22] aufgestellte Charakteristik der Geschlechter unterscheidet sich im Ergebnis nicht wesentlich von der *Baydawis*. Sie rechtfertigt damit die den Geschlechtern zugewiesenen unterschiedlichen Wirkungsbereiche.

Zwei Faktoren sind für die **traditionelle Geschlechtertrennung** und die Verschleierung der Frauen in allen islamischen Ländern verantwortlich: zum einen die unterstellten Unterschiede von Mann und Frau. Aus ihnen resultieren die in den Quellen vorgesehenen verschiedenen Lebens- und Aufgabenbereiche. Zum anderen wird die Sexualität der Frau, wenn sie frei zur Entfaltung kommt, als große Gefahr für den Mann und die gesamte gesellschaftliche Ordnung angesehen und muß daher kontrolliert werden.

Laut Koran ist der Mann Oberhaupt der Familie, dem sich die Frau unterzuordnen hat. Sie hat ihm gegenüber absoluten Gehorsam zu zeigen. Die Aufgaben der Frau als Ehefrau und Mutter liegen im Privatbereich. Sie ist für die Haushaltsführung, Kindererziehung und nicht zuletzt für die sexuellen Bedürfnisse des Mannes zuständig. Alles, was sich außerhalb des häuslichen Bereiches abspielt, gehört zur Öffentlichkeit und liegt damit in der Zuständigkeit des Mannes.

"Die Männer sind die Verantwortlichen über die Frauen, weil Allah die einen vor den anderen ausgezeichnet hat und weil sie von ihrem Vermögen hingeben. Darum sind tugendhafte Frauen die Gehorsamen und die (ihrer Gatten) Geheimnisse mit Allahs Hilfe wahren. Und jene, von denen ihr Widerspenstigkeit befürchtet, ermahnt sie, laßt sie allein in den Betten und straft sie. Wenn sie euch dann gehorchen, so sucht keine Ausrede gegen sie; Allah ist hoch erhaben, groß."
(Sure 4, 35)

"Der Gesandte Gottes wurde gefragt: Wer ist die Beste unter den Frauen? Er sagte: Die, die ihrem Mann Freude bereitet, wenn er sie anblickt, und die ihm gehorcht, wenn er befiehlt, und die mit ihrer Person und mit ihrem Vermögen nichts tut, was ihm zuwider ist."
(Hadith aus Abu Dawud, Tirmidhi und Nasai)[23]

Sexualität im Islam

"Nach meinem Fortgang wird die größte Gefahr für mein Volk von Frauen ausgehen: Sie haben die Neigung, Unruhe zu stiften und den Verfall der Ordnung heraufzubeschwören."
(Hadith)[24]

Anders als die christliche Religion, die den Sexualtrieb der Menschen verdammt und die sexuelle Vereinigung allein zur Fortpflanzung gutheißt, hat der Islam eine durchaus *positive Einstellung* zur Sexualität. Er gewinnt ihr mehrere positive Eigenschaften ab: Einmal dient sie der Fortpflanzung, gleichzeitig sorgt sexuelle Befriedigung für Ausgeglichenheit, die für die Ausübung der Arbeit und die Erfüllung der religiösen Pflichten nötig ist, und zusätzlich nimmt sie bereits einige der himmlischen Freuden vorweg, die den Muslimen im Paradies verheißen sind. Sexuelles Verlangen als ein Grundbedürfnis der Menschen soll nicht unterdrückt, darf aber auch nicht in falsche Bahnen gelenkt werden.

Erklärungen zu den Bereichen Sexualität und Ehe nehmen einen breiten Raum sowohl im Koran als auch in der Sunna des Propheten ein. Wenn die Sexualität ihre positive Wirkung auf die islamische Gesellschaft ausüben soll, darf sie nur innerhalb einer Ehegemeinschaft stattfinden. Außerhalb der Ehe ist Sexualität eine Sünde und stört die gesellschaftliche Ordnung. Aber auch Enthaltsamkeit stellt eine Gefahr für die Ordnung dar und wird abgelehnt. Deshalb wird dem Gläubigen empfohlen, eine Ehe einzugehen und diese nicht zu brechen.

"Ihr jungen Männer, wer von euch die Pflichten der Ehe erfüllen kann, der heirate. Das hilft besser, den Blick zu senken und die Keuschheit zu wahren. Wer es nicht kann, soll sich dem Fasten zuwenden, denn es ist für ihn die Überwindung der Begierde."
(Hadith aus Bukhari, Muslim, Abu Dawud, Tirmidhi und Nasai)[25]

"Und (verboten sind euch) verheiratete Frauen, ausgenommen solche, die eure Rechte besitzen. Eine Verordnung Allahs für euch. Und erlaubt sind euch alle anderen, daß ihr sie sucht mit den Mitteln eures Vermögens, nur in richtiger Ehe und nicht in Unzucht. Und für die Freuden, die ihr von ihnen empfanget, gebt ihnen ihre Morgengabe, wie festgesetzt, und es soll keine Sünde für euch liegen in irgendetwas, worüber ihr euch gegenseitig geeinigt nach der Festsetzung (der Morgengabe). Wahrlich, Allah ist allwissend, allweise."
(Sure 4, 25)

Die *Sexualität der Frau* wird in der islamischen Welt als die große Gefahr für die gewohnte Ordnung angesehen. Ihr wird eine ungeheure Anziehungskraft zugesprochen, der sich ein Mann nur schwer entziehen kann. Bereits der bloße Anblick einer Frau kann die Ordnung bedrohen und den

Mann veranlassen, seine gesellschaftlichen und religiösen Pflichten zu vernachlässigen. Die arabische Sprache hält für diesen von den männlichen Gläubigen gefürchteten Zustand den Begriff *"fitna"* (Unordnung, Chaos) bereit. *Fitna* drückt aus, daß die Frau durch ihre Verführungskünste Chaos in die geordnete islamische Gesellschaft bringen kann.

Die Ordnung innerhalb der Gesellschaft kann nur dann funktionieren, wenn beide Ehepartner sexuelle Befriedigung in der Ehe finden. Erfüllt ein Partner seine sexuellen Pflichten nicht, so ist das ein Grund, sich scheiden zu lassen. Das gilt sowohl für den Mann als auch für die Frau. Sexuelle Befriedigung beugt Ehebruch und damit zugleich *Fitna* vor.

Ein weiteres Hadith von Mohammad lautet: "Der Prophet sah eine Frau an: Danach ging er zu seiner Ehefrau Zeyneb, die dabei war, Leder zu flechten. Er fand bei ihr Befriedigung. Dann rief er seine Gefolgschaft zu sich und sagte: 'Wenn eine fremde Frau Begierde bei euch erweckt, geht sofort zu euren Frauen.'"
(Hadith aus Muslim)[26]

Wenn die Gefahr besteht, daß der Mann **Ehebruch** begeht, muß die eigene Ehefrau, der islamischen Ordnung wegen, alles stehen und liegen lassen. Sie darf nicht zulassen, daß sich der Ehemann versündigt. Nach Möglichkeit sollte sie zu jeder Tages- und Nachtzeit bereit stehen, die sexuellen Wünsche ihres Ehemannes zu erfüllen. In der arabischen Sprache gibt es den Begriff *"zina"*, was soviel bedeutet wie verbotener Geschlechtsakt. Damit ist jeder Geschlechtsakt gemeint, der zwischen nicht miteinander verheirateten Partnern stattfindet, also sowohl Unzucht zwischen Ledigen, als auch Ehebruch. Jedes sexuell nicht befriedigte Mitglied der Gemeinschaft, ob verheiratet oder nicht, gilt als extrem gefährdet, *Zina* zu begehen. Für Gläubige, die sich *Zina* zuschulde haben kommen lassen, sind in der *Scharia* strenge Strafen vorgesehen: Mann und Frau, die unverheiratet sind, kommen mit je 100 Peitschenhieben davon, Paaren, denen Ehebruch vorgeworfen wird, droht der Tod durch Steinigung.

Um es gar nicht erst so weit kommen zu lassen, werden verschiedene vorbeugende Maßnahmen ergriffen:

Verschleierung der Frauen

"Es liegt in der Natur der Frau, den Mann faszinieren und ihn durch ihre Reize fesseln zu wollen. Das Zurschaustellen des nackten Körpers ist daher vor allem eine weibliche Verirrung; aus diesem Grunde gilt die Anordnung zur Bedeckung des Körpers in erster Linie für die Frau."[27]

Aus Angst, die Frauen könnten die bestehende Ordnung durcheinanderbringen oder gar zerstören, werden sie in der islamischen Welt in eine Rolle gedrängt, die sie von jeder Situation, die *Fitna* auslösen könnte, fernhalten soll. Das Ergebnis ist die Geschlechtertrennung und die Verschleierung der Frauen. Die **islamische Männergesellschaft** ist bemüht, ihre Ehefrauen und Töchter möglichst zu Hause unter Verschluß zu halten. Müssen sie doch einmal hinaus in die Öffentlichkeit, dann haben sie sich zu verschleiern. In diesen Maßnahmen zeigt sich die Angst der Männer, der Verführung durch die Frauen zu erliegen.

Im Koran selbst finden sich nur ungenaue Angaben über die Art der Frauenkleidung, was immer wieder zu erregten Diskussionen darüber geführt hat, welche Körperteile denn nun zu bedecken sind.

"O Prophet! Sprich zu deinen Frauen und deinen Töchtern und zu den Frauen der Gläubigen, sie sollen ihre Tücher tief über sich ziehen. Das ist besser, damit sie erkannt und nicht belästigt werden. Und Allah ist allverzeihend, barmherzig."
(Sure 33, 60)

Dieser Koranvers läßt sich dahingehend interpretieren, daß sich die Frauen in vorislamischer Zeit in Arabien nicht verschleierten und deshalb häufig belästigt wurden. Mit einer ordnungsgemäßen Kleidung, wobei unklar bleibt, wie diese auszusehen hat, sollten sie als Gläubige erkannt werden.

„Häßlicher und abstoßender Zustand"

Straßenkontrollen in Iran sollen Frauen zum Einhalten der Kleiderordnung zwingen

W.K. KAIRO, 4. Juli. Wenn sich die Frauen nur anständig kleiden nach den Richtlinien des Islam, dann lösen sich nach Ansicht eines ranghohen iranischen Geistlichen alle anderen Probleme. In seiner Freitagspredigt in einer Moschee, die von Radio Teheran übertragen wurde, warf der Ajatollah Ahmad Dschannati außerdem den westlichen Medien vor, über das Vorgehen gegen Iranerinnen, die sich in diesen heißen Sommertagen über die Kleiderordnung hinwegsetzten, in "boshafter Weise" zu berichten.

Etwa 800 Frauen waren in der vergangenen Woche an Straßenkontrollpunkten in Teheran angehalten und wegen Übertretung der Bekleidungsvorschriften verhaftet worden. Die meisten von ihnen, berichtete die offizielle iranische Nachrichtenagentur, seien wieder freigelassen worden, nachdem sie Reue bekundet hätten, die übrigen, nachdem sie vor Gericht gelobt hätten, künftig die gesellschaftlichen Normen zu achten.

Die Namen der vorübergehend Festgenommenen sind nach einem Bericht der Zeitung „Dschumhuri Islami", die für ihre strenge islamistische Ausrichtung bekannt ist, im Polizeicomputer erfaßt worden. Die Frauen würden im Falle der Wiederholung ihres Vergehens strenger bestraft werden, hieß es. In den vergangenen Jahren waren Frauen, die sich nicht an die Bekleidungsvorschriften hielten, zu Geld- oder

Freiheitsstrafen verurteilt oder ausgepeitscht worden. Das Blatt berichtete auch von einer Party in einer Wohnung in Teheran, bei der die Polizei mehr als 30 tanzende junge Leute wegen „gesellschaftlicher Verderbtheit" verhaftet habe. Elf Mädchen und zwanzig junge Männer waren nach Angaben der Zeitung „in einem häßlichen und abstoßenden Zustand" angetroffen worden. Jungen und Mädchen hätten miteinander getanzt und seien eng umschlungen gewesen. Sie trugen verbotene Kosmetik wie Lippenstift

Jungen und Mädchen hätten miteinander getanzt und seien eng umschlungen gewesen. Die Polizei fand auch alkoholische Getränke, eine Videokamera und 46 „dekadente" Videokassetten, offensichtlich ein Hinweis auf westliche Filme.

Jedes Jahr zum Beginn der Sommerzeit treffen die Sittenwächter im islamisch-revolutionären Iran Vorkehrungen gegen eine Lockerung der Bekleidungsvorschriften. Sie beschränken sich auf warnende Worte, sondern erhoffen sich vor Massenverhaftungen offenbar eine abschreckende Wirkung auf alle Frauen, die bei steigenden Temperaturen die vorgeschriebene Bedeckung ihrer Körper von Kopf bis Fuß lockern wollen. Besonders in den wohlhabenden nördlichen Teilen der iranischen Hauptstadt werden Straßenkontrollposten errichtet. Gerade dort waren enen zahlreiche Frauen beobachtet worden, die verbotene Kosmetik wie Lippenstift

und Nagellack benutzten und unter ihrem Kopftuch gar einige Locken hervorlugen ließen.

Erstmals in diesem Jahr sei auch gegen die Trägerinnen von Sonnenbrillen vorgegangen worden, auch Männer mit Sonnenbrillen seien gemaßregelt worden, hieß es. Manche Frauen leisteten bei ihrer Festnahme, schrien oder flehten die Polizisten an, sie gehen zu lassen. Andere Frauen führen Polizisten an, ist die Berührung einer Frau durch einen fremden Mann nach den Vorschriften der traditionellen islamischen Gesellschaft doch streng verboten.

Während der Kampagne zum Einhalten der Bekleidungsvorschriften hatte ein anderer Kleriker, der gerade wiedergewählte Staatspräsident Rafsandschani, seinen Landsleuten die Leviten gelesen und das sittenpolizeiliche Vorgehen gegen die Frauen gerechtfertigt. Die Menschen von dem abzuhalten, was gegen die islamische Gebote verstößt, sei eine Pflicht, genauso wichtig wie das Beten und das Fasten im Monat Ramadan, sagte er und beschrieb diejenigen, die sich nicht an die Vorschriften des Islam halten, als „krank". Die gegen die Gesetzesübertreterinnen eingesetzten Polizisten verglich er mit Ärzten, die versuchten, die Patienten zu heilen und auf den rechten Pfad zu leiten.

aus: FAZ, 5.7.93

57

Dieser Vers, wie andere auch, bietet sehr viel Raum für Spekulationen über den Grad der Verschleierung. Keuschheit zu wahren gilt für Männer und Frauen gleichermaßen. Verschleiern müssen sich allerdings nur die Frauen. Die Möglichkeit, daß eine Frau zu *Zina* verleitet wird, wenn sie einen attraktiven Mann erblickt, wird nicht in Betracht gezogen. Nach islamischen Ansichten ist eine Frau besser in der Lage, ihre sexuellen Bedürfnisse zu unterdrücken, wohingegen der Mann sich nicht beherrschen kann.

"Sprich zu den gläubigen Männern, daß sie ihre Blicke zu Boden schlagen und ihre Keuschheit wahren sollen. Das ist reiner für sie. Wahrlich, Allah ist recht wohl kundig dessen, was sie tun."
(Sure 24, 31)

"Und sprich zu den gläubigen Frauen, daß sie ihre Blicke zu Boden schlagen und ihre Keuschheit wahren sollen und daß sie ihre Reize nicht zur Schau tragen sollen, bis auf das, was davon sichtbar sein muß, und daß sie ihre Tücher über ihre Busen ziehen sollen und ihre Reize vor niemandem enthüllen als vor ihren Gatten (…)."
(Sure 24, 32)

Die Erziehung der Mädchen in der islamischen Gesellschaft ist von Anfang an darauf ausgerichtet, ihnen einzutrichtern, daß die Trennung der Geschlechter und die Verschleierung der Frauen ihrem Ansehen zugute komme. Es heißt, Frauen können ihre Achtung innerhalb der Gesellschaft nur dann bewahren, wenn sie ihren Körper in der Öffentlichkeit bedecken. Doch ist der Schleier vielmehr eine von den Männern erdachte Schutzmaßnahme, damit sie selbst der ständigen Gefahr des Ehebruches besser aus dem Weg gehen können.

Die gesellschaftliche Ordnung im Islam ist also darauf angelegt, jede gefährliche Situation, in der Mann und Frau zusammenkommen könnten, zu vermeiden. Infolge der aufgezwungenen Verschleierung verringert sich für den Mann die Gefahr, den Reizen einer Frau zu erliegen, und für die Frau die Gefahr, ihren Ruf bzw. ihre Ehre zu verlieren. Zusätzlich verhindert die Geschlechtertrennung in vielen Bereichen des öffentlichen Lebens das Aufeinandertreffen der Geschlechter und beugt so *Fitna* vor.

Für die Geschlechtertrennung und den Grad der Verschleierung werden in den verschiedenen islamischen Ländern **unterschiedliche Maßstäbe** angesetzt. Während sich die Frauen in Saudi-Arabien oder Jemen beispielsweise nur unter einer vollständigen Verschleierung, die den gesamten Körper bis auf einen schmalen Augenschlitz verhüllt, in der Öffentlichkeit bewegen, verschleiern sich in Tunesien oder Marokko die wenigsten Frauen auf diese Art und Weise. Einige bevorzugen ein einfaches Kopftuch, andere verzichten ganz auf eine Verschleierung.

Die Ehe im Islam

"Die ältere verheiratete Frau darf nur mit ihrem eigenen Einverständnis verheiratet werden. Die Jungfrau darf nur verheiratet werden, nachdem sie nach ihrer Erlaubnis gefragt worden ist. Sie sagten: O Gesandter Gottes, wie gibt sie ihre Erlaubnis? Er sagte: Indem sie schweigt."
(Hadith aus Bukhari, Muslim, Abu Dawud, Tirmidhi und Nasai)[28]

Eine Folge der Geschlechtertrennung im islamischen Raum sind **arrangierte Heiraten**. Da Männer und Frauen kaum Gelegenheit haben, sich in der Öffentlichkeit kennenzulernen, sind Liebesheiraten eher die Ausnahme. Und auch wenn sich junge Leute verlieben, haben sie es häufig schwer, ihren Heiratswunsch in der Familie durchzusetzen. Wenn Eltern bereits einen anderen Partner ausgesucht, vielleicht sogar schon das Brautgeld ausgehandelt haben, werden sie sich gegen die Verbindung stellen.

In der Regel wird die Braut, die unberührt in die Ehe zu gehen hat, von der Mutter des Mannes ausgewählt. Mit Beginn der Pubertät stehen die jungen Mädchen, die von klein an auf ihre zukünftige Rolle als Ehefrau getrimmt werden, unter der besonderen Beaufsichtigung ihrer Familie, denn von der **Jungfräulichkeit** der Tochter hängt nach wie vor die Ehre der gesamten Familie ab. Der voreheliche Verlust kann das Ansehen einer Familie auf ewige Zeiten zerstören. Deshalb liegt es im Sinne der Eltern, ihre Töchter möglichst bald nach Einsetzen der Geschlechtsreife zu verheiraten.

Der Kult der Jungfräulichkeit nimmt auf dem Land einen höheren Stellenwert ein als in den Großstädten mit etlichen "modernen" Familien. Für zahlreiche muslimische Mädchen ist es noch immer ein großes Unglück, ihre Jungfräulichkeit vor der Hochzeit zu verlieren. Es gibt zwar die Möglichkeit, sich ein zerrissenes Jungfernhäutchen von einem Chirurgen flicken zu lassen, doch ist diese Operation sehr kostspielig. Ein Mädchen aus einer ärmeren Familie, für die eine Operation nicht in Frage kommt, hat bei der Entdeckung des vorehelichen Verlustes der Jungfräulichkeit in der Hochzeitsnacht mit dem Schlimmsten zu rechnen. Häufig bedeutet es ihren Tod durch die Hand des Vaters oder Bruders, um die Ehre der Familie wiederherzustellen.

Eine verbesserte Schulbildung sowie die Möglichkeit, nach der Schule ein Studium aufzunehmen oder einen Beruf zu ergreifen, haben dafür gesorgt, daß das **Heiratsalter** der Mädchen im gesamten islamischen Raum gestiegen ist. Allein in ländlichen Gebieten verheiraten Eltern ihre Töchter noch heute in sehr jungen Jahren. Doch selbst wenn eine Frau bereits volljährig ist, werden es viele Eltern nicht zulassen, daß sie sich ihren Mann selbst aussucht und eigenhändig einen Ehevertrag, der zum Beispiel die

Höhe des Brautgeldes festlegt, aushandelt. Das alles ist traditionell Aufgabe der Eltern.

In zahlreichen islamischen Ländern hat das **Familienrecht** die Stellung der Frau innerhalb der Familie und der Ehegemeinschaft inzwischen verbessert. Eine junge Frau hat heute mehr Möglichkeiten, sich der Entscheidung ihrer Eltern, einen bestimmten Partner zu heiraten, zu widersetzen.

Nach der Scharia ist es muslimischen Frauen verboten, einen nicht-muslimischen Mann zu heiraten. Umgekehrt dagegen darf ein muslimischer Mann jede jungfräuliche Jüdin oder Christin ehelichen. Begründet wird die unterschiedliche Handhabung mit der dominierenden Rolle des Mannes innerhalb der Ehegemeinschaft. Es wird die Gefahr gesehen, daß ein christlicher oder jüdischer Ehemann seine Frau zum Übertritt in seine eigene Religion bewegen könnte und damit auch ihre gemeinsamen Kinder für den Islam verloren wären.

Noch vor der eigentlichen Eheschließung steht das Aushandeln des Ehevertrages, deren wichtigster Bestandteil die Festlegung der Morgengabe (arabisch – *mahr*) ist, die auch **Brautgeld** genannt wird. Als eine Verbesserung der gesellschaftlichen Stellung der Frau gegenüber vorislamischer Zeit wird angesehen, daß der Koran (Sure 4, 5) das Brautgeld nicht als Preis für die Brauteltern bestimmt, sondern als Geschenk für die Braut, über das sie selbständig verfügen kann. Meist wird es jedoch erst im Falle einer Scheidung ausgezahlt.

Reisende Frau im alten Persien (Kupferstich)

60

Polygamie und Scheidung im Islam

"Und wenn ihr fürchtet, ihr würdet nicht gerecht gegen die Waisen handeln, dann heiratet Frauen, die euch genehm dünken, zwei, drei oder vier; und wenn ihr fürchtet, ihr könnt nicht billig handeln, dann (heiratet nur) eine oder was eure Rechte besitzt. Also könnt ihr das Unrecht besser vermeiden."
(Sure 4, 4)

Die islamische Religion gestattet männlichen Gläubigen, *bis zu vier Frauen* zu heiraten, die Ehefrauen sind jedoch dem Gesetz nach vollkommen gleich zu behandeln, wie es der obige Koranvers beschreibt. Den Frauen eines Mannes steht demnach jeweils dieselbe Zeit, dieselbe Zuneigung und auch dieselbe Wohnraumgröße zu. Wenn ein Mann also vier Ehefrauen hat, so muß er jede vierte Nacht mit derselben Frau verbringen. Doch sagt bereits der Koran, daß die völlige Gleichbehandlung mehrerer Ehefrauen gar nicht möglich ist:

"Und ihr könnt kein Gleichgewicht zwischen (euren) Frauen halten, so sehr ihr es auch wünschen möget. Aber neigt euch nicht gänzlich (einer) zu, also daß ihr die andere gleichsam in der Schwebe lasset. Und wenn ihr es wieder gutmacht und recht handelt, dann ist Allah allverzeihend, barmherzig."
(Sure 4, 130)

Ein Ehemann kann zwar rein theoretisch seine Zeit zwischen mehreren Frauen vollkommen gleich aufteilen, seine Zuneigung jedoch sicherlich nicht. Auch Mohammad, der während seiner Ehe mit *Chadidscha* nahezu 25 Jahre lang monogam, nach ihrem Tod jedoch zeitweise mit neun Ehefrauen lebte und damit die im Koran genannten göttlichen Gebote deutlich mißachtete, hatte während seines polygamen Lebensabschnitts alle Mühe, seine diversen Ehefrauen vollkommen gleich zu behandeln. Er mußte zugeben, daß seine besondere Zuneigung *Aischa*, der Tochter *Abu Bakrs*, gehörte.

Über die Frage, ob Polygamie nach dem Koran nun verboten oder erlaubt sei, hat es zahlreiche Diskussionen gegeben. Es wird teilweise argumentiert, allein die Tatsache, daß völlige *Gleichbehandlung* der Ehefrauen nicht möglich sei, spreche gegen die Erlaubnis. Aber ein wirkliches Verbot der Polygamie wäre wohl deutlicher ausgedrückt worden. Außerdem sollen sich die Gläubigen das Leben des Propheten zum Vorbild nehmen, und dieser hatte sogar neun Frauen. Also ist die Polygamie nach Koran und Sunna wohl erlaubt.

Der Koran liefert keine Begründung dafür, wieso es Männern gestattet ist, sich vier Frauen zu nehmen, diese aber monogam zu leben haben. Als Gründe für die Polygamie werden von islamischen Geistlichen immer wieder folgende genannt: Eine Frau sei während ihrer monatlichen Blutung, während einer Schwangerschaft sowie kurz nach der Entbindung nicht bereit, die sexuellen Wünsche ihres Mannes zu erfüllen. Ein weiterer Grund wird darin gesehen, daß eine Frau nur eine begrenzte Zeit fruchtbar ist. Der Wunsch des Ehemannes nach weiteren Kindern soll zur Erlaubnis der Polygamie geführt haben. Als wesentlicher Faktor wird jedoch immer wieder die Überzahl der Frauen in der Gesellschaft angesehen. Bedingt durch den Expansionsdrang in der Anfangszeit des Islam haben zahlreiche Männer in Kriegen ihr Leben verloren und so für einen Überschuß weiblicher Mitbürger in der Gesellschaft gesorgt. Dieser Überschuß an Frauen würde, wenn jeder Mann nur eine Frau heiraten dürfte, dazu führen, daß viele Frauen allein blieben und gar keine Möglichkeit hätten, zu heiraten und Kinder zu bekommen. Dies würde die islamische Ordnung stören.

Im 20. Jahrhundert hat die Verbreitung der Polygamie im islamischen Raum stark nachgelassen. Gründe hierfür sind in den gewaltigen Kosten zu sehen, die anfallen, wenn zwei oder mehreren Frauen Wohnraum bereitzustellen ist und nicht drei, sondern sechs oder acht Kinder zu versorgen sind. Zudem wünschen sich zahlreiche junge Leute eine Ehegemeinschaft, die auf Liebe und Vertrauen basiert. Ein solches Verhältnis ist sicherlich einfacher zu einer einzigen Frau herzustellen als zu vieren gleichzeitig.

Durch das **Familienrecht** wird die Polygamie in manchen islamischen Ländern staatlicherseits eingeschränkt. Doch nur *Tunesien* und *Irak* gingen so weit, die Mehrehe ganz zu verbieten, eben weil die vollkommene Gleichbehandlung der Frauen nicht zu bewerkstelligen ist. In anderen Ländern, wie zum Beispiel *Syrien,* muß sich der Ehemann, sofern er eine zweite Ehefrau wünscht, eine gerichtliche Sondergenehmigung ausstellen lassen. Sie wird nur dann erteilt, wenn die erste Ehefrau keine Kinder bekommen kann oder an einer unheilbaren Krankheit leidet.

Eine Ehefrau, die mit einer zweiten Ehefrau konfrontiert wird, hat ihrerseits das Recht, die Scheidung einzureichen. In *Marokko* und *Ägypten* besteht für Frauen die Möglichkeit, sich im Ehevertrag zusichern zu lassen, daß der Ehemann nicht beabsichtigt, eine zweite Ehefrau zu nehmen. Die Möglichkeit einer dritten oder vierten Eheschließung, die dem Mann theoretisch zustünde, wird in zahlreichen Ländern überhaupt nicht mehr in Betracht gezogen.

"Was Gott unter den erlaubten Dingen am meisten haßt, ist die Entlassung einer Frau (talaq)."
(Hadith aus Abu Dawud)[29]

Der Islam kennt drei verschiedene Arten der **Scheidung**: die Scheidung, die allein vom Mann ausgeht, die Scheidung in beiderseitigem Einverständnis und schließlich auch die Scheidung, die von der Frau ausgeht. Die Scheidung eines Ehepaares sollte jedoch nach Möglichkeit vermieden werden und nur der allerletzte Schritt sein, wenn Mann und Frau wirklich nicht mehr miteinander leben können.

Die **einseitige Scheidung durch den Mann** heißt auf arabisch "*talaq*" und bedeutet Verstoßung oder Entlassung. Der Mann hat nach der Scharia das Recht, seine Frau jederzeit und ohne Begründung zu verstoßen. Zu diesem Schritt benötigt der Mann kein richterliches Einverständnis, es reicht, wenn er seine Absicht in Gegenwart mehrerer Zeugen kundtut. Er sagt ganz einfach nur *Talaq*. Auch wenn die Frau die Ehegemeinschaft aufrechterhalten will, verfügt sie über keinerlei Einspruchsrechte. Die Talaq-Scheidung gleicht einem Willkürakt, in dem ein Mann seine Ehefrau nach Belieben gegen eine andere eintauschen kann. Folgender Koranvers offenbart den wahren Charakter einer islamischen Eheschließung:

"Und wenn ihr eine Frau gegen eine andere tauschen möchtet und habt der einen bereits einen Schatz gegeben, so nehmt nichts davon zurück. Möchtet ihr es etwa durch Lüge und offenbare Sünde zurücknehmen?"
(Sure 4, 21)

Bevor die Scheidung rechtskräftig wird, haben die Ehepartner eine **Wartezeit** von drei Menstruationen der Frau (arabisch – *idda*) abzuwarten. Mit der Einhaltung der Wartefrist soll vermieden werden, daß eine schwangere Frau nach einer ausgesprochenen Scheidung sofort wieder heiratet und das Kind einem neuen Ehemann, der nicht der Vater ist, zugerechnet wird (Sure 2, 229). Ist eine geschiedene Frau schwanger, so darf sie sich erst nach der Geburt des Kindes wieder verheiraten.

Die Wartezeit gibt dem Mann außerdem die Möglichkeit, zu bedenken, ob er die Scheidung wirklich will. Innerhalb dieser gesetzlichen Wartezeit hat der Mann das Recht, seine Frau zurückzufordern. Und auch hiergegen hat die Frau kein Einspruchsrecht. Das Spielchen kann sich ein weiteres Mal wiederholen. Wenn ein Mann allerdings ein und dieselbe Frau ein drittes Mal verstößt, gibt es kein Zurück mehr. Dann wird die Scheidung im Anschluß an die Wartezeit endgültig ausgesprochen (Sure 2, 230).

Nach dem Eherecht zahlreicher islamischer Staaten besteht die Möglichkeit der einseitigen Verstoßung durch den Mann weiterhin, doch diese Form der Scheidung wird gegenwärtig nicht mehr häufig angewandt. Ein **gerichtliches Verfahren,** das heute vielfach auch bei dieser Scheidung eingeleitet wird, erschwert dem Mann die Trennung von seiner Frau bei nichtigen Beweggründen.

Die **Scheidung in beiderseitigem Einverständnis** ist heutzutage die am weitesten verbreitete Form der Scheidung. Auch für Frauen besteht rein theoretisch die Möglichkeit, eine Scheidung einzuleiten, doch das wird ihr von Land zu Land unterschiedlich schwer gemacht. Voraussetzung hierfür ist zunächst einmal, daß die Frau bereits bei Aufsetzen des Ehevertrages auf Aufnahme ihres Rechtes auf Scheidung dringt, ansonsten bestehen für sie keine Möglichkeiten, sich von ihrem Ehemann zu trennen. Sie muß allerdings vor Gericht nachweisen können, daß ihr Ehemann seinen Versorgungspflichten (Unterkunft, Ernährung, Kleidung) oder sexuellen Pflichten nicht nachgekommen ist. Normalerweise steht der Frau im Falle einer Ehescheidung, sofern diese vom Mann ausgesprochen wird, das im Ehevertrag ausgehandelte Brautgeld zu. Wird der Frau das Recht auf Scheidung zugestanden, ist damit zumeist der Verzicht auf das Brautgeld verbunden. Für viele Frauen sprechen daher finanzielle Erwägungen gegen das Einreichen der Scheidung.

Bei der Scheidung eines Ehepaares fällt die **Vormundschaft für die Kinder** nach Islamischem Recht automatisch dem Vater zu. Einer geschiedenen, aber auch einer verwitweten Frau bleibt nur eine kurze Zeit mit ihren Kindern. Ein Junge wird bereits mit zwei Jahren, ein Mädchen mit sieben Jahren von der Mutter getrennt, um anschließend beim Vater oder im Falle seines Todes bei dessen Familie aufzuwachsen. Im Interesse der Kinder ist jedoch in etlichen Ländern die Altersgrenze, bis zu der sie noch bei der Mutter bleiben dürfen, angehoben worden.

Sexualität im schiitischen Islam: Dauerehe – Zeitehe

"Während Ali seinen Anhängern außer den vier gesetzlichen Ehefrauen noch eine unbegrenzte Anzahl an Beischläferinnen (Sklavinnen) je nach Belieben und Vermögen, ja darüber hinaus noch die Einrichtung der Zeitehe gestattete, d.h. den Umgang mit einer auf Zeit gemieteten Frau, schränkte Omar den Bereich des auf diesem Gebiet Zulässigen ein, indem er lediglich zwei Beischläferinnen gestattete und Eheschließungen auf Zeit verbot."[30]

Die schiitischen Muslime kennen im Gegensatz zu den sunnitischen Muslimen zwei Formen der Ehe: die ganz normale Dauerehe und die **Zeitehe**, die auch Genußehe genannt wird (arabisch – *muta*; persisch – *sighé*). Neben vier "Dauerehefrauen" erhält der schiitische Mann das Recht, eine beliebige Zahl von Zeitehen einzugehen. Die Frau hingegen ist auch in der Zeitehe zur Monogamie verpflichtet. Die Zeitehe ist bei jenen Schiiten, die nicht der Zwölfer-Schia angehören, verboten.

In vorislamischer Zeit und auch noch zu Zeiten Mohammads war diese Art der Ehe im ganzen arabischen Raum verbreitet. Im Koran findet die

Zeitehe keine Erwähnung, doch geht Mohammad in einigen seiner Hadithe auf sie ein. Während seiner Kriegszüge gestattete der Prophet seinen Soldaten, fernab von Familie und Ehefrau, eine vorübergehende Ehe mit einer weiteren Frau zu schließen, um der Gefahr, *Zina* zu begehen, zu begegnen. Unter dem Kalifen *Omar* wurde diese Form der Ehe verboten. Nach schiitischem Recht ist sie bis heute erlaubt.

Im Gegensatz zur Dauerehe kann der Ehevertrag der Zeitehe von den Heiratswilligen nach Belieben gestaltet werden. Eine Frau darf einen solchen **Vertrag** selbständig aushandeln und benötigt keinen Vormund zur Einwilligung in die Ehe. Der größte Unterschied zwischen einer Dauer- und einer Zeitehe besteht darin, daß die Beteiligten bereits im Ehevertrag festlegen, daß sie nur für eine bestimmte Zeit zusammenbleiben. Die im Vertrag festgelegte Dauer der Ehe kann beträchtlich variieren, sie kann eine Kürze von 15 Minuten, aber auch eine Länge von mehreren Jahren betragen. Nach Ablauf der Dauer endet die Ehe automatisch, ohne daß sie geschieden werden müßte. Es besteht aber die Möglichkeit, sie zu verlängern. Der Zeitehemann hat der Zeitehefrau ein im Ehevertrag ausgehandeltes Brautgeld zu bezahlen. Darüberhinaus bestehen normalerweise keine weiteren Versorgungsansprüche, ebensowenig wie sich Ehepartner gegenseitig beerben. Es sei denn, diese Punkte werden im Ehevertrag gesondert ausgehandelt, was aber nicht üblich ist.

Eine Zeitehe dient weniger der Fortpflanzung, als vielmehr der Befriedigung **sexueller Bedürfnisse.** Im Unterschied zur Dauerehe dürfen Mann und Frau bei dieser Ehe auch gegen den Willen des Partners Schwangerschaft verhüten. Sollte aber dennoch ein Kind dieser Verbindung entspringen, wird es automatisch als legitimer Nachkomme des Vaters behandelt.

In einer Schrift über die "Stellung der Frau im Islam" beschreibt der schiitische Geistliche *Ayatollah Morteza Motahari* die Vorteile, die die Zeitehe noch heute für die schiitische Gesellschaft bringt: Der zeitliche Abstand zwischen Erlangung der sexuellen Reife junger Menschen und ihrer Möglichkeit, eine Familie zu ernähren, werde durch eine verlängerte Schul- und Universitätsausbildung immer weiter vergrößert. Anstelle von Enthaltsamkeit oder ständigem Wechsel der Sexualpartner biete sich nach schiitischem Recht die Möglichkeit, eine Zeitehe einzugehen. Entscheiden sich zwei junge Leute für die Zeitehe, können sie ihre sexuellen Bedürfnisse befriedigen und gleichzeitig in Ruhe ihre Ausbildung vollenden. Nach *Motahari* bewahre diese Form der Ehe junge Menschen davor, Unzucht zu begehen, und besonders Frauen, mit wechselnden Partnern sexuell zu verkehren.[31]

Motahari rät auch Männern und Frauen, die noch nicht sicher sind, eine Dauerehe eingehen zu wollen, zu dieser Form der Ehe. Sie können für eine gewisse Zeit das Zusammenleben ausprobieren und sich danach entweder für die Dauerehe entscheiden oder sich trennen. Trennen sie sich anschließend, entstehen der Frau, wenn sie später mit einem anderen Partner eine Dauerehe eingehen will, keine Nachteile. Da die Zeitehe als Form der Ehe anerkannt ist, besteht nicht die Notwendigkeit, als Jungfrau in eine spätere Dauerehe zu gehen.

Ein weiterer Grund, der von schiitischen Geistlichen hin und wieder zur Legitimation dieser Eheform angeführt wird, ist der Überschuß an Frauen in der Gesellschaft. Durch das Eingehen von Zeitehen, so argumentiert man, werden Frauen davor bewahrt, in die Prostitution abzurutschen. Genau dieses Argumentes bediente man sich während des Iran-Irak-Krieges, als man verstärkt für Polygamie und Zeitehe warb und Kriegswitwen dazu aufforderte, sich möglichst schnell wieder zu verheiraten. Die beträchtliche Anzahl auch junger Frauen, die durch den Krieg plötzlich ohne Mann dastanden, wurde als große Gefahr für die islamische Ordnung angesehen.

Etliche nicht-muslimische sowie sunnitische Autoren sehen jedoch in der Zeitehe selbst eine gemäßigte Form der **Prostitution,** da die Frau ihren Körper gegen Bezahlung zur Verfügung stelle, ansonsten aber keinerlei Absicherung wie Wohnung, Nahrung oder Kleidung erhalte. Derartige Vorwürfe weisen schiitische Geistliche entschieden zurück.

Die *Idda*, die **Wartezeit**, die eine Frau nach Beendigung einer Ehe einzuhalten hat, beträgt bei der Dauerehe drei Monatsperioden, bei der Zeitehe zwei Perioden oder 45 Tage. Die Zeit von eineinhalb Monaten, die eine Frau einzuhalten hat, bevor sie eine erneute Zeit- oder auch Dauerehe eingehen darf, spricht eigentlich dagegen, diese Form der Ehe als Prostitution zu betrachten. Doch läßt sich die *Idda*, die nur dann einzuhalten ist, wenn die Ehe wirklich vollzogen wurde, im Falle der Zeitehe relativ einfach umgehen. Wenn ein Zeitehepaar im Anschluß an seine Ehe direkt eine weitere Zeitehe miteinander eingeht, besteht für die Frau natürlich nicht die Notwendigkeit der Wartezeit. Wird die zweite, meist sehr kurz angelegte Zeitehe nicht vollzogen, entfällt die Wartezeit für die Frau völlig, und sie kann sofort eine neue Zeitehe mit einem anderen Partner eingehen. Es klingt alles etwas umständlich, aber rein theoretisch ist es möglich, die Institution der Zeitehe als versteckte Form der Prostitution aufzuziehen.

In dieser Form ist die *Muta* von den schiitischen Geistlichen vielleicht nicht konzipiert worden, und genaue Angaben, ob und wie häufig die Zeitehe auf diese Art ausgeübt wird, sind nicht zu machen. Tatsache ist jedoch, daß die Zeitehe schon immer, auch unter den schiitischen Geistlichen, umstritten war. Sie galt stets als Eheform, die eher von Frauen aus der Unterschicht wahrgenommen wurde. Heute dürfte sie im Iran nicht mehr sehr weit verbreitet sein.

Geschichte des Iran im 20. Jahrhundert

Schia und rechtmäßige Herrschaft

Der Safawidenpalast Ali-Qapus
aus den 16. Jh. in Isfahan

Bei seiner Machtübernahme 1501 in Täbriz verkündete Safawiden-Schah *Ismael* den Zwölfer-Schiismus als **Staatsreligion** des Iran. Damit endete die jahrhundertelange sunnitische Herrschaft im Land. Obwohl der Zwölfer-Schiismus schon immer eine große Anhängerschaft im Iran hatte, gehörte der überwiegende Teil der Bevölkerung bis zu diesem Zeitpunkt doch der sunnitischen Richtung des Islam an. Um die neue Staatsreligion in der Bevölkerung zu verbreiten, holten *Ismael* und seine Nachfolger schiitische *Ulama* aus dem Irak und Libanon ins Land. Bis heute ist der Iran das einzige Land geblieben, das von Muslimen schiitischen Glaubens regiert wird.

Mit der Beteiligung an der Herrschaft der Safawiden-Schahs gerieten die schiitischen *Ulama* in Konflikt mit ihrer Religion. Eigentlich kennt der Islam keine Trennung von Staat und Religion, und der weltliche Herrscher ist zugleich religiöses Oberhaupt. Doch die Ausübung weltlicher Herrschaft bei gleichzeitiger religiöser Leitung der gesamtislamischen Gemeinde (also sowohl schiitischer als auch sunnitischer Muslime) steht nach schiitischem Glauben einzig und allein ihrem *Imam* zu. Jede sunnitische Herrschaft wird demnach als Usurpation betrachtet. Seit dem Kalifat ihres ersten Imam, *Ali*, standen die Zwölfer-Schiiten stets in der Opposition zu den sunnitischen Kalifen, ohne Chance auf die ihnen vermeintlich rechtmäßig zustehende Herrschaft über die gesamtislamische Gemeinde. In der Zeit der Verborgenheit des zwölften Imam kann es jedoch auch für schiitische Muslime keine rechtmäßige Herrschaft geben. Jahrhundertelang kamen die Anhänger des Zwölfer-Schiismus ohnehin nicht in die Verlegenheit der Machtausübung und beschränkten sich daher, ohne jeglichen Anspruch auf weltliche Herrschaft, auf die religiöse Leitung ihrer Gemeinde – allerdings nur bis zur erwarteten Rückkehr des zwölften Imam.

Zu Beginn des 16. Jahrhunderts bot sich für schiitische Ulama, ermöglicht durch die Errichtung eines **schiitischen Staates,** erstmals seit dem Kalifat *Alis* die Gelegenheit der Beteiligung an einer weltlichen Regierung. Streng genommen hätten die Geistlichen die Safawiden-Herrschaft als Usurpation ablehnen müssen. Das Geschlecht der Safawiden gab jedoch vor, als Nachkommen des siebten Imam, *Musa al-Kazim*, der Familie des Propheten anzugehören und sah dadurch seine Herrschaft über die muslimische Gemeinschaft für die Zeit der großen Verborgenheit legitimiert und beanspruchte sowohl die weltliche als auch die religiöse Herrschaft.

Die schiitischen Geistlichen, die *Schah Ismael* als weltlichen und religiösen Stellvertreter des Imam natürlich nicht akzeptieren konnten, gingen einen Kompromiß mit ihm ein. Man teilte die dem entrückten Imam zustehende Herrschaft für die Zeit seiner Abwesenheit in zwei Bereiche auf:

Während der Schah allein über weltliche Macht verfügte, oblag die religiöse Führung der Gemeinschaft den schiitischen Ulama. Die Safawiden-Könige setzten zwar zur Kontrolle der Ulama einen "Minister für religiöse Angelegenheiten" (*sadr*) ein, dieser verlor aber im Laufe der Jahrhunderte immer mehr an Einfluß, so daß die wahre religiöse Macht bei den durch Schenkungen und Stiftungen vom Staat unabhängigen Geistlichen lag. Ihnen fielen wichtige Aufgaben zu. Sie fungierten nicht nur als Leiter des Freitagsgebetes in den Moscheen, sondern verwalteten Steuergelder, erstellten Rechtsgutachten (*fatwa*) oder übten das Richteramt aus. So lag im Unterschied zu anderen monarchischen Regierungen in der islamischen Welt (wie beispielsweise in den sunnitischen Königreichen Marokko, Jordanien oder Saudi-Arabien gehandhabt) die religiöse Macht im Iran zu keiner Zeit in den Händen des Königs.

Dieses System der *Regierungsteilung* im Iran hatte bis in die Gegenwart Bestand. Der Schah war für weltliche Dinge wie Wirtschaft oder Außenpolitik zuständig, die Ulama für sämtliche den Islam berührende Bereiche. Zwei ganz wesentliche Aufgabenbereiche, die ihnen seit den Anfängen der Safawidenzeit unterstanden, waren die Rechtsprechung und das Bildungswesen. Jahrhundertelang arrangierten sich die Ulama mit den weltlichen Herrschern, bis schließlich 1978/79 die Revolution im Iran zu einer Beseitigung des Schah-Regimes führte und eine geistliche Regierung antrat, die seither sowohl für religiöse als auch für weltliche Belange verantwortlich ist.

Die Islamische Revolution von 1979 und die Gründung einer Islamischen Republik im Iran ermöglichte es den *schiitischen Ulama,* den Platz des verborgenen Imam einzunehmen, einen Platz, der ihnen, an ihren eigenen Glaubensgrundsätzen gemessen, eigentlich nicht zusteht. Die Anhänger des Zwölfer-Schiismus, die seit den Anfängen des Islam immer wieder unterdrückt und verfolgt wurden, sahen sich in der Zeit der großen Verborgenheit ab dem Jahr 941 stets in der Rolle der geduldig auf die Rückkehr des Imam und damit auf die Errichtung des gerechten Reiches wartenden wahren Muslime. Schon für die Beteiligung an der Herrschaft der verschiedenen Königs-Dynastien im Iran mußten sie Zugeständnisse an ihre Religion machen. So war der Griff Khomeinis nach weltlicher Macht für die Geistlichkeit unter den schiitischen Ulama des Landes sehr umstritten. Und nicht wenige hätten es vorgezogen, sich weiterhin mit dem Schah zu arrangieren.

Doch war ein Großteil des Volkes nicht länger bereit, die absolute Herrschaft des Schah hinzunehmen und stand geschlossen hinter der Forderung Khomeinis nach Absetzung der Monarchie. Mehrere Gründe sind für den sich Ende der siebziger Jahre anbahnenden Umsturz verantwortlich:

Zum einen zeigte sich die Bevölkerung unzufrieden über die große Einfluß-
nahme des Auslandes auf den Iran. Die wirtschaftliche Abhängigkeit des
Iran vom europäischen Ausland hatte Mitte des 19. Jahrhunderts unter der
Herrschaft der Kadschara-Dynastie (1794-1925) begonnen und verstärkte
sich unter den Pahlawis (1925-1979). Zum anderen protestierten die Ulama gegen die Politik der letzten iranischen Könige. Diese hatten allesamt
versucht, die Macht der Geistlichen immer weiter zu beschneiden und
ihren Einfluß auf die Bevölkerung zurückzudrängen. Die totale Trennung
von Staat und Religion nach westlichem Vorbild wurde angestrebt und
scheiterte letztendlich.

Regierungszeit Reza Schahs

"Taubenturm" bei Isfahan

Die Politik *Reza Schah Pahlawis* (1925-1941) wurde wesentlich von zwei Merkmalen bestimmt. Zum einen ist die **Politik der Säkularisierung** zu nennen, die bereits unter den Kadscharen mit leichten Reformen in Justiz und Bildung einsetzte, sich unter dem neuen Schah aber noch einmal wesentlich verstärkte. Ihm schwebte die Errichtung eines modernen laizistischen Staates nach europäischem Vorbild vor, ähnlich wie es bereits *Kemal Atatürk* für die Türkei, vorgeführt hatte. Innerhalb der Modernisierungsbestrebungen gab es keinen Platz für den Islam, er wurde mit allen Mitteln bekämpft. Die Religion, die bis dahin alle Lebensbereiche der Gläubigen bestimmt hatte, sollte in weiten Teilen zurückgedrängt werden, um zugleich den Geistlichen, die einen großen Einfluß auf die Gläubigen ausübten, ihre Machtbasis zu entziehen. Zum anderen war *Reza Schah Pahlawi* nicht daran interessiert, sich für die Wiederherstellung der echten Selbständigkeit des Landes einzusetzen. Vielmehr geriet es durch das weiterhin ungebremste Hineindrängen ausländischer Investoren in den Iran in immer tiefere Abhängigkeit vom Ausland. Schon kurz nach der Machtergreifung *Rezas Schahs* verkündete er die ersten Maßnahmen seiner Reformpolitik.

Aufhebung der Geschlechtertrennung

"Wir müssen sowohl in unserem Aussehen als auch unseren Sitten und Gebräuchen westlich werden. Der erste Schritt dazu ist die Abschaffung der Nationaltracht und das Tragen von europäischen Hüten. Bei der morgigen Feier des Parlaments werden Sie alle europäische Anzüge und Hüte tragen. Wenn Sie den Raum betreten, müssen Sie, wie die Europäer es zu tun pflegen, ihre Hüte abnehmen. Wir müssen natürlich auch bald damit beginnen, den Frauen den Schleier zu verbieten. Das wird für die Bevölkerung schwer sein. Daher müssen wir selbst den Anfang machen. Zu diesem Zweck werden wir einmal in der Woche ein Fest veranstalten, bei dem Sie und Ihre Staatssekretäre gemeinsam mit ihren Frauen in europäischer Kleidung erscheinen werden!"[32]

Die wohl einschneidendste Maßnahme *Reza Schahs* war die vorgesehene Aufhebung der Geschlechtertrennung, die die gesamte islamische Gesellschaftsordnung kräftig durcheinanderbrachte und tatsächlich das Leben vieler Iraner auf die ein oder andere Weise veränderte. Bis in die zwanziger Jahre unseres Jahrhunderts hinein forderte eine extrem strenge Koranauslegung eine strikte Trennung der Geschlechter im öffentlichen Raum. Den Frauen war, sowie sie den ihnen zugewiesenen häuslichen Bereich verließen und sich in die Öffentlichkeit, also die den Männern vorbehaltene Welt, vorwagten, eine vollständige Körper- und Gesichtsverhüllung vorgeschrieben worden. Polizisten hatten für die Einhaltung dieser islamischen Gebote gesorgt. Um das ganze Ausmaß der Geschlechtertrennung zu verdeutlichen, sei an dieser Stelle nur genannt, daß Männer und Frauen, selbst Ehepaare und Familien, noch nicht einmal die Bürgersteige hatten zusammen benutzen dürfen. So war eine Straßenseite den Männern zugeordnet, die andere den Frauen.

Seit 1928 war *Reza Schah* darum bemüht, die bestehenden Vorschriften nach und nach zu lockern. Man gestattete den Frauen nun, sofern die Erlaubnis ihres Vormundes, also ihres Vaters oder Ehemannes, vorlag, ohne Schleier in die Öffentlichkeit zu treten. Gleichzeitig begannen vereinzelte Paare damit, sich gegen das festgefügte System der Geschlechtertrennung aufzulehnen und auf derselben Straßenseite spazieren zu gehen. Derartige Verstöße gegen die religiösen Gesetze, die einige Zeit zuvor noch eine Verhaftung nach sich gezogen hätten, wurden gegen Ende der zwanziger Jahre nicht mehr verfolgt. Auch Busse und Droschken konnten nun von beiden Geschlechtern gemeinsam benutzt werden.

Die neuen Gesetze stießen bei der iranischen Bevölkerung keineswegs auf ungeteilte Zustimmung. Besonders das 1936 eingeführte **Entschleierungsgesetz,** das die Zwangsentschleierung aller Iranerinnen zur Folge hatte, war höchst umstritten. Es wurde auch auf jene Frauen angewendet, die ihr Haus aufgrund ihres tiefen Glaubens gar nicht ohne Schleier verlassen wollten. Doch die Frauen hatten keine Entscheidungsfreiheit, das neue Gesetz wurde unter Gewaltanwendung durchgesetzt. Polizisten erhielten nun den Befehl, allen Frauen, die sich weiterhin mit Schleier in der Öffentlichkeit aufhielten, ihre islamische Bedeckung vom Kopf zu reißen. Diese Maßnahmen hatten jedoch keineswegs die Befreiung der Frauen zur Folge. Vielmehr schotteten sich zahlreiche Frauen, die von klein auf gelernt hatten, sich in der Öffentlichkeit zu verschleiern, total von der Außenwelt ab. Sie weigerten sich, ihre private Welt in westlicher Kleidung zu verlassen. Nur wenige Frauen aus "modernen" Familien, die bereits seit Ende der zwanziger Jahre westliche Kleidung bevorzugten, profitierten von den neuen Gesetzen.

Doch nicht nur die Frauen waren von den neuen Verordnungen betroffen, auch den Männern wurde nun **westliche Kleidung** vorgeschrieben. Nur einige höherrangige Ulama, die den Titel eines *Mudschtahid* verliehen bekamen, durften weiterhin ihre traditionelle Kleidung, Umhang und Turban, tragen. Für einfachere Mullahs galt der Anzug als verbindlich. Wer weiter in seiner althergebrachten Kleidung auftrat, dem konnte es, analog zu den verschleierten Frauen, durchaus passieren, auf der Straße den Turban heruntergerissen oder den langen Bart abgeschnitten zu bekommen.

Die Verwestlichung des öffentlichen Lebens zeigte sich in der Eröffnung von Kinos und Restaurants für den gemeinsamen Besuch von Männern und Frauen, bisher unbekannte "Vergnügungen". Gleichzeitig wurden religiöse Feiertage aus dem Kalender gestrichen sowie Prozessionen und Passionsspiele verboten, um die Religion aus der Öffentlichkeit zu drängen.

Säkularisierung von Justiz und Bildungswesen

Ein Bereich, in dem die Veränderungen für die iranische Bevölkerung ebenfalls gravierend waren, ist die **Justiz**. Traditionell lag sie in Händen der schiitischen Geistlichen. Und die *Scharia-Gerichte* sprachen Islamisches Recht. *Reza Schah* verkündete nun ein bürgerliches Gesetzbuch, das sich am französischen Recht orientierte, ein Strafgesetzbuch und ein Handelsgesetzbuch. Die Scharia-Gerichte, die bislang alleine für die Rechtsprechung im Iran zuständig waren, wurden größtenteils durch staatliche Gerichtshöfe ersetzt. Die Scharia-Gerichte waren nach diesen Reformen nur noch für Heirat, Scheidung und ähnliche Dinge zuständig. Das neue Strafgesetzbuch brachte einige Freiheiten, die aber sicherlich nur von einem sehr kleinen Teil der Bevölkerung wahrgenommen werden konnten.

Zina, der verbotene Geschlechtsverkehr zwischen Paaren, die nicht rechtsmäßig miteinander verheiratet sind, mußte nach der Scharia schwer bestraft werden. Die Strafen, die das traditionelle Islamische Recht für dieses Vergehen vorsah, lauteten je 100 Peitschenhiebe für unverheiratete und Todesstrafe durch Steinigung für verheiratete Personen. *Zina* zählt zu den sogenannten *Hadd-Strafen*, für die das Strafmaß bereits in Koran und Sunna festgelegt wurde, wodurch es gläubigen Muslimen als absolut verbindlich gilt.

Nach dem neuen Strafrecht wurde Geschlechtsverkehr zwischen Ledigen überhaupt nicht mehr strafrechtlich verfolgt, Ehebruch nur noch dann, wenn der betrogene Ehepartner einen Strafantrag stellte. In jenen Fällen, in denen das Islamische Recht die Steinigung forderte, erhielten Ehebrecher nun eine vergleichsweise milde Gefängnisstrafe von bis zu drei Jahren. Beibehalten wurde allerdings die Straffreiheit der Ehemänner und Väter, die Ehefrau oder Tochter bei *Zina* überraschten und im Affekt töteten. Für den umgekehrten Fall aber, in dem eine Frau ihren Ehemann in vergleichbarer Situation tötete, sah das Strafrecht eine Mordanklage vor.

Auch das **Unterrichtswesen** stand bislang vollkommen unter der Kontrolle der Ulama. Die Geistlichen hatten in allen Städten und auch kleineren Ortschaften Schulen eingerichtet, in denen sie, finanziert durch die Bevölkerung, vollkommen unabhängig vom Staat lehren konnten. Grundlage dieses Unterrichts bildete das Auswendiglernen des Koran, in den höheren Klassen kamen klassische Literatur, Mathematik, Rhetorik und andere Fächer hinzu. Bis zu Beginn des 20. Jahrhunderts waren Mädchen vom öffentlichen Schulbesuch ausgeschlossen gewesen. So hatte nur für einige wenige von ihnen aus reichem Elternhaus die Möglichkeit bestanden, durch eine Hauslehrerin unterrichtet zu werden. Nach dem Willen der Geistlichkeit hätte sich an diesem Zustand auch nichts geändert.

Das von *Reza Schah* bevorzugte Schulsystem orientierte sich am westlichen Bildungswesen und entzog die Schulbildung weitgehend dem Einfluß der Mullahs. Die neuen **staatlichen Schulen** standen auch Mädchen offen. Allerdings nur, wenn sie bereit waren, auf den Schleier zu verzichten. Nach einer Anordnung des Königs wurde allen verschleierten Schülerinnen und Lehrerinnen der Zugang zu den Schulen verweigert. Verschleierten Lehrerinnen drohte die Entlassung. Ab 1934 kam es dann sogar zur Einführung eines gemeinsamen Schulunterrichts für Mädchen und Jungen bis zum zehnten Lebensjahr. In den weiterführenden Schulen allerdings wurde die Geschlechtertrennung beibehalten. Auch die Universitäten öffneten sich nun für Frauen. 1935 gegründet, nahmen bereits ein Jahr später die ersten Frauen ein Studium an der Teheraner Universität auf. Ein Großteil der Lehrkräfte wurde übrigens in Europa ausgebildet.

Die Möglichkeiten für Mädchen und junge Frauen, eine Schule oder Universität zu besuchen, bestand allerdings ausschließlich in den Großstädten. Familien in ländlichen Gegenden bekamen von den Veränderungen in der Hauptstadt und anderen Zentren des Landes nicht viel mit, so daß das Stadt-Land-Gefälle in bezug auf die Analphabetenrate der Frauen bis in die jüngste Vergangenheit gewaltig war.

Reaktion auf die Modernisierungspolitik

"Auch ich wurde gezwungen, im Justizministerium ein Fest zu veranstalten. Selbstverständlich mußte ich dabei europäische Kleidung tragen. Meine Frau weigerte sich, ohne Schleier unter den Gästen zu erscheinen. Sie wollte sich sogar von mir scheiden lassen. Schließlich willigte sie aber ein. Zusammen mit meinen Töchtern nahm sie an dem Fest teil. Aber gleich danach wurde sie krank, verließ nie mehr das Haus, bis nach einem Jahr ihre Leiche zum Friedhof getragen wurde."[33]

Die neuen Gesetze hatten allesamt das Ziel, den Einfluß der Religion auf die Gesellschaft zurückzudrängen. Mit diesen Maßnahmen begannen zugleich die jahrzehntelangen **Konfrontationen** der Ulama, die diese Entwicklung nicht ohne weiteres hinnehmen wollten, mit den Pahlawi-Schahs. So wurde seit den dreißiger Jahren immer wieder Kritik an den Reformplänen *Reza Schahs* laut. Doch der Herrscher ließ den geringsten Widerstand, der sich in der Bevölkerung regte, sogleich mit militärischer Gewalt beantworten. Die Ulama fürchteten nicht nur das Schwinden ihres Einflusses auf die Gesellschaft, sondern, bedingt durch den Wegfall einiger ihrer traditionellen Aufgabenbereiche, zugleich die Bedrohung der beruflichen Existenz einiger von ihnen. Die Maßnahmen des Herrschers fruchteten aber zumindest bei einem Teil der Bevölkerung. Durch die gesellschaftlichen und politischen Neuerungen im Land gelang es tatsächlich, den Islam als bestimmenden Faktor des täglichen Lebens insbesondere bei den oberen Gesellschaftsschichten weitgehend zurückzudrängen.

Besonders die Pläne, die Stellung der Frau in der iranischen Gesellschaft zu verbessern, wurden von den Geistlichen auf das Entschiedenste zurückgewiesen. Die Neuerungen konnten bei dieser Berufsgruppe auch nur auf Ablehnung stoßen, geriet doch ihr islamisches Weltbild dadurch vollkommen aus den Fugen. Das alte System der verschiedenen Lebensbereiche von Mann und Frau (Frau – Haus, Mann – Öffentlichkeit) wurde aufgehoben – teilweise unter Anwendung von Gewalt. Durch das **Verschwinden der Geschlechtertrennung** im öffentlichen Raum und der Zwangsentschleierung der Frauen waren, nach ihrer Auffassung, Verstöße gegen die islamische Ordnung, also *Zina*, geradezu vorprogrammiert. Die ganzen in Jahrhunderten herausgebildeten Verhaltensregeln von Mann und Frau, die die Vermeidung unerwünschter Kontakte zwischen den Geschlechtern zum Ziel hatten, wurden nun hinfällig. Die Geistlichen argumentierten, daß der Staat dadurch, daß *Zina* auch noch völlig straffrei ausgehen sollte, seine Bevölkerung sozusagen auffordere, gegen islamische Gebote zu verstoßen. Angesichts dieser unislamischen Gesetze konnte es die Geistlichen auch nicht weiter beruhigen, daß die meisten Frauen und besonders die dazugehörigen Familien überhaupt nicht an der Anwendung der neuen Gesetze interessiert waren.

1943, also erst nach der Abdankung *Reza Schahs*, erschien die Schrift "*Entdeckung der Geheimnisse*", in der der damals noch unbekannte *Ayatollah Ruhollah Khomeini* erstmals öffentlich **Kritik** an der Modernisierungspolitik des Königs übte. Bereits in dieser frühen Schrift stellte er die seiner Ansicht nach in einem Gottesstaat gegebenen Vorzüge gegenüber anderen Staatsformen gebührend heraus, ohne jedoch einen direkten Machtanspruch für die Ulama auszusprechen. Eine Forderung nach weltlicher Macht für die Geistlichen wäre auch bei entschiedenen Schah-Gegnern zu diesem Zeitpunkt mit großem Unverständnis aufgenommen worden. So begnügte er sich mit dem Hinweis darauf, daß nur die Geistlichen berechtigt seien, während der großen Verborgenheit des Imam religiöse Macht auszuüben. Er distanzierte sich von jedem westlichen Einfluß auf die Gesellschaft und forderte eine Rückkehr zur strengen Durchsetzung aller islamischen Gesetze, die allein und auf Dauer die Ordnung der islamischen Gemeinschaft garantieren können.[34]

Regierungszeit Mohammad Reza Schahs

1962 besuchten der Schah und seine Frau Farah
die USA, sie werden von den Kennedys begrüßt

Nach der aufgrund seiner Verbindung zu *Adolf Hitler* erfolgten Absetzung *Reza Schahs* durch die Alliierten im Jahr 1941 wurden die strengen Zwangsentschleierungsgesetze wieder aufgehoben, und die Geistlichen gewannen erneut an Einfluß. Etliche Frauen entschieden sich freiwillig zur Rückkehr zum *Tschador*, dem körperverhüllenden Umhang, andere beugten sich dem Wunsch ihrer Familie. Die meisten der tschadortragenden Frauen verzichteten jedoch auf die Verhüllung des Gesichts, die vor der Regierungszeit *Reza Schahs* ebenfalls vorgeschrieben war.

Mohammad Reza Schah Pahlawi folgte seinem Vater als **Herrscher des Iran** nach. Er regierte das Land, von einer kurzen Unterbrechung zu Beginn der fünfziger Jahre abgesehen, von 1941 bis 1979. In den ersten Jahren seiner Regierung normalisierte sich das Leben im Iran weitgehend. Der Schah, noch nicht mit seiner späteren Macht ausgestattet, war weder an einer Konfrontation mit den Ulama noch dem Parlament oder den sich nun wieder formierenden Parteien und Gewerkschaften interessiert. Doch abgesehen von einer kurzen demokratischen Phase, in der der Schah weitgehend entmachtet war, änderte sich an der Politik des Landes, gerade in bezug auf die Abhängigkeit Irans vom Ausland, nicht viel. Im wesentlichen hielt *Mohammad Reza Schah* am politischen wie gesellschaftlichen Kurs seines Vaters fest.

Der 1951 vom Parlament zum Premierminister gewählte *Mohammad Mossadegh* versuchte zwischen 1953 und 1955 die ausländischen Investoren zurückzudrängen. Sein ganzer Einsatz galt der Nationalisierung der **Ölindustrie,** die seit dem Vertrag von 1901 in den Händen britischer Ölgesellschaften lag. Doch mit tatkräftiger Unterstützung der USA gelang es den Briten, Mossadegh zu stürzen. Zum Dank erhielten die USA eine 40prozentige Beteiligung an der Erdölförderung des Iran und wurden damit stärkste ausländische Macht im Staat.

Wachsender Einfluß der USA

Den neuen Machthabern im Land war durchaus bewußt, daß die Entwicklung ganz und gar nicht im Interesse der Bevölkerung lag und somit Protestaktionen für die Zukunft nicht ausgeschlossen werden konnten. Deshalb beschränkten die USA ihr Engagement im Iran nicht allein auf den Wirtschaftssektor, sondern griffen nun auch massiv politisch und militärisch in die Geschehnisse des Landes ein. Der Schah gab sich und sein Land gezwungenermaßen in die totale wirtschaftliche und **politische Abhängigkeit** von Amerika, weil er sich nur so an der Macht halten konnte. Beide Staaten schlossen mehrere Verträge über amerikanische Waffenlieferungen, über die Stationierung amerikanischer Soldaten im Land und die Ausbildung von Mitgliedern des Militärs und des Geheimdienstes SAVAK durch die USA ab. Mit diesen Maßnahmen sollte möglicher Widerstand des Volkes von Anfang an klein gehalten werden. Jegliche **politische Opposition,** die sich in den folgenden Jahren formierte, wurde sofort verfolgt und niedergeschlagen.

Gegen Ende der fünfziger Jahre hatte sich *Mohammad Reza Schah* mit Hilfe Amerikas zum absoluten Herrscher über das iranische Volk aufgeschwungen. Noch immer war die Verfassung von 1906, die das Land in eine konstitutionelle Monarchie verwandelte, in Kraft, doch einem Parlament fühlte sich der Schah schon lange nicht mehr verantwortlich. Die westliche Welt mit ihren Lebensformen sollte nun endgültig im Iran Einzug halten. Er wollte die totale Trennung von Staat und Religion vollziehen, den Einfluß der Geistlichen, den diese noch immer auf einen Großteil der Menschen ausübten, endgültig brechen. So war ein verstärkter Konflikt mit den Ulama unausweichlich.

"Weiße Revolution"

"Durch das Sechs-Punkte-Programm ist jeder, gleichgültig welcher sozialen Schicht er angehört, aufgerufen, sein Schicksal selbst in die Hand zu nehmen. (...) Die Maßnahmen, die wir eingeleitet haben, sind, wenn nicht fortschrittlicher als die in den anderen Ländern der Welt, zumindest ihnen ebenbürtig."[35]

In den folgenden Jahren gab es viel zu tun. Es bahnte sich nicht nur ein Konflikt mit den Mullahs an, sondern gleichzeitig eine Auseinandersetzung mit einem Teil der Bevölkerung. Die Unzufriedenheit im Land wuchs. Während der Schah immer reicher wurde, verschlechterte sich die wirtschaftliche Situation für viele, insbesondere die auf dem Land lebenden Menschen zusehends. Auf amerikanischen Druck hin sah sich *Mohammad Reza Schah* zum Handeln gezwungen. Also verkündete er innerhalb seiner Reformpolitik unter der Bezeichnung *"Weiße Revolution"* im Januar 1963 neue Pläne für die Modernisierung des Landes, die dem Iran Anschluß an die westeuropäischen Staaten und der gesamten Bevölkerung einen höheren Lebensstandard bringen sollten. Die wichtigste Neuerung der *"Weißen Revolution"* bestand in einer **Agrarreform.** Diese beinhaltete die Abschaffung des Feudalsystems. Bauern sollten die Möglichkeit erhalten, durch Ankauf eigenen Landes private Bewirtschaftung zu betreiben. Weitere Punkte des Reformprogramms sahen die Bekämpfung des Analphabetentums vor sowie die Verbesserung der Stellung der Frau in der iranischen Gesellschaft, ihr wurde das aktive und passive Wahlrecht zuerkannt.

Die Reformpläne des Herrschers stießen bei den Geistlichen auf wenig Gegenliebe. Die Ulama wandten sich jedoch nicht allein gegen das Wahlrecht für Frauen, ihr Hauptprotest galt vielmehr den Plänen des Herrschers, im Rahmen der Landreform **religiösen Besitz** unter staatliche Kontrolle zu stellen. Durch Schenkungen verfügten die schiitischen Geistlichen über gewaltige Ländereien. Mit den Erträgen wurden nicht nur die Kosten für den Erhalt und die Errichtung von Moscheen, für Schulen und Veranstaltungen bestritten, sondern auch der Lebensunterhalt der Geistlichen finanziert. Nun sollte ihnen ihre Machtbasis und ihre Existenzgrundlage entzogen werden.

Ausweisung Khomeinis aus dem Iran

"Aufgrund glaubwürdiger Informationen und ausreichender Beweise wurden die Aktivitäten des Herrn Chomeini als schädlich für die Interessen und Sicherheit des Landes eingestuft. Er wurde am 4. November 1964 ins Ausland verbannt."[36]

In verschiedenen iranischen Großstädten kam es nach Verkündung der Pläne zu größeren Protestaktionen, die der Schah blutig niederschlagen ließ. Unrühmlicher Höhepunkt dieser Auseinandersetzungen zwischen Schah und Mullahs war der Angriff von Soldaten auf die theologische Hochschule *Feiziyye* in Qom im Juni 1963. Kurz nach diesen Ereignissen trat der in der heiligen Stadt Qom lebende und an eben jener Hochschule lehrende *Ayatollah Khomeini* erstmals öffentlich in Erscheinung und hielt eine scharfe Rede gegen die Politik des Schah. Er forderte die **Reislamisierung** sämtlicher Lebensbereiche des Iran. Daraufhin wurde er vorübergehend verhaftet. Nach einer weiteren Rede, in der er das Volk zum heiligen Krieg gegen *Mohammad Reza* aufrief, wurde er erneut verhaftet und wenige Tage später, am 4. November 1964, des Landes verwiesen und in die Türkei abgeschoben.

Nach Bekanntwerden der Ausweisung *Khomeinis* kam es an verschiedenen Orten zu kleineren Demonstrationen, doch die Lage im Iran normalisierte sich wieder, und um *Khomeini* wurde es ruhiger. Von der Türkei aus, wo er sich die ersten Monate seiner Verbannung aufhielt, zog er nach Nedschef im Irak, also an einen der heiligen Orte der Schiiten, an dem der erste Imam, Ali, begraben liegt. Hier hatte er weiterhin die Möglichkeit, vor einem kleinen Kreis von Schülern zu lehren. Gut 15 Jahre lebte der Ayatollah in Nedschef. Die ersten Jahre hielt er sich vollständig aus der Politik seines Landes heraus.

Im Jahr 1970 hielt *Khomeini* in seinem irakischen Exil eine Vorlesung über die seiner Ansicht nach einzig gerechte Staatsform, den **Gottesstaat.** Seine Ausführungen wurden wenig später unter dem Titel "*Die Isla-*

mische Regierung" veröffentlicht.[37] Im Gottesstaat übt Gott allein die Herrschaft über die Menschen aus. Zur Durchsetzung seiner Gebote, die im Koran festgeschrieben sind, hat der Herr zunächst den Propheten Mohammad und dann seine Nachfolger, die Imame, auf die Erde gesandt. Nach schiitischem Glauben hat sich die Gemeinde in der Zeit der Verborgenheit des zwölften Imam, des rechtmäßigen Herrschers über die Welt, in Geduld zu üben und auf seine Rückkehr zu warten. *Khomeini* will das Warten nun beenden. Er fordert für die Zeit der Verborgenheit, in Stellvertretung des entrückten Imam, die Herrschaft für die Ulama, weil nur sie dazu befähigt sind, die religiösen Gebote im Sinne Gottes durchzusetzen. Ohne auf aktuelle Geschehnisse im Iran Bezug zu nehmen, lehnt er die Staatsform der Monarchie ab. Doch war der Ayatollah bei Erscheinen der Schrift im Iran weitgehend in Vergessenheit geraten, so daß nur wenig Notiz von ihr genommen wurde.

Die Modernisierungspolitik geht weiter

Unterdessen lief im Iran die Modernisierungspolitik des Königs weiter. 1967 verkündete *Mohammad Reza* das "Gesetz zum Schutz der Familie", das die Position der Frauen in der Familie stärken sollte. Das Mindestalter zur Verheiratung der Mädchen wurde auf 16 Jahre (in Ausnahmefällen nach amtsärztlicher Untersuchung) bzw. 18 Jahre angehoben. Des weiteren wurde die Polygamie, das dem Mann im Koran zugesprochene Recht auf vier Ehefrauen, auf zwei Frauen beschränkt. Zudem benötigte ein Mann nun vor der Hochzeit mit einer zweiten Frau, die Zustimmung seiner ersten Frau ebenso wie einen Nachweis, ob er überhaupt in der Lage ist, zwei Familien zu ernähren. Zu guter letzt wurde den Frauen auch das bislang allein dem Mann vorbehaltene Recht, die Scheidung einzureichen, zugestanden. Diese Maßnahmen bedeuteten eine weitere Entfernung vom traditionellen Islamischen Recht.

Zu der Zeit etwa, als *Khomeini* in Nedschef den Gottesstaat predigte, also zu Beginn der siebziger Jahre, gedachte der Schah der (wenn auch mit größeren Unterbrechungen) 2500jährigen Geschichte persischer Monarchie und stellte sich in eine Reihe mit den ganz großen Perserkönigen. Im Oktober 1971 lud er aus diesem Anlaß in- und ausländische Gäste nach Persepolis zu einer prunkvollen Feier ein. Sein politisches Ziel lautete zu diesem Zeitpunkt nicht mehr nur, Persien wirtschaftlich den europäischen Staaten anzunähern, sondern diese sogar zu überholen.

Sein Bestreben, die Religion auch offiziell aus dem Leben des Iran zu verdrängen, ging schließlich soweit, daß er den islamischen Kalender, der 622 n. Chr. mit der Flucht Mohammads von Mekka nach Medina beginnt, durch einen neuen Kalender ersetzte. Die **neue Zeitrechnung** setzte

599 v. Chr. ein, dem Jahr der Errichtung des achämenidischen Reiches durch *Kyros den Großen*. Der neue Kalender galt ab dem 21. März (iranischer Neujahrstag) 1976. Auf das nach der Hidschra errechnete Jahr 1354 folgte das achämenidische Jahr 2535.[38] Doch der Kalender konnte sich nicht durchsetzen und mußte aufgrund anhaltender Proteste bereits 1978 wieder zurückgenommen werden.

Ergebnisse der Modernisierungspolitik der Pahlawi-Schahs

Raffinerie zwischen Shush und Bishapur

Die hochtrabenden Pläne der beiden letzten iranischen Könige, ihr Land durch Reformen sowohl wirtschaftlich als auch gesellschaftlich an Europa anzunähern, müssen, auf die gesamte Bevölkerung projiziert, letztendlich als erfolglos eingestuft werden. Wenn die Politik der Modernisierung des Landes auch einige positive Veränderungen für den Iran brachte, so muß doch gesagt werden, daß diese Veränderungen nicht die gesamte Bevölkerung erreichten. Und an der politischen wie wirtschaftlichen Abhängigkeit des Iran vom Ausland, von vielen als das eigentliche Übel angesehen, änderte sich während der Regierung der *Pahlawi-Schahs* überhaupt nichts. Bei den Wirtschaftsabkommen mit dem Ausland war der Iran nur selten gleichberechtigter Partner. Dank des immer sprudelnden Öls am Persischen Golf kamen trotz allem Unsummen ins Land. Doch diese nutzten beispielsweise der Landbevölkerung nur wenig. Die Landreform verbesserte die wirtschaftliche Situation der Bauern keineswegs, hatte vielmehr die Massenflucht verarmter Familien in die Großstädte des Landes zur Folge. Die Industrialisierung des Iran konzentrierte sich fast ausschließlich auf die Ölindustrie, ohne andere Wirtschaftsbereiche, die noch weitgehend ohne Mechanisierung auskommen mußten, ausreichend einzubeziehen.

Vom **wirtschaftlichen Aufschwung** des Landes, den es ohne Zweifel in verschiedenen Bereichen gegeben hat, von der Bildungsreform, der säkularisierten Justiz sowie den aus westlicher Sicht unumstrittenen Fortschritten für die Frauen profitierte nur ein kleiner Teil der iranischen Bevölkerung. Verbesserungen ergaben sich meist nur für die in den Großstädten lebenden Familien der Oberschicht. Sie konnten es sich leisten, ihre Söhne und sogar ihre Töchter zur Schule zu schicken. Gemessen an der Gesamtbevölkerung, ist das natürlich nicht viel. Die Landbevölkerung bekam von der Reformpolitik der *Pahlawi-Schahs* kaum etwas mit.

Im Zuge der "Weißen Revolution" beispielsweise wurde 1963 die "*Armee des Wissens*" gegründet, die die Aufgabe hatte, den Menschen auf dem Land Lesen und Schreiben beizubringen. Doch die Zahl der Hochschulabsolventen, die in die Dörfer zogen, war viel zu klein, und ihre Ausbildung als Lehrer zu kurz. So war auch diese Aktion nicht gerade von umwerfendem Erfolg gekrönt. Noch 1970 soll es im Iran landesweit 77,2 % Analphabeten gegeben haben.[39] Die Analphabetenrate auf den Dörfern ist entsprechend höher anzusiedeln.

Die neuen Gesetze sollten auch den Frauen mehr Freiheit und Selbständigkeit bringen, sie aus ihrer abgeschlossenen Welt hervorholen und stärker in das öffentliche Leben des Landes integrieren. Ihnen wurde gestattet, Schule und Universität zu besuchen, sowie im Anschluß an die Ausbildung einen Beruf zu ergreifen. Doch diese sich nun bietenden Möglichkeiten konnten fast ausschließlich Frauen aus aufgeschlossenen und modernen Familien der Oberschicht und in begrenztem Maße der Mittelschicht nutzen, die die Rolle der Frau nicht allein auf Ehefrau und Mutter beschränkten. Einigen Frauen gelang es durch die Ausübung eines Berufes, sich eine gewisse Unabhängigkeit zu erarbeiten. Landesweit jedoch konnten die neuen Gesetze überhaupt nicht greifen, da es viel zu wenig Schulen und Lehrer gab und sich somit für Frauen der Unterschicht, besonders auf dem Land, nach wie vor kaum die Möglichkeit eines umfassenden Schulbesuchs ergab. So ist die *Analphabetenrate* ländlicher Frauen bis in die siebziger Jahre nur wenig gesunken. Für Männer auf dem Land sah es allerdings auch nicht viel besser aus. Da viele Kinder aus ärmeren Familien schon früh beim Geldverdienen mithelfen mußten, waren die Eltern nicht an einem langen Schulbesuch interessiert. Ohnehin gab es, außer im Bereich der Landwirtschaft, kaum Arbeitsmöglichkeiten auf dem Lande.

Von vielen Familien wurden die sich anbahnenden Veränderungen, besonders die Aufhebung der Geschlechtertrennung, die den Geboten des Islam zutiefst widersprach, mit äußerstem Mißtrauen beobachtet. Die Reformpolitik *Reza Schahs*, die das Zurückdrängen des Islam auf allen Ebenen zum Ziel hatte, wurde nicht allein von den Mullahs, sondern auch von weiten Teilen der Bevölkerung abgelehnt. So dürfte es jungen Frauen aus strenggläubigen Familien, sofern bei ihnen selbst das Interesse des Lernens vorhanden gewesen war, wohl kaum gelungen sein, gegen den Willen ihrer Eltern eine Schule zu besuchen oder einen Beruf zu ergreifen. Nach wie vor verheirateten zahlreiche Eltern ihre Töchter möglichst früh, unabhängig davon, daß der Schah das Heiratsalter für Mädchen gesetzlich hatte anheben lassen. Auf dem Land kümmerten sich viele Familien wenig um in der Hauptstadt erdachte Reformen. Gegen *jahrhundertealte Traditionen* konnten diese kurzfristig kaum etwas ausrichten.

Sicherlich hatten auch in den Großstädten etliche Frauen gegen ihre Familien anzukämpfen, um einen Schulbesuch durchzusetzen. Zahlreiche junge Frauen, die studierten oder arbeiteten, waren hin- und hergerissen zwischen dem traditionellen Elternhaus mit streng islamischer Erziehung und der jungen Generation aufgeschlossener Studenten und Angestellter. Von etlichen Familien wurde es nach wie vor als unehrenhaft erachtet, wenn eine Frau arbeiten ging. Besonders schlecht waren Krankenschwestern und Büroangestellte angesehen, deren Arbeit tagtäglich Kontakte zu fremden Männern mit sich brachte.

Die Politik der beiden letzten iranischen Könige hat zu einer *Spaltung der Bevölkerung* geführt. Auf der einen Seite standen traditionelle Familien, die tief in ihrer Religion verwurzelt waren und ihr Leben streng nach den Geboten des Islam ausrichteten. Für sie war die Reformpolitik des Schah unvereinbar mit ihrer Lebensauffassung. Auf der anderen Seite stand der zahlenmäßig weitaus kleinere Teil der Bevölkerung, der die Politik des Herrschers vorbehaltlos unterstützte. "Moderne Familien" gaben zugunsten eines verwestlichten Lebensstils vielfach ihre religiösen Traditionen auf.

Es entwickelte sich im Iran ein weitgehend **entislamisiertes Bürgertum,** das die Geschlechtertrennung im öffentlichen Raum aufgab. Die Großstädte des Landes boten zahlreiche Vergnügungen, die von Männern und Frauen gleichermaßen wahrgenommen werden konnten. Besonders in Teheran gab es zahlreiche westliche Restaurants, Diskotheken, Kinos. Doch während sich Teile der Mittel- und Oberschicht westlichen Lebensformen annäherten, stand die breite Masse der Unterschicht den gesellschaftlichen Veränderungen ablehnend gegenüber. In den religiösen Zentren des Landes, Qom und Maschad, wurde weiterhin auf Geschlechtertrennung in der Öffentlichkeit geachtet. Auch in bezug auf die Verschleierung der Frauen hatte sich dort bis in die siebziger Jahre hinein nicht viel geändert.

Die Bevölkerung des Iran war gespalten in eine kleine, sehr reiche Oberschicht und die relativ arme Bevölkerungsmehrheit mit zahlreichen Familien am Rande des Existenzminimums. Besonders die Landbevölkerung kämpfte täglich ums Überleben. Sogar in der Hauptstadt Teheran waren diese beiden sich stark voneinander unterscheidenden Welten zu beobachten. Im Norden der Metropole lebten die Reichen in ihren Villen, im Süden die Armen in ihren Lehmhütten.

Islamische Revolution

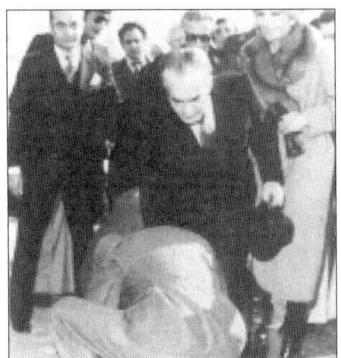

Am 1.2.1979 verließ der Schah den Iran.
Ein Anhänger küßte ihm die Füße.

"Nieder mit dem Schahregime"[40]

Erste Protestaktionen

Mitte der siebziger Jahre wurden also die Proteste der Bevölkerung wieder lauter. Kritik an der Reformpolitik des Schah ging dabei nicht allein von den Mullahs aus. Gerade in den unteren Bevölkerungsschichten war die Politik der Modernisierung mehr denn je umstritten. Die in den Großstädten lebenden ärmeren Familien wurden mit Gegensätzen konfrontiert, wie sie größer kaum sein konnten. Sie mußten beobachten, daß einige Familien der Oberschicht in grenzenlosem Reichtum lebten, während der Rest in Hunger und Armut vegetierte. Besonders die in die Städte zugewanderte Landbevölkerung ging auf die Straßen, um gegen die Politik *Mohammad Reza Schahs* zu demonstrieren. Das demonstrierende Volk glaubte, in der Abhängigkeit des Iran vom Ausland und der **Verwestlichung** vieler Bereiche des öffentlichen Lebens die Hauptgründe für ihre eigene Misere erkannt zu haben. Bereits während der ersten Proteste im Jahr 1977 spielte die Religion eine große Rolle. Ziel war, der Religion erneut einen bedeutenden Platz in der iranischen Gesellschaft zuzuweisen.

In den sich im Laufe des Jahres 1977 häufenden Protesten ging es also um die Rückbesinnung auf die eigene Kultur, die von zahlreichen Menschen zugunsten der westlichen Kultur aufgegeben worden war. Sich auf die eigene Kultur zu besinnen, bedeutete aber, sich dem Islam zuzuwenden, der das Land in starkem Maße während der letzten 1400 Jahre geprägt hatte. Eine **Rückbesinnung auf den Islam** bedeutete jedoch nicht automatisch einen Islam, wie Khomeini ihn sich wünschte. Wenn der Islam auch eine wichtige Rolle während der gesamten Protestaktionen spielte, dachte in diesem frühen Stadium der Revolution sicherlich noch kaum einer an die Errichtung einer Islamischen Republik geschweige denn eines Gottesstaates. Der Islam wurde vielmehr als Gegenpol zu der immer stärker werdenden Verwestlichung des Landes verstanden. Die Bevölkerung forderte ihre demokratischen Grundrechte ein. In den Anfängen der Revolution, als noch niemand ahnte, was kommen würde, war die ganze Bewegung eher demokratischer als religiöser Natur.

Auch zahlreiche Intellektuelle und Oppositionspolitiker wurden von der Protestwelle ergriffen. Zunächst verlangte der verbotene Schriftstellerverband, die Pressezensur aufzuheben und freie Meinungsäußerung sowie Versammlungsrecht zu gewähren. Kurz darauf, im Juni 1977, forderte der Oppositionspolitiker *Schapur Bachtiar* den Schah in einem Schreiben zur Anerkennung der Verfassung von 1906 auf. *Mohammad Reza* sollte zugunsten einer demokratischen Regierung in den Hintergrund treten und sich auf repräsentative Aufgaben beschränken, wie es eben die Verfassung vorsah. Nach und nach wurde das gesamte Land mutiger und schloß sich Protestaktionen, Demonstrationen und Streiks an. Und so waren es Menschen aus fast allen Bevölkerungsschichten, die eine Demokratisierung des Landes bei gleichzeitiger Stärkung des Islam forderten.

Die ersten größeren öffentlichen Unmutsäußerungen über die Politik im Land wurden auf **Demonstrationen** im Jahr 1977 laut. In den Sommermonaten hörte man auf einer Kundgebung der Isfahaner Bazarhändler erstmals lauthals die Forderung nach dem Sturz des Schah-Regimes und der Abschaffung der Monarchie. Solche Demonstrationen mit deutlichen Parolen gegen die Politik und die Person *Mohammad Reza Schahs* hatte das Land seit den Tagen *Mossadeghs* nicht mehr gesehen.

Landesweite Anti-Schah-Demonstrationen

"Ich verkünde dem ehrwürdigen iranischen Volk, daß das Schahregime seine letzten Atemzüge tut. Der Schah, dieser Verbrecher, der aus Angst den Massenmord angeordnet hat, ist in Wahrheit bereits abgesetzt. Das Volk will ihn nicht mehr haben."[41]

Gut 15 Jahre lebte *Ayatollah Ruhollah Khomeini* im Exil. Anfangs hielt er sich völlig aus der Politik des Iran heraus und begnügte sich damit, einigen wenigen Schülern in Nedschef seine Ansichten über Monarchie und Gottesstaat mitzuteilen. Daß die Verwirklichung des **Gottesstaates** auf iranischem Boden während der gesamten Jahre sein oberstes Ziel geblieben war, dürfte kaum einer geahnt haben. Während der langen Jahre des irakischen Exils beobachtete der Geistliche weitgehend stillschweigend die Entwicklung in seiner Heimat. An die Öffentlichkeit wandte er sich erst, als der Iran von größeren Unruhen ergriffen wurde. Als Menschenmengen auf Demonstrationen in den Großstädten Irans die Abschaffung der Monarchie zu fordern begannen, bot sich dem Ayatollah die Gelegenheit, den Kampf gegen den ihm verhaßten Schah aufzunehmen. Bis dahin war der Geistliche bei einem Großteil der Bevölkerung in Vergessenheit geraten. Zahlreiche Gläubige erinnerten sich kaum mehr an seine Protestreden gegen das Schah-Regime. Die Unzufriedenheit eines Großteils der iranischen Bevölkerung ausnutzend, schaltete er sich nun in die revolutionäre Bewegung ein und forderte ziemlich offen und direkt die Abschaffung der Monarchie.

Die Massen begriffen recht schnell, daß der im Exil lebende Ayatollah konsequent für ihre Forderungen eintrat. So wurde der Name *Khomeini* in der Bevölkerung wieder ein Begriff. Er äußerte seine Kritik an der Politik des Schah viel deutlicher als die Oppositionspolitiker oder auch anderen Ayatollahs. Ein Großteil der Geistlichen war weiterhin bestrebt, den offenen Konflikt mit dem Schah-Regime zu vermeiden. Die meisten von ihnen hätten nie offen Anspruch auf die weltliche Herrschaft im Iran erhoben, denn diese stand nach ihrer Glaubenslehre einzig und allein dem entrückten zwölften Imam zu. Doch *Khomeini* forderte in aller Deutlichkeit Regierungsgewalt für die Ulama. In dieser Phase des Kampfes gegen die Diktatur des Königs vermied er es aber tunlichst, offen von der Errichtung eines Gottesstaates zu sprechen.

Das Volk war sicherlich nicht an einer Diskussion zwischen den Ayatollahs über die Rechtmäßigkeit weltlicher Macht während der Entrückung des zwölften Imam interessiert. Es ging den Menschen vorrangig um *Freiheit und Demokratie,* um die Verbesserung ihrer wirtschaftlichen Lage und schließlich um den Sturz des Königs. Und all diese Dinge versprach *Khomeini.* Bei ihrer Forderung nach Stärkung des Islam im öffentlichen Leben dachten die Massen sicherlich nicht an die Errichtung eines Gottesstaates, vielmehr schwebte ihnen eine parlamentarische Demokratie vor. Doch dazu mußte zunächst der Schah gestürzt werden. Mit seinen unnachgiebigen Forderungen nach Abdankung des Schah und Abschaffung der Monarchie gelang es *Khomeini,* die Massen zu fesseln.

So richtig begann die Revolution im Januar 1978, nachdem mehrere tausend Menschen auf den Straßen von Qom gegen einen vom Schah veranlaßten und gegen die Person *Khomeinis* gerichteten Zeitungsartikel protestierten. Der Schah reagierte mit einem Militäreinsatz. Es gab Tote und Verletzte, derer man 40 Tage später in Täbriz bei einer weiteren Großkundgebung gedachte. Im Islam wird 40 Tage nach dem Tod eines Menschen eine Trauerfeier abgehalten. Etwa 50.000 Menschen sollen an diesem Tag in Täbriz auf den Beinen gewesen sein. Wieder gab es auf Seiten der Demonstranten Tote und Verletzte zu beklagen. Und wieder 40 Tage später gedachte man der Toten und veranstaltete Demonstrationen in mehreren Großstädten.

Nun begann *Ayatollah Khomeini* von Nedschef aus direkt in das Geschehen einzugreifen. Da er den Gläubigen im Iran seine politischen und religiösen Ansichten nicht persönlich mitteilen konnte, verfiel er auf die Idee, Reden auf Tonband aufnehmen und vervielfältigen zu lassen. Diese wurden in den Iran geschleust und im ganzen Land verteilt. So erreichten seine Reden, in denen er die Ausbeutung durch das Ausland, die *soziale Ungerechtigkeit* und die Armut im Land beklagte, einen größeren Kreis von Gläubigen. *Khomeini* wurde im ganzen Land bekannt, und die Menschen sahen in ihm den Erretter des Landes. Sie glaubten zu erkennen, daß er allein sich mit aller Macht für ihre Belange einsetzen würde und folgten seinen Anweisungen. Durch sein radikales Auftreten gelang es *Khomeini,* die Massen im Iran hinter sich zu bringen.

An den Demonstrationen nahmen meist auch zahlreiche Frauen teil, die in von den Männern getrennten Gruppen aufzogen. Der größte Teil der Demonstrantinnen bestand aus Frauen der städtischen Unterschicht, aber auch aus der Mittelschicht. Obwohl viele von ihnen im Alltag eigentlich keinen Schleier mehr trugen, verhüllten sie sich bei Kundgebungen doch vielfach in einen schwarzen *Tschador*, um ihren Widerstand gegen die Politik der Verwestlichung sämtlicher Lebensbereiche zu unterstreichen. So wurde der *Tschador* zum Symbol des Widerstandes gegen die Politik *Mohammad Reza Schahs*. Aber das Tragen dieses Kleidungsstückes während der Protestaktionen bedeutete sicherlich nicht, daß nun alle Frauen generell und für alle Zeiten beabsichtigten, zum *Tschador* zurückzukehren. Der Wunsch nach einem Staat, in dem das gesamte Leben vom Islam bestimmt ist, ist daraus nicht abzulesen.

Allmählich begriff der absolute Herrscher über Land und Volk *Mohammad Reza*, daß er seine Alleinherrschaft auf Dauer nicht würde verteidigen können und zeigte sich nun zu **größeren Zugeständnissen** bereit. Er entließ zahlreiche politische Häftlinge und versprach Pressefreiheit sowie freie Wahlen für das kommende Jahr. Doch seine Bereitschaft zum Einlenken, seine Bereitschaft zu mehr Demokratie im Land kam zu spät. Der größte Teil der oppositionellen Politiker und Geistlichen wäre auch zu diesem Zeitpunkt durchaus noch mit den Versprechungen des Herrschers zufrieden gewesen und hätte sich mit ihm arrangiert, nicht aber *Khomeini*. Der Ayatollah war nicht bereit, irgendwelche Kompromisse mit der Monarchie einzugehen und forderte mit Nachdruck den Sturz des Königs. Mit seinem entschlossenen Auftreten trieb er das Volk immer weiter nach vorne, bis es kein Zurück mehr gab. In seinen Reden machte er den Schah für die wirtschaftliche Misere eines Großteils der Bevölkerung verantwortlich und traf damit den Nerv der Massen. Für das Erreichen seines großen Ziels, der **Herrschaft für die Ulama,** benötigte Khomeini die Massen, die ihm nun blind folgten.

Als sich die Unruhen immer weiter ausbreiteten, verhängte der Schah am 7. September 1978 den Ausnahmezustand über die Hauptstadt und elf weitere Großstädte. Tags darauf, an einem Freitag, kam es zu einem gewalttätigen Zusammenstoß zwischen Polizei und Demonstranten am Jaleh-Platz in Teheran, bei dem Hunderte von Demonstranten den Tod fanden. Dieser Tag ging als "schwarzer Freitag" in die Geschichte der Revolution ein und ist als eigentlicher Auslöser für die kommenden, sich überschlagenden Ereignisse zu sehen. Mit dieser gewaltsamen Beendigung der Demonstration war der Umsturz im Iran nicht mehr aufzuhalten. Auch gemäßigtere Ulama und oppositionelle Politiker forderten nun die Entmachtung des Schah-Regimes.

Ausweisung Khomeinis aus dem Irak

Als *Mohammad Reza* erkannte, daß die wesentlichen Impulse des Widerstandes von *Khomeini* und seinen im ganzen Land verbreiteten Tonbändern ausgingen, plante er, ganz gezielt gegen den Widersacher vorzugehen.

Der Einfluß, den dieser auf das Volk ausübte, sollte durch seine **Auswei-sung** aus dem Irak unterbunden werden. Nach einer Unterredung zwischen Schah und irakischer Regierung verwies diese auf Drängen des persischen Königs den Ayatollah des Landes. Erneut ins Exil geschickt, entschied sich Khomeini, zur Verwunderung seiner Anhänger, für die westliche Metropole Paris. Am 16. Oktober 1978 kam er in der französischen Hauptstadt an. Mit der Wahl seines langjährigen Gegners zufrieden, glaubte der Schah, ein für allemal für Ruhe gesorgt zu haben. Doch mit dieser Einschätzung lag er falsch. Mit der Ausweisung *Khomeinis* aus dem Irak trat die Revolution in ihre entscheidende Phase.

Von Paris aus verstärkte der **Revolutionsführer** seine politischen Forderungen nach Abschaffung der Monarchie noch einmal. Es gelang ihm sogar, seinen Einfluß auf das Volk weiter zu festigen. Journalisten und Kamerateams aus aller Welt belagerten sein Haus in dem Pariser Vorort Neauphle-le-Chateau. Nun war er nicht mehr darauf angewiesen, seine Botschaften an das iranische Volk mühsam mit Hilfe von Tonbändern zu verbreiten. Nun konnte er seine Forderungen direkt in die Fernsehkameras hineinsprechen, deren Bilder dann auf der ganzen Welt und auch im iranischen Fernsehen zu sehen waren. Er forderte in Fernsehen und Radio den Sturz der Monarchie, und das gesamte Volk vernahm es. Mit der Ausweisung *Khomeinis* aus dem Irak erreichte der Schah genau das Gegenteil dessen, was er beabsichtigt hatte. Die Revolution erhielt weiteren Auftrieb.

Erwartungen an die Revolution

"Ajatollah Imam Chomeini ist unser Oberhaupt, und seine Forderungen sind unsere Forderungen. Diese Demonstration ist Ausdruck unseres Vertrauens, das aus tiefstem Herzen kommt und sich ihm bis heute mehrmals bewiesen hat. Sie ist Ausdruck der herzlichsten Dankbarkeit des islamischen kämpfenden Volkes im Iran für sein Oberhaupt und auch für die übrigen Moslemführer."[42]

In den Wintermonaten 1978/79 steuerte die revolutionäre Bewegung im Iran ihrem Höhepunkt entgegen. Der Kampf gegen den Schah wurde inzwischen von fast allen Bevölkerungsschichten und politischen Gruppierungen unterstützt. Ob Kommunisten, Sozialisten, Liberale, Geistliche oder Intellektuelle, sie alle riefen zur aktiven Teilnahme an Demonstrationen und Streiks auf. Die verschiedenen Gruppierungen gingen jedoch mit unterschiedlichen, teils sogar gegensätzlichen Erwartungen in den Kampf, geeint nur durch den gemeinsamen Wunsch, den **Sturz des Herrschers** und die Beseitigung der Monarchie herbeizuführen.

Obwohl zu diesem Zeitpunkt längst bekannt war, daß *Ayatollah Khomeini* nach der Ablösung der Monarchie die Errichtung einer Islamischen Republik anstrebte, ordneten sich schließlich auch die bürgerlichen Politiker und die Intellektuellen der Führung des übermächtigen Geistlichen unter. Das vorrangige Ziel vor Augen, maß man der Neuordnung des Landes in postmonarchistischer Zeit nicht allzuviel Bedeutung zu. Einige Politiker unterschätzten ganz offensichtlich die Ernsthaftigkeit mit der *Khomeini* seine Vorstellungen eines zukünftigen Iran vorantrieb und hofften, bei der Neuverteilung der Macht kräftig mitmischen zu können. Die gemäßigten Parteien rechneten sicherlich damit, ihre Interessen, also Errichtung einer parlamentarischen Demokratie, nach der Revolution durchsetzen zu können. Nur so ist zu erklären, daß sie in der Endphase des Kampfes schwiegen, anstatt nachhaltig für eine Demokratisierung des Landes einzutreten.

Die **Gruppe der Geistlichen** war in zwei Lager gespalten. Eine Aufwertung des Islam erhofften alle Mullahs. Ihr vorderstes Ziel war es, der Religion die bedeutende Rolle, die sie jahrhundertelang im Leben der iranischen Muslime gespielt hatte, erneut zuzuweisen. Die Gemäßigten unter den Geistlichen waren jedoch lange Zeit zu einer Kompromißlösung mit dem Schah bereit. Sie strebten auch gegen Ende der Revolution, als die Absetzung des Königs nur noch eine Frage der Zeit schien, noch keine weltliche Macht für sich selbst an. Jahrhundertelang galt der Schiismus als Religion der Märtyrer, der unterdrückten Muslime, die auf die Rückkehr ihres Imam warteten. Sie waren auch weiterhin bereit zu warten. Nicht so der radikalere Teil der Geistlichen, der schon früh die Forderungen *Ayatollah Khomeinis* vorbehaltlos unterstützte.

Auch unter den Intellektuellen des Landes wurde die Rolle, die der Islam im künftigen Iran spielen könnte, viel diskutiert. Diese Kreise lehnten die blinde Nachahmung des Westens ab und forderten eine Rückbesinnung auf den Islam und seine Werte. Großen Anklang unter Jugendlichen und Studenten fanden die Schriften *Ali Schariatis*, der der Religion eine neue, moderne Rolle zuweisen wollte. Er rief seine Anhänger dazu auf, gegen die Unterdrückung und die Ausbeutung durch imperialistische Mächte zu kämpfen. Gleichzeitig mißfiel ihm die Unterwerfung der Geistlichen unter die Politik der verschiedenen Königs-Dynastien im Land. Das Warten auf den verborgenen Imam müsse endlich ein Ende haben, jetzt sei die Zeit des Handelns gekommen, um die Probleme des Landes zu lösen. 1977, noch vor Ausbruch der Revolution, die er mit seinen Ideen zum Teil vorbereitet hatte, starb **Schariati.** Die Umstände seines Todes sind nicht geklärt, es wird vermutet, daß er einem Anschlag der SAVAK zum Opfer fiel.

Der Schah hatte etliche Gegner im Land, doch *Khomeini*, der Geistliche im Exil, trat am radikalsten auf. Viele andere Gruppierungen, die sich für eine Demokratisierung des Landes und für die Zurückdrängung des ausländischen Einflusses einsetzten und mit diesen Zielen durchaus den Vorstellungen der Bevölkerung entsprachen, vertraten ihre Interessen jedoch viel zurückhaltender. Damit gelang es ihnen nicht, die demonstrierenden Menschen auf der Straße zu überzeugen. Zudem waren die verschiedenen bürgerlichen Parteien untereinander zerstritten und konnten sich nicht auf ein gemeinsames Programm einigen.

Der Unentschlossenheit der Parteien war es zu verdanken, daß es *Ayatollah Khomeini* in so kurzer Zeit gelingen konnte, die Massen für seine **politischen Forderungen** zu gewinnen. Die Revolution vereinte Menschen fast aller Bevölkerungsschichten des Iran, die sich mit den unterschiedlichsten Hoffnungen und Erwartungen an den Demonstrationen beteiligten. Die einen erwarteten eine Demokratisierung, die anderen eine Islamisierung. Die verarmten Massen jedoch erhofften sich in erster Linie eine Verbesserung ihrer wirtschaftlichen Situation. *Khomeini* versprach alles. Doch zunächst mußte der Schah gestürzt werden. Das Schah-Regime war den Menschen verhaßt, und Khomeini schien der einzige sowohl unter den Geistlichen als auch unter den oppositionellen Politikern zu sein, der wirklich gewillt war, das Land von seinem absoluten Herrscher zu befreien. So waren es nicht nur die verarmten Massen, die *Khomeini* zujubelten, sondern auch die Intellektuellen, die Studenten, die Frauen.

Der Schah und seine Frau Soraya nach der Hochzeit

In Paris äußerte sich der Revolutionsführer über seine Vorstellungen der postmonarchistischen Zeit im Iran und gab etliche Versprechen, die nicht nur die Unterschichten anzogen. Er versprach eine Demokratie mit **Rede- und Meinungsfreiheit** und mit politischen Parteien. Und er versprach sogar die **Gleichberechtigung** zwischen Mann und Frau. Die Botschaften, die er verkündete, waren vielversprechend, so daß die meisten Menschen ihm vertrauten. Es gab sogar einige, die *Khomeini* für den verschwundenen zwölften Imam hielten, der nun aus seiner Verborgenheit auftauchte, um den gerechten Staat zu errichten. Gegen solche Verehrung konnte natürlich kein weltlicher Politiker ankommen. Er selbst hat sich zwar nie als Imam bezeichnet, aber auch nichts dafür getan, den Mythos zu zerstören.

Dem größten Teil der Anhänger *Khomeinis* waren seine wahren Absichten zu dieser Zeit noch nicht bekannt, zumal der Revolutionsführer im französischen Exil in aller Deutlichkeit erklärte, daß kein Geistlicher ein politisches Amt übernehmen werde. Seine wirklichen Ziele, die Errichtung des Gottesstaates, verkündete *Khomeini* von Paris aus noch nicht. Er sprach von einer Islamischen Republik, nicht aber vom Gottesstaat. Seine Schriften waren im Iran während der Schahzeit verboten, so daß nur wenige Menschen mit seiner Gedankenwelt vertraut waren.

Auf einer Demonstration in Teheran im Dezember 1978, an der drei Millionen Menschen teilgenommen haben sollen, wurde eine wahrscheinlich von *Khomeini* veranlaßte Erklärung verkündet, in der zum erstenmal öffentlich ausgesprochen wurde, daß nach dem Sturz der Monarchie eine Islamische Republik unter der Führung *Khomeinis* errichtet werden solle. Von dieser Entwicklung wurden die weltlichen Politiker sicherlich überrascht. Wenn ihnen die Erklärung auch mißfallen haben mag, sie schwiegen, und das Volk jubelte. Alle verfolgten den Sturz *Mohammad Reza Schahs,* und gemeinsam erreichten sie ihr Ziel.

Flucht des Schah – Rückkehr Khomeinis

"Das iranische Volk wünscht nicht nur die Absetzung des Schah und die Abschaffung der Monarchie. Das Volk wird seinen Kampf bis zur Gründung der Islamischen Republik, der einzigen Garantie für Freiheit und Gerechtigkeit, fortsetzen!"[43]

Zu Beginn des Jahres 1979 nahm die Islamische Revolution ein erfolgreiches Ende. Der Schah hatte jeden politischen und militärischen Rückhalt im Land verloren. Die Armee war am Auseinanderbrechen und nicht mehr bereit, gegen die eigenen Leute vorzugehen. Als sich abzuzeichnen begann, daß der Schah seinen Platz räumen würde, wurde *Ayatollah Khomeini* bereits als zurückgekehrter **zwölfter Imam** gefeiert. Denn *Khomeinis* alleiniges Verdienst war es letztendlich, diese Entwicklung durch sein unnachgiebiges Auftreten herbeigeführt zu haben. Ganz spontan verliehen ihm die Gläubigen den Titel *"Imam"*. Am 12. Januar 1979, zu einer Zeit, als sich der Schah noch im Iran aufhielt, gründete der Revolutionsführer von Paris aus den *"Islamischen Revolutionsrat"* - eine **provisorische Regierung,** die sich um die Neuordnung im Land kümmern sollte.

Als im Laufe des 16. Januar 1979 bekannt wurde, daß *Mohammad Reza Schah* fluchtartig das Land verlassen habe, liefen die Menschen auf die Straßen und feierten den Erfolg ihrer Revolution und den Beginn einer neuen, besseren Zeit. Kurz vor seiner **Flucht ins Ausland** berief der Schah noch schnell eine neue Regierung unter Beteiligung oppositioneller Politiker ein, die jedoch nicht lange Bestand hatte. Mit der Flucht des Schah ermöglichte dieser die Rückkehr *Ayatollah Khomeinis* aus dem Exil. Bei seiner Ankunft in Teheran wurde der Geistliche nach gut 15 Jahren Exil als Retter des Landes gefeiert. Den Sieg der Revolution hatte das Volk gemeinsam errungen. Es herrschte grenzenlose Begeisterung im ganzen Land, die erst allmählich wich, als sich herauskristallisierte, daß *Khomeini* andere Pläne als die Errichtung einer Demokratie nach westlichem Muster verfolgte.

Islamische Republik Iran

"Das Volk will eine islamische Republik, keine bloße Republik, auch keine demokratische Republik und auch keine demokratische islamische Republik, sondern nur eine islamische Republik."[44]

Da die Macht *Khomeinis* Anfang 1979 noch nicht gefestigt war, mußte er zunächst mit den bürgerlichen Politikern zusammenarbeiten. Bereits drei Tage nach seiner Ankunft in Teheran ernannte er den Ingenieur *Mehdi Bazargan* zum Premierminister und beauftragte ihn mit der Bildung einer **Übergangsregierung.** Einige Posten wurden mit Anhängern *Khomeinis* besetzt. Von Anfang an gab es Differenzen zwischen beiden Lagern, da sie unterschiedliche Ziele verfolgten.

Der Premierminister und der bürgerliche Teil der Regierung stuften die Bekämpfung der mißlichen ökonomischen und sozialen Lage weiter Teile der Bevölkerung, deretwegen die Revolution schließlich entfacht worden war, als besonders dringlich ein. *Bazargan* schwebte die Beibehaltung kapitalistischer Wirtschaftsformen bei zurückgedrängtem ausländischem Einfluß vor. Doch gelang es ihm nicht, sich gegen den fundamentalistischen Flügel seiner Regierung durchzusetzen. Der Kreis der treuen Khomeini-Anhänger war ausschließlich an der Islamisierung sämtlicher Lebensbereiche interessiert und stellte wirtschaftliche und soziale Reformen hintenan.

Am 30. März 1979 fand eine **Volksbefragung** über die zukünftige Staatsform des Landes statt. Einige Oppositionspolitiker, die bereits zu diesem frühen Zeitpunkt ihre ganzen Hoffnungen enttäuscht sahen, riefen zum Boykott auf. Doch die Massen waren noch immer begeistert über die Rückkehr *Khomeinis.* Die Befragung endete mit einem großen Erfolg für den Revolutionsführer. 20 Millionen Wahlberechtigte stimmten für die Errichtung einer **Islamischen Republik,** nur 140.000 dagegen. Die "Islamische Republik Iran" wurde proklamiert, und *Khomeini* war seinem Ziel, dem Gottesstaat, nur zwei Monate nach seiner Rückkehr aus dem Exil bereits einen gewaltigen Schritt näher.

Trat *Khomeini* öffentlich auf, prangerte er die Unmoral in der Gesellschaft an und forderte die Islamisierung sämtlicher Lebensbereiche. Mit Nachdruck bekräftigte er, daß die Säuberung der Gesellschaft von westlichen Einflüssen sein erklärtes Ziel sei. In der Islamischen Republik habe sich alles der Religion unterzuordnen. Anstatt den Menschen zu erklären, wie die wirtschaftliche Misere im Land zu beheben sei, erzählte er ihnen, daß die Islamisierung Vorrang vor allen anderen Problemen habe. Entbehrungen im diesseitigen Leben würden im Paradies entlohnt. Die Abstimmung des gesamten Lebens der Gläubigen auf ihre Religion schien wirklich das einzige zu sein, für das sich *Khomeini* interessierte. Mit Äußerungen dieser Art ging er auf Konfrontationskurs zum Premierminister. Die Übergangsregierung *Bazargan* mußte letztendlich an diesen unüberwindbaren Gegensätzen scheitern.

Der von *Khomeini* in Paris ernannte **Revolutionsrat** arbeitete in der Zwischenzeit im Untergrund an der Machterweiterung der Ulama. Man grün-

dete die Organisation der *Pasdaran* (Wächter der Revolution), die die Aufgabe hatte, in den iranischen Städten für die Einhaltung der islamischen
Gebote zu sorgen. Außerdem wurden islamische Revolutionsgerichte eingerichtet, die unabhängig von der weltlichen Justiz arbeiteten und von den
Revolutionswächtern aufgegriffene "Übeltäter" nach islamischen Gesetzen
bestraften.

Verfassung der Islamischen Republik

"Es ist eine Angelegenheit der Bevölkerung, ihre fähigen und vertrauenswürdigen Kandi-
daten zu wählen und die Verwaltung des Landes in ihre Hände zu legen. Ich selbst werde keinerlei Aufgaben übernehmen. Ich werde als Beobachter dem Volk zur Seite stehen und meine religiösen Ämter wahrnehmen."[45]

Eine vom Volk gewählte Expertenversammlung hatte die Aufgabe, eine
neue Verfassung auszuarbeiten. Aufgrund von massiven Wahlmanipulatio-
nen saßen fast ausschließlich khomeinitreue Mullahs in der Versammlung,
die nun daran ging, den Gottesstaat und die **absolute Herrschaft für die
Ulama** zu legitimieren. Am 2. und 3. Dezember 1979 wurde die neue Verfassung dem Volk zur Abstimmung vorgelegt und angenommen.

Nachdem die Verfassung durch das Volk bestätigt war, konnte *Khomeini*
an die Verwirklichung des Gottesstaates gehen, dessen rechtliche Voraussetzungen nun geschaffen waren. Die Verfassung erklärt den Islam, genauer den Zwölfer-Schiismus, zur **offiziellen Religion des Landes.** Die
Souveränität in der Islamischen Republik liegt bei Gott und nicht beim Volk,
das sich den Anordnungen Gottes zu unterwerfen hat. Gleichzeitig kehrt
das Land mit Inkrafttreten der Verfassung zum uneingeschränkten Islamischen Recht, also zu den im Koran manifestierten göttlichen Geboten, zurück. Nach schiitischem Glauben fungiert der Imam als Stellvertreter Gottes und übt auf seine Anweisung hin weltliche und religiöse Macht aus. Die
wichtige Frage, wer die Regierungsgewalt und die Leitung der Gemeinde
bis zur erwarteten Rückkehr des zwölften Imam, des einzig rechtmäßigen
Stellvertreters, innehat, wird in Artikel 5 der neuen Verfassung erklärt:

In der Zeit der großen Verborgenheit fallen die Aufgaben des entrückten
Imam einem religiösen Rechtsgelehrten zu, einem *Faqih*, der befähigt ist,
im Sinne des Islam mit Religiosität, Sachverstand und Gerechtigkeit zu ur-
teilen und zu regieren (Regierung des Experten – persisch: *velayat-e faqih*).
Er muß vom gesamten Volk vorbehaltlos als Führer anerkannt werden. Diese Berufung als Führer (*rahbar*) ist das höchste zu vergebende und mit der
größten Macht ausgestattete Amt in der Islamischen Republik Iran, das
über der Nationalversammlung und dem Staatspräsidenten steht. Findet
sich keine Person, die diesen Anforderungen gerecht wird, wird ein Füh-

rungsrat gewählt, der diese Aufgaben gemeinsam ausübt. Doch die Verfassung nennt *Ayatollah Khomeini* ausdrücklich als den vom ganzen Volk akzeptierten Führer der Islamischen Republik (Artikel 7). Damit verfügte der Revolutionsführer über die absolute Macht im Staat. Zwar kennt die Islamische Republik Gewaltenteilung, doch über allem steht der **religiöse Führer.**

Obwohl die Verfassung durch das Volk angenommen wurde, stand bereits zu diesem Zeitpunkt längst nicht mehr die gesamte Bevölkerung geschlossen hinter *Khomeini.* Die Beteuerungen des Ayatollah, die Geistlichen würden sich in Zukunft allein auf religiöse Aufgaben beschränken, erwiesen sich nun als leere Versprechungen. Vielmehr übernahmen die Ulama nicht nur politische Ämter, sie vereinnahmten die gesamte politische Macht. Zahlreiche Menschen, die die Revolution unterstützt hatten, waren enttäuscht, daß die alte Diktatur durch eine neue ersetzt worden war.

Als weitere Besonderheit der Islamischen Republik setzten der Führer und die Nationalversammlung den *"Überwachungsrat"* ein, der sich aus sechs schiitischen Schriftgelehrten und sechs weltlichen Juristen zusammensetzt. Er fungiert als **religiöse Kontrollinstanz** und hat die Aufgabe, die vom Parlament verabschiedeten Gesetze auf ihre Vereinbarkeit mit den Geboten des Islam und der Verfassung hin zu überprüfen.

Mit *Mohammad Banisadr* wurde ein weltlicher Politiker zum ersten Staatspräsidenten der Islamischen Republik gewählt. Ein letzter Funke Hoffnung für all jene, die noch immer an eine Demokratie glaubten. Ähnlich wie zuvor *Bazargan* versuchte er, politische und wirtschaftliche Reformen durchzusetzen. Doch ähnlich wie *Bazargan* hatte er keinen Erfolg damit. Er wollte sich keinesfalls blind dem Gottesstaat unterwerfen. Schließlich forderte er sogar die Bevölkerung dazu auf, Widerstand gegen die geistliche Herrschaft zu leisten. *Banisadr* war der letzte weltliche Politiker innerhalb der Regierung. Mit seiner Absetzung durch *Khomeini* am 22. Juni 1981 begann die absolute Herrschaft der Ulama.

Doch trotz der Erfolge für *Ayatollah Khomeini* war seine Macht nicht unumstritten. So wurde das Land immer wieder durch **Anschläge** erschüttert, denen wichtige Leute *Khomeinis* zum Opfer fielen. Es zeigte sich, daß ein Teil der Opposition bereit war, für die Freiheit zu kämpfen und bewaffneten Widerstand in allen Teilen des Landes zu leisten. Doch jeder Widerstand aus der Bevölkerung wurde niedergeschlagen, zahlreiche Regime-Gegner wurden hingerichtet. Nach und nach gelang es den Mullahs, die Opposition komplett auszuschalten. Die Mehrheit des Volkes stand schon bald nicht mehr hinter dem Revolutionsführer, doch Angst griff um sich, so daß ein breiter Widerstand ab dem Zeitpunkt, als die Regierung ihren repressiven Machtapparat gefestigt hatte, nicht mehr zustande kam.

Reislamisierung des Landes

Das goldene Grabmal der
Fatima-e Masumeh in Qom

"Wir müssen die Unmoral in unserer Gesellschaft ausrotten. Wir werden die gesamte Presse, den Rundfunk, das Fernsehen und die Kinos von der Unmoral
reinigen. Alles muß sich am Islam orientieren. Unsere Werbung muß islamisch
werden, unsere Ministerien müssen sich
in islamische Stützpunkte verwandeln,
unsere Gesetze müssen islamische Gesetze sein. Wir werden uns nicht darum
kümmern, ob dies dem Westen paßt
oder nicht."[46]

Wiedereinführung der Scharia

"Die Hinrichtungen im Islam sind ein Segen Gottes. Wenn der Wille Gottes vollstreckt wird, dann wird sich die Gesellschaft bessern. Wenn man vier Dieben in der Öffentlichkeit die Hände abhackt, dann wird das Rauben aufhören. Wenn man ein paar Prostituierte vor aller Augen auspeitscht, dann wird es keine Prostitution mehr geben. Das sind Krebsgeschwüre der Gesellschaft, die der Arzt herausoperieren muß, um Patienten retten zu können."[47]

Wie bereits oben angesprochen, war Ayatollah *Khomeini* mehr an der Islamisierung des Iran interessiert als an der Lösung der wirklichen Probleme des Landes. Nach der Lockerung der *islamischen Gesetze* während der Regierung der beiden Pahlawi-Schahs, die nach Ansicht *Khomeinis* zu der Unmoral in der Bevölkerung geführt hatte, stand nun die Wiederherstellung genau dieser Gesetze auf dem Programm. Bereits wenige Wochen nach seiner Rückkehr aus dem Exil verkündete er erste Maßnahmen zur Durchsetzung seiner moralischen Vorstellungen.

Seit Anfang des Jahrhunderts wurde Recht von weltlichen Gerichten gesprochen. Sie hatten die Scharia-Gerichte abgelöst, die zuvor jahrhundertelang für die Rechtsprechung verantwortlich waren. Mit der Abschaffung der weltlichen Gerichte nahm die Justiz im Iran nun die umgekehrte Entwicklung. Erneut stellte man die Justiz unter die Aufsicht der Geistlichen. Die Wiedereinführung der Scharia gab der Islamischen Republik die Handhabe zur Durchsetzung der *göttlichen Gebote.* Koran und Sunna bestimmten erneut das Strafmaß bei Gesetzesübertretungen, das nun häufig Auspeitschung oder Steinigung bedeutete.

Der islamische Staat nahm sich, göttliche Gesetze verkündend, das Recht heraus, sogar das Privatleben der Menschen zu kontrollieren. Innerhalb der Reislamisierung sämtlicher Lebensbereiche wurden westliche Verhaltensweisen, die ein Teil der Bevölkerung der Mittel- und Oberschicht angenommen hatte, kriminalisiert und verfolgt. Es wurde sogar ein "Ministerium für moralisches Verhalten" eingerichtet. Wer bei diesem Ministerium in Ungnade fällt, hat beispielsweise Schwierigkeiten, einen Studien- oder Arbeitsplatz zu bekommen.

Selbstverständlich schaffte der neue Staat auch die Verbesserungen der Stellung der Frau ab, die *Mohammad Reza Schah* 1967 eingeführt hatte, weil sie zutiefst den islamischen Geboten widersprachen. Zum 1. Mai 1979 wurde das Heiratsalter der Mädchen von 18 auf 13 Jahre herabgesetzt und die Einschränkung bezüglich der Polygamie aufgehoben. Nun darf sich ein Mann wieder mit vier Frauen verheiraten, ohne Einspruchsmöglichkeit seitens seiner ersten Ehefrau.

Erneute Geschlechtertrennung

"Unsere Feinde wollten die Frauen von ihren Kindern trennen. Sie haben sie in den Büros und Behörden beschäftigt, nicht um die Arbeit zu verbessern, sondern um die Ämter in Freudenhäuser zu verwandeln und die Kinder von dem Schoß ihrer Mütter zu trennen."[48]

Seit Beginn der Islamischen Revolution Anfang 1979 hat sich das öffentliche Leben im Iran stark verändert. *Khomeini* sah in der erneuten Trennung der Geschlechter sowie der Verhüllung der Frauen die Lösung zur Vermeidung allen **sündigen Verhaltens.** Spielten Geschlechtertrennung und Verschleierung im vorrevolutionären Iran bei einem großen Teil der Bevölkerung eine nur untergeordnete Rolle, wurden nun Gesetze zu ihrer Durchführung erlassen. Nach und nach wurden Maßnahmen eingeleitet, um Männer und Frauen in allen Bereichen der Öffentlichkeit, in Ämtern, Schulen, Universitäten, Restaurants, voneinander zu trennen, damit die schwachen Männer im täglichen Leben nicht ständig durch den Anblick von Frauen sündigen Gedanken ausgesetzt sind.

In den ersten drei Jahren der Reislamisierung befaßten sich mehrere Gesetze mit der Verschleierung der Frau in der Öffentlichkeit. Den Anfang machte *Khomeini* am 8. März 1979, als er erklärte, daß weibliche Angestellte im öffentlichen Dienst ab sofort nur noch mit Kopftuch oder Schleier bei der Arbeit erscheinen dürften. Tausende arbeitende Frauen aus den Großstädten des Landes gingen auf die Straßen, um gegen diese Verordnung zu demonstrieren.

Frauen aus verschiedenen Schichten hatten mit sehr unterschiedlichen Erwartungshaltungen an den **Protestaktionen** gegen den Schah teilgenommen. Während der Revolution bildeten sie eine Einheit, die sofort nach dem Sturz des Königs abbröckelte. So wurden parallel zu den Demonstrationen gegen den Schleierzwang sofort Gegendemonstrationen organisiert von Frauen, die für die Einführung der Kleiderordnung plädierten. Doch zunächst erzielten die Schleier-Gegnerinnen einen kleinen Erfolg, der jedoch nur von kurzer Dauer war. Die zwangsweise Verschleierung wurde im Juli 1980 endgültig durchgesetzt. Erneute Demonstrationen brachten keinen Erfolg. Die betroffenen Frauen standen vor der Wahl, sich der Verordnung zu beugen oder ihre Arbeitsstelle im öffentlichen Dienst zu verlieren.

In anderen Bereichen des öffentlichen Lebens bekamen die Frauen keinen Aufschub gewährt. Bereits ab dem 8. Juni 1979 durfte keine Frau mehr ohne islamische Kleidung irgendeine staatliche Institution (Ministerium, Universität oder Schule) betreten. An den Eingängen bewachten "Revolutionsgarden" die Einhaltung der islamischen Bedeckung. Diese Verordnungen wurden nach und nach auf das gesamte öffentliche Leben ausgedehnt. Zunächst kamen öffentliche Einrichtungen wie Banken und Postämter hinzu, und sogar größere Supermärkte wurden nicht ausgespart. Der Schlußpunkt wurde im Laufe des Winters 1981/82 gesetzt, als die Verschleierungspflicht zunächst auch die im Privatsektor tätigen Frauen erreichte und schließlich auf alle Frauen, die sich in der Öffentlichkeit aufhalten, erweitert wurde. Seither gibt es in der Öffentlichkeit keinen Freiraum mehr für Frauen, die sich den religiösen Vorschriften nicht beugen wollen. Bei der **Mißachtung der Gesetze** können Auspeitschung oder Gefängnisstrafe drohen. Damit gingen die Gesetze der Islamischen Republik sogar noch über die Gesetze der Scharia hinaus. Denn nirgends in Koran oder Sunna steht geschrieben, daß eine Frau bestraft werden müsse, wenn sie sich unverschleiert auf der Straße zeigt.

Die Bestimmungen über das Tragen der islamischen Bedeckung gilt seit dieser Zeit nicht nur für muslimische Frauen, sondern auch für christliche, jüdische und zoroastrische Frauen iranischer Staatsbürgerschaft. Sogar Ausländerinnen, die im Iran leben, und Besucherinnen, die sich nur kurze Zeit im Land aufhalten, sind von diesen Maßnahmen betroffen. Hierin besteht ein genereller Unterschied zu anderen islamischen Ländern, in denen sich Frauen anderen Glaubens nicht verschleiern müssen, es sei denn, sie besuchen eine Moschee. Im April 1983 wurde ein Gesetz verabschiedet, das bei Mißachtung der **islamischen Kleiderordnung** eine Gefängnisstrafe von bis zu einem Jahr vorsieht. Im Iran herrscht Islamisches Recht, und laut Koraninterpretation schiitischer Geistlicher ist die Verschleierung der Frauen islamisches Gesetz. Und damit begeht jede Frau, die die iranische Kleiderordnung mißachtet, nicht nur eine Sünde, sondern auch einen Gesetzesverstoß.

Islamische Kleiderordnung

"Wir versichern, daß in unserer künftigen Republik alle Frauen in der Wahl ihres Berufes, ihrer Tätigkeit und selbstverständlich auch in der Wahl ihrer Kleidung, unter Berücksichtigung gewisser Bestimmungen, völlig frei sein werden."[49]

Alles, was sich außerhalb der eigenen Wohnung, des eigenen Hauses oder des Hotelzimmers abspielt, gehört zur Öffentlichkeit und unterliegt den hierfür vorgesehenen Regeln. Verlassen werden darf der Privatbereich nur unter Beachtung der islamischen Kleiderordnung, die für Männer und Frauen, aber in besonderem Maße für letztgenannte etliche Bestimmungen enthält. Für Männer besteht eigentlich nur eine Regel: Sie dürfen keine kurzen Hosen tragen.

Nach der heute gültigen Kleiderordnung ist es für Frauen Pflicht, ihre Haare und ihren Körper zu bedecken. Doch ist es den Frauen freigestellt, auf welche Art sie sich verschleiern. Zur Auswahl stehen ein langer Mantel und Kopftuch oder der *Tschador* (läßt sich ganz treffend auch mit Zelt übersetzen), ein großes schwarzes Tuch, das Kopf und Körper umhüllt und bis zum Boden reicht. Zusammengehalten wird der Umhang mit beiden Händen. Der ebenfalls meist dunkelfarbige Mantel *(Manto)* muß extrem weit geschnitten sein, um darunter jegliche Körperformen verschwinden zu lassen. Dazu wird ein großes Kopftuch *(Russaro)* oder eine Art Kapuze *(Maghnae)* getragen. Die Kopfbedeckung sollte alle Haare sowie die Halspartie abdecken. Mit einer langen Hose oder dicken Strümpfen wird die Garderobe komplettiert. Unbedeckt bleiben dürfen lediglich Gesicht und Hände, mit der Einschränkung allerdings, sich nicht zu schminken oder Nagellack aufzutragen. Es wird von den iranischen Frauen nicht verlangt, ihr Gesicht vollständig zu verhüllen, und der Reisende wird, im Unterschied zu anderen islamischen Ländern, keine Frauen mit Gesichtsschleier sehen. Mädchen bis zum Alter von etwa sechs, sieben Jahren müssen sich noch nicht verschleiern, doch sowie sie in die Schule kommen, haben sie sich ebenfalls der Verschleierungspflicht unterzuordnen.

Vorgeschrieben wurde zu Beginn der Reislamisierung nicht nur die Art der Kleidungsstücke, die in der Öffentlichkeit zu tragen waren, sondern auch ihre Farbe. Erlaubt waren einzig dunkle Töne, der *Tschador* in schwarz, Mäntel, Kopftücher und Kapuzen in schwarz, grau oder dunkelblau. Gut 20 Jahre später wird die Kleiderfrage in bezug auf die Farben nicht mehr ganz so streng gesehen. Zwar überwiegen weiterhin dunkle Töne, doch zahlreiche Iranerinnen bevorzugen nun Mäntel in Bordeaux, Dunkelgrün oder Ockergelb. Sogar der *Tschador* muß nicht mehr aus schwarzem Stoff gefertigt sein. Etliche Frauen bedecken ihren Körper nun mit dezenten Blümchenmustern auf helleren Stoffen.

Wächter der Revolution

Innerhalb der Politik der Reislamisierung bilden die Verschleierung der Frauen und die Wiederherstellung der Geschlechtertrennung im öffentlichen Leben eine wichtige Rolle. Der Reisende wird im gesamten Iran keine Frau ohne Verschleierung in der Öffentlichkeit antreffen. Eine Ausnahme bilden Wüstengegenden, wo zahlreiche Nomaden leben, die sich im Gegensatz zur städtischen Bevölkerung sehr bunt kleiden und fern ab von Teheran die Gesetze aus der Hauptstadt nicht allzu ernst nehmen.Doch im städtischen Bereich sieht man wirklich keine Frau in der Öffentlichkeit, die die Kleiderordnung grob mißachten würde. Auch hält sich die Bevölkerung weitgehend an die Geschlechtertrennung. Welche Maßnahmen ergreift die Regierung, um die islamischen Gesetze durchzusetzen?

Zur Belehrung wurden Schilder an Plätzen oder in Parkanlagen aufgestellt, Graffiti an Hauswänden und Mauern angebracht oder Plakate in Schulen und Behörden angeheftet. Umrißzeichnungen zeigen Frauen mit *Hijab*, das heißt mit ordentlicher Verschleierung. Parolen folgender Art geben die Richtung an, nach der sich die Frau zu verhalten hat:

"Meine Schwester, dein Hijab ist meine Ehre!"
"Hijablosigkeit der Frau, Ehrlosigkeit des Mannes!"
"Schwester, hilf mir, daß deine Hijablosigkeit mich nicht mit Sünde besudelt!"
"Hijablosigkeit ist Verwestlichung, und Verwestlichung ist Hurerei!"
"Was wollen die Frauen, die ohne Hijab auf die Straße gehen, anderes, als sich zum Kauf anbieten!" [50]

Kleiderordnung für die Teheraner Schülerinnen vom Herbst 1980

Vorgeschrieben ist nicht nur die Art der zu tragenden Kleidung, sondern auch die Farbe: dunkelblau, grau, braun.

Aus: Monika Schuckar, Der Kampf gegen die Sünde - Frauenbild und Moralpolitik in der Islamischen Republik, Gießen 1983

Bereits im Jahr 1979 wurde das *"Tribunal zum Kampf gegen die Sünde"* gegründet, um unter Gewaltanwendung die islamischen Gesetze in der iranischen Bevölkerung durchzusetzen. Dieses Tribunal ist von der Polizei und der Justiz des Landes unabhängig. Es verfügt über eine eigene *"Moralpolizei"*, eine eigene **religiöse Gerichtsbarkeit** und auch über eigene Gefängnisse.

Seit Etablierung der Islamischen Republik durchstreifen Einheiten einer direkt nach dem Umsturz gegründeten Revolutionsgarde, die sich *Pasdaran* (Wächter der Revolution) nennt, die iranischen Städte, mit der Aufgabe, all jene "Sünden" zu bekämpfen, die es während der Schahzeit zuhauf zu bemängeln gab. Sie überwachen zu Fuß oder im Auto die Straßen und Plätze der Städte, um für die Einhaltung der islamischen Gesetze zu sorgen, das heißt auch Einhaltung der Kleiderordnung und der Geschlechtertrennung. Wer sich nicht danach richtet, läuft Gefahr, aufgegriffen und verhaftet zu werden. Besonders in den ersten Jahren nach der Revolution wurden die **Kontrollen** mit unnachgiebiger Härte durchgeführt. Schon das Herausschauen einiger Haarsträhnen, ein dezent geschminktes Gesicht oder bunte Kleidung konnten die Aufmerksamkeit der Revolutionswächter erregen. Frauen wurden, je nach "Vergehen", belehrt, verwarnt oder auch verhaftet und ausgepeitscht.

Zwischen den Geschlechtern hat in der Öffentlichkeit kein unerlaubter Körperkontakt stattzufinden, kein Handgeben, keine flüchtige Umarmung, kein Kuß, nicht einmal unter Ehepaaren. Besonders für nicht miteinander verheiratete Männer und Frauen ist es mitunter gefährlich, sich zusammen in der Öffentlichkeit aufzuhalten, im Park spazierenzugehen oder im Restaurant etwas zu essen. Jeder nichteheliche sexuelle Kontakt gilt als Ehebruch und ist verboten. Die Straffreiheit, die während der Schahzeit für Geschlechtsverkehr unter Ledigen gegolten hat, ist vom neuen Strafrecht natürlich wieder aufgehoben worden. Nach Islamischem Recht darf sich eine Frau nur mit Ehemann, Vater oder Bruder in der Öffentlichkeit zeigen. Aufgabe der *Pasdaran* ist es, Paare oder kleinere Gruppen von Männern und Frauen auf ihre Verwandtschaftsverhältnisse hin zu überprüfen. Stellt sich im Verhör heraus, daß sie sich unerlaubterweise zusammen gezeigt haben, droht die **Verhaftung.** Kann Unzucht zwischen Ledigen nachgewiesen werden, werden sie verwarnt, ausgepeitscht oder auch zwangsverheiratet. Auf Ehebruch steht nach dem gültigen Strafrecht die Steinigung, auf Unzucht zwischen einem nicht-muslimischen Mann und einer muslimischen Frau ebenfalls die Todesstrafe für beide Beteiligte.

Die Bekämpfung von *Zina* ist das wichtigste Anliegen des Tribunals. Weitere Aufgaben bestehen in der Bekämpfung von Alkoholgenuß und Glücksspiel. Der Besitz pornographischer Bücher, Zeitschriften und Filme ist verboten wie überhaupt der Besitz westlicher Spielfilme und westlicher Musik.

Zahlreiche Angehörige der *Pasdaran* sind in Zivil unterwegs und so nicht immer zu erkennen. In allen Bereichen des öffentlichen Lebens, auch in den Verkehrsmitteln, können ständig "Wächter der Revolution" lauern. Und dazu gehören eben nicht nur junge Männer, sondern auch Frauen.

Seit dem Tode *Khomeinis* und dem Regierungsantritt *Rafsandchanis* im Jahr 1989 haben die Kontrollen der *Pasdaran* etwas nachgelassen, und die strengen islamischen Gesetze wurden ein wenig gelockert. Doch bedeutet das nicht, daß die Frauen seither die Kleiderordnung vernachlässigen dürften. Die Kontrollen der Revolutionswächter in den iranischen Städten werden mal strenger, mal lockerer gehandhabt. Im kalten iranischen Winter kommt es weitaus seltener zu Vernachlässigungen der Kleidervorschriften, denn bei Minustemperaturen ist es ja recht angenehm, einen dicken und auch langen Mantel zu tragen, und auch gegen eine Kopfbedeckung ist nicht viel einzuwenden. In den Sommermonaten bei Temperaturen über 40 Grad kostet es die Frauen schon etwas mehr Überwindung, das Kopftuch fest zu binden. Sowie die Kopftücher zahlreicher Frauen weiter nach hinten rutschen, verstärkt die *Pasdaran* ihre Kontrollen. Und dann werden auch wieder Frauen auf der Straße angehalten, ihre Kopftücher zurechtzurücken oder ihre geschminkten Gesichter abzuwischen. Trotz allem, die Bevölkerung nimmt sich in den letzten Jahren durchaus mehr Freiheiten heraus.

Keramikornamente an der Freitagsmoschee in Isfahan

Das Programm der Reislamisierung des Landes geht natürlich weit über Verschleierung und Geschlechtertrennung hinaus, die ja eigentlich nur (für einen Teil der Bevölkerung lästige) Äußerlichkeiten darstellen. Die Reislamisierung geht tiefer, setzt schon bei der Erziehung der Kinder und Jugendlichen an. Große Veränderungen hat es im Bereich Bildungswesen gegeben. Der gesamte Bereich des Bildungswesens mit Schulen und Universitäten mußte umstrukturiert, die Lehrpläne und auch die Lehrkräfte den neuen Gegebenheiten im Iran angepaßt werden.

Veränderungen im Schulsystem

"In den Dörfern können wir die gemischten Schulen auf keinen Fall auflösen. Ich bin der Meinung, daß gemischte Volksschulen unproblematisch sind. Allein in Teheran fehlen 750 Schulen, außerhalb der Hauptstadt sind es über 2000. Wir werden nicht zulassen, daß unsere Kinder zum Spielzeug der Fundamentalisten werden."[51]

Während der revolutionären Unruhen im Januar und Februar 1979 blieben die Schulen des Landes geschlossen. Gleich nach ihrer Wiedereröffnung am 20. Februar 1979 setzte die Islamisierung des Schulwesens ein. Die erste Maßnahme bestand in dem teilweisen Austausch des Lehrpersonals.

Schulklasse in Schiraz

112

Lehrkräfte, die mit dem Schah sympathisiert hatten, durften in der Islamischen Republik nicht weiterunterrichten. Geduldet wurde nur, wer bereit war, seinen Unterricht nach den neuen ideologischen Grundsätzen zu gestalten. Bereits in den ersten Monaten nach dem Umschwung kam es zu zahlreichen **Lehrerentlassungen,** andere gingen freiwillig. Dadurch kam es in der Folgezeit natürlich zu Engpässen in den Schulen, da nicht sofort ebenso qualifiziertes islamisches Lehrpersonal nachrücken konnte. Dieses mußte erst ausgebildet werden. Doch nicht nur Lehrer verließen die Schulen. Etliche Schüler der Gymnasien, die ihren Unmut über die islamische Regierung öffentlich zum Ausdruck gebracht hatten, trauten sich aus Angst vor Verfolgung nicht mehr in den Unterricht.

Als nächste islamische Maßnahme wurde die Geschlechtertrennung in den Schulen durchgeführt. Das gemeinsame Unterrichten von Mädchen und Jungen in der Grundschule war unter Geistlichen stets umstritten, so daß man nun die **gemischten Schulen** auflöste und reine Mädchen- und Jungenschulen einrichtete. An den Mädchenschulen durften nur Frauen unterrichten, an den Jungenschulen nur Männer. Da es aber an Lehrkräften im allgemeinen und an weiblichen im besonderen sowie an Schulgebäuden mangelte, blieb die Schulbildung der Mädchen teilweise auf der Strecke. In kleineren Städten, in denen es nur ein Schulgebäude gab, wurde "selbstverständlich" eine Jungenschule eingerichtet.

Ein großes Problem, das schnellstens gelöst werden mußte, stellten die während der Schahzeit benutzten **Schulbücher** dar. Die Bücher aller Jahrgangsstufen mußten überarbeitet und zum Teil sogar komplett neu geschrieben werden. Besonders Geschichtsbücher, die die Herrschaft und die Person des Schah verherrlichten, waren nun nicht mehr gefragt. Bei naturwissenschaftlichen Büchern dagegen wurde der Stoff überwiegend übernommen, es mußte nur das Foto vom Schah auf der ersten Seite mit dem Bild des Revolutionsführers überklebt werden.

Bereits zu Beginn des neuen Schuljahres 1979 wurden erste Schulbücher neu herausgegeben. Neben dem inhaltlichen Abändern des Lehrstoffes bestand ein wesentlicher Unterschied zwischen den alten und neuen Schulbüchern darin, daß abgebildete Mädchen und Frauen nun islamische Kleidung trugen. Eine weitere Veränderung des Lehrstoffes bedeutete die Einführung des Arabischen als erste Fremdsprache für alle Schüler bereits in der Grundschule.

Veränderungen in den Universitäten

Schwieriger gestaltete sich die Neuordnung der Universitäten. Die zum Zweck der Islamisierung vorgesehene Schließung der Lehrstätten führte zu Protestaktionen der Studenten. Da sich die Universitäten im ganzen Land schnell als Stätten des **Widerstandes** gegen die islamischen Fundamentalisten herauskristallisierten, beabsichtigte man mit ihrer Schließung eine Schwächung der verschiedenen an diesem Ort organisierten politischen Gruppierungen. Mit dieser Maßnahme sollte verhindert werden, daß diese Gruppen einen zu großen Einfluß auf die gesamte Studentenschaft gewinnen und vielleicht für größere Unruhen sorgen könnten. Ein weiterer Grund für die Schließung lag, wie bei der Umstrukturierung der Schulen, in der Islamisierung von Lehrstoff und Lehrpersonal. Etliche Professoren verließen in dieser Zeit den Iran. Einige Fächer mußten im Sinne des Islam vollständig geändert werden.

Zahlreiche Studenten, die mitten im Studium oder kurz vor ihrem Abschluß standen, waren nicht bereit, sich mit der Schließung der Universitäten abzufinden. Bei den Auseinandersetzungen um die Räumung zwischen Studenten und Soldaten gab es im April 1980 Tote und Verletzte auf seiten der Studenten. Schließlich mußten sie aufgeben, ohne jede Chance, die Schließung zu verhindern.

Erst im Herbst 1984 wurden die Universitäten wieder geöffnet. Die meisten der weiblichen Lehrkräfte waren entlassen worden. Die **Zulassungsbedingungen** für alle Studenten und zu allen Studiengängen enthielten jetzt eine zusätzliche Prüfung im Fach Religion, gleichzeitig zeigten sich viele Fächer inhaltlich umstrukturiert. Zu einigen Fächern wurden keine Frauen mehr zugelassen.

Die Anzahl der weiblichen Studenten sank drastisch und betrug im Eröffnungsjahr gerade einmal 10 % aller Studenten. Tschadortragen ist Pflicht, zuweilen wird der Hörsaal durch einen Vorhang in zwei Bereiche unterteilt. Frauen sollen möglichst nicht gesehen und am besten auch nicht gehört werden. Haben sie eine Frage, wenden sie sich schriftlich an ihren Professor. Die beiden letztgenannten strengen Maßnahmen wurden in der Zwischenzeit wieder aufgehoben, und der Lehrbetrieb an den iranischen Universitäten läuft heute einigermaßen normal ab, wenn man es als normal bezeichnen will, daß die Studentinnen sich während der Veranstaltungen in die hinteren Reihen zu begeben haben. Der Anteil weiblicher Studenten ist gestiegen (auf etwa 25 %), und es gibt inzwischen auch wieder weibliches Lehrpersonal.

Der Krieg

Gestorben für den wahren Islam:
Märtyrer des Iran-Irak-Krieges

"Ich gehe so oft an die Front und kämpfe, bis ich den Märtyrertod finde. Ihr, junge Menschen hütet euch vor dem Tod im
Bett, da Hussein auf dem Kampfplatz gestorben ist."

"Gott, ich zittere vor Freude, weil Du
mich dadurch, daß meine Wenigkeit die
Möglichkeit bekommen hat, den Islam
und den Koran zu verteidigen, geehrt
hast."[52]

115

Am 22. September 1980 begann der acht Jahre während, von den iraki-schen Streitkräften entfachte Golfkrieg. *Saddam Hussein* glaubte sich in ei-ner guten Ausgangsposition gegen die Islamische Republik, die durch den Umsturz und die Veränderungen im eigenen Land geschwächt schien. Die Armee des Schah, teilweise von den Amerikanern ausgebildet, war ausein-andergefallen, die neue Armee noch ohne jede Erfahrung. Mit dem überra-schenden Angriff auf das Nachbarland wollte *Saddam* einen Warnschuß in Richtung *Khomeini* abgeben, der versucht hatte, den schiitischen Teil der irakischen Bevölkerung gegen die Regierung aufzuhetzen.

Er hatte jedoch nicht mit der Ausdauer *Khomeinis* gerechnet, der es, ge-nau wie während der Revolution, verstand, die iranische Bevölkerung für seine Sache zu begeistern. Er bezeichnete den Krieg mit den vermeintli-chen Glaubensbrüdern aus dem Irak als **Glaubenskrieg** (*dschihad*) und weckte damit die schiitische Leidensgeschichte. Es ging um die Wiederho-lung der Geschichte, um den Märtyrertod *Husains*, der im Kampf gegen sunnitische Muslime gefallen war. Deshalb wurden den Angehörigen gefal-lener Soldaten Glückwünsche statt Beileidsbezeugungen übersandt.

Auch die Schulen ließen sich für den Kampf gegen den Irak einspannen. Der Krieg zog sich immer mehr in die Länge, und das Land benötigte im-mer neue Soldaten. So waren die Lehrer angehalten, kräftig Propaganda für den Krieg zu machen, um Schüler für den Militärdienst zu gewinnen. Al-so wurde erneut die Geschichte des dritten Imam, *Husain*, propagiert und den jungen Schülern schmackhaft gemacht, als Märtyrer für das Vaterland in den Tod zu gehen, für den einzig wahren Islam. Es meldeten sich viele freiwillig. Verzweifelte Eltern, die über ausreichende finanzielle Mittel vefüg-ten, schickten ihre minderjährigen Söhne zu Verwandten ins westliche Aus-land. Denn ohne große Ausbildung hatten die Kindersoldaten kaum eine Überlebenschance. Doch zum Überleben waren sie auch nicht in den Krieg gezogen. Ihr Testament, in dem sie erklärten, daß sie stolz darauf sind, als **Märtyrer** für den gerechten Islam zu sterben, unterzeichneten sie vor ihrem militärischen Einsatz. Sie hatten die Aufgabe, in vorderster Front mitzulaufen, um die Minenfelder zu entschärfen! Dann erst wurde die ei-gentliche Armee geschickt. Den Kindern wurde ein Plastikschlüssel um den Hals gehängt, mit dem sie nach Eintreten des Märtyrertodes sodann die Pforten zum Paradies aufschließen sollten. Diese Kinder sind wirklich als Märtyrer für ihren Glauben gestorben.

Erst 1988, nachdem über eine Million Soldaten auf beiden Seiten den Tod gefunden hatten und sich weiterhin etliche Millionen auf der Flucht aus den Kriegsgebieten befanden, kam es zu einem Waffenstillstand zwischen den beiden Kriegsgegnern, unter Beibehaltung ihrer alten Landesgrenzen.

Die neunziger Jahre –
die Zeit nach Khomeini

Der Tod Ayatollah Khomeinis

Ayatollah Khomeini hat als Führer *(rahbar)* der Islamischen Republik zehn Jahre lang über eine ungeheure Macht verfügt. Und noch zu Lebzeiten machte er sich Gedanken über seine Nachfolge. Bereits 1985 designierte der Revolutionsführer seinen ehemaligen Schüler *Ayatollah Montazeri* zu seinem Nachfolger im Amt des *Rahbar*. Doch dieser schien ihm im Jahr 1989 nicht mehr geeignet. Da auch ein anderer Kandidat, der seine gesamten Aufgaben hätte ausfüllen können, nicht in Sicht war, schien es ihm ratsam, das Amt des *Rahbar* aufzuteilen. Im Zuge einer Verfassungsänderung wurde die Position des *Rahbar* geschwächt und gleichzeitig die Position des Staatspräsidenten mit mehr Macht ausgestattet. Der Staatspräsident sollte die Leitung der Regierung übernehmen. Das Amt des *Rahbar* sollte in zwei Aufgabenbereiche, religiöse Autorität und revolutionäres Führeramt, aufgeteilt werden.

Noch bevor die Verfassungsrevision abgeschlossen war, starb *Ayatollah Khomeini* am 3. Juni 1989. Einen Monat später wurde die Änderung verabschiedet. Die Expertenversammlung wählte *Ali Khameini* zum neuen *Rahbar*, *Ayatollah Araka* zur religiösen Autorität *(mardscha'iyyat)*. Die in *Khomeinis* Person vereinigte politische und geistliche Autorität wurde damit auf zwei Personen verteilt. *Ali Akbar Haschemi Rafsandchani* wurde neuer Staatspräsident.

Die Portraits Beheshtis und Khomeinis an einer Moschee in Isfahan

Die neunziger Jahre

Was hat die Revolution letztendlich dem Volk gebracht? Schon bald haben zumindest Teile der Bevölkerung erkannt, worum es *Khomeini* wirklich ging. Durch die Errichtung des Gottesstaates wurde das Volk in seinen Hoffnungen enttäuscht. Demokratie und Freiheit hat es nicht gegeben, einen wirtschaftlichen Aufschwung auch nicht. Die wirtschaftliche Lage im Land ist schlimmer denn je zuvor, hinzu kommt eine gewaltige Inflation. Die Diktatur des Schah wurde durch die Diktatur der Geistlichen abgelöst. *Ayatollah Khomeini* konnte oder wollte seine zahlreichen Versprechungen aus Pariser Zeiten im Iran nicht einlösen.

Doch wird das Volk mit der Regierung der Geistlichen leben müssen. Die politische Opposition im Land wurde bereits in den ersten Jahren der Republik ausgeschaltet, eine ernstzunehmende neue Opposition hat sich danach nicht mehr formieren können. Alle wichtigen politischen Ämter sind schon lange mit schiitischen Geistlichen besetzt. Zudem sorgen Polizei, Geheimdienst *SAVAMA*, Revolutionsgarden sowie *Hezbollahi* (Kämpfer Gottes) dafür, daß ein möglicher Widerstand gar nicht erst entsteht. So scheint die Herrschaft der Geistlichen nicht in Gefahr. Doch welche Teile der Bevölkerung unterstützen noch die Politik der geistlichen Regierung?

Die Massen der Landflüchtigen, die nach dem Scheitern der Landreform verstärkt in die Städte gezogen waren, haben die revolutionäre Bewegung von Anfang an getragen. Diese Menschen, die auch in den Städten keine Besserung vorfanden, unterstützten die Politik des *Ayatollah* bis zu seinem Tod. Sie sind die einzige Bevölkerungsgruppe, Arbeiter, untere Angestellte, Slumbewohner, die heute noch mehrheitlich hinter der Politik der Regierung stehen.

Politische Veränderungen deuteten sich mit den Präsidentschaftswahlen im Mai 1997 an. Eine Wiederwahl des amtierenden Präsidenten *Rafsandchani* war durch die iranische Verfassung ausgeschlossen.

Die Regierungspartei favorisierte den Parlamentspräsidenten *Nateq Nuri*. Mit dieser Vorentscheidung der Konservativen nicht einverstanden, schickten die Linksislamisten den ehemaligen Kulturminister *Seyyed Mohammad Chatami* ins Rennen, der sich 1992 aus der Politik zurückgezogen hatte. Völlig überraschend konnte der 54 Jahre alte Geistliche die Wahl mit über 70 % der Stimmen deutlich für sich entscheiden.

Chatami konnte vor allem Jüngere und Frauen an die Wahlurne locken. Sie erhofften sich größere Meinungsfreiheit, Schutz der Privatsphäre, Gleichberechtigung der Frauen und bessere Arbeitsbedingungen für Künstler, Wissenschaftler und Intellektuelle. Mit der Ernennung einer Frau, *Massumeh Ebetkar,* zur Vizepräsidentin, löste er sein erstes Wahlversprechen ein.

Familie & Gesellschaft

Privatbereich und Öffentlichkeit nach der Islamischen Revolution

Der Wüste Lut abgerungen – Ausläufer der Stadt Kerman

Durch das politische Auf und Ab in diesem Jahrhundert hat sich das Leben im Iran für die Bevölkerung gleich mehrmals grundlegend gewandelt. Doch die Politik der jeweiligen Machthaber hat zu keiner Zeit alle Bevölkerungsgruppen gleichermaßen erreicht. Der Verherrlichung des Westens durch die *Pahlawi-Schahs* folgte die Verteufelung des Westens durch *Khomeini.* Die beiden letzten iranischen Könige haben versucht, die Religion aus dem Leben der Bevölkerung zu verdrängen. Demgegenüber wollte *Khomeini* den Islam erneut zu dem alles bestimmenden Faktor im Iran machen. Reislamisierung hieß das Schlüsselwort für die Islamische Republik Iran. Zurück in der Heimat, verdammte *Khomeini* in etlichen Reden westliche Lebensformen als Inbegriff der Sünde und ließ sie im ganzen Land verfolgen.

Nicht alle Teile der Bevölkerung waren von den Maßnahmen zur **Reislamisierung** des Landes unmittelbar betroffen. Menschen, deren Leben vorher wie nachher im Öffentlichen wie im Privaten allein vom Islam und seinen strengen Geboten geprägt war, brauchten sich keine großen Sorgen zu machen. Ganz im Gegenteil, jetzt durften sie ihre Religiosität nach Jahrzehnten der Zurückhaltung wieder ganz offen zeigen. Für jene Teile der Bevölkerung dagegen, die nun "verwestlicht" beschimpft wurden, blieb nur der Rückzug ins Private. Der **Privatbereich** der Menschen im Iran ist in den letzten 20 Jahren allerdings gewaltig geschrumpft. Privatleben bei uns ist alles, was sich außerhalb des Berufslebens abspielt. Und Privatleben gibt es eben nicht nur im Privatbereich, sondern auch in der Öffentlichkeit. Während der freien Zeit unterliegen wir, auch wenn wir uns in der Öffentlichkeit aufhalten, keinen besonderen Verhaltensregeln und auch keinen Kleiderzwängen. Im Iran hingegen gibt es eine ganz klare Abgrenzung zwischen Privatleben und öffentlichem Leben. Privat in der Islamischen Republik ist wirklich nur das, was sich hinter verschlossener Haus- oder Wohnungstür abspielt. Nur hier unterliegen die Menschen keinerlei Zwängen. Wer diesen Bereich verläßt, hat sich den geltenden islamischen Gesetzen und Anordnungen zu unterwerfen. Die Maßnahmen *Khomeinis* bedeuteten die totale Kehrtwendung der Politik der *Pahlawis.*

Im Rahmen ihrer Reformpolitik hatten die beiden *Pahlawi-Schahs*, gerade im Hinblick auf die angestrebte Industrialisierung des Landes, das Ziel verfolgt, die **klassische islamische Rollenverteilung** (Frau – Haus, Mann – Öffentlichkeit) aufzuheben. Neben der Verdrängung des Islam zur eigenen Machterweiterung ging es auch darum, Frauen als Arbeitskräfte für die Wirtschaft zu gewinnen. Obwohl viele religiöse Menschen, Männer wie Frauen, nicht bereit waren, sich den neuen "westlichen Verhältnissen" anzupassen, zeigten sich die traditionellen Gesellschaftsformen Ende der siebziger Jahre doch zumindest teilweise aufgebrochen. Etliche Menschen in den Großstädten des Landes, vorrangig der oberen Schichten, kümmerten sich tatsächlich reichlich wenig um die alte Rollenverteilung. Die Frauen hatten Bereiche der Öffentlichkeit für sich erobert, die bislang eine Männerdomäne waren. Sie drängten massiv in Schule, Universität und Berufsleben und kamen hierbei verstärkt mit dem anderen Geschlecht in Berührung. Um dieser "Unmoral" entgegenzuwirken, setzte die Islamische Republik auf die erneute Trennung der Geschlechter im öffentlichen Raum sowie die Verschleierung der Frauen.

Khomeini sah es als seinen göttlichen Auftrag an, alle Einwohner des Iran dazu zu bewegen, getreu den Gesetzen des Islam zu leben. Doch Teile der Bevölkerung hatten sich inzwischen vollständig von ihrer Religion gelöst. Sie verspürten angesichts der unmittelbar nach der Rückkehr des Ayatollah erlassenen, vielfach als einengend empfundenen religiösen Gesetze keinerlei Neigung, dem Islam erneut einen wichtigen Platz in ihrem Leben einzuräumen. Die strenge Durchsetzung der islamischen Gebote in vielen Bereichen der Öffentlichkeit stimmte die Menschen, besonders jedoch die Frauen, dann doch recht schnell auf den neuen religiösen und politischen Kurs im Lande ein. Einige von ihnen versuchten, sich den neuen Gesetzen, solange es irgendwie ging, zu widersetzen. Doch da die Mißachtung der religiösen Vorschriften bald unter Strafe gestellt wurde, mußten sich schließlich alle beugen. Als letzter Ausweg vor der **Zwangsislamisierung** blieb nur die Emigration ins westliche Ausland, nach Europa und Amerika. Mehrere Millionen Iraner, darunter auch zahlreiche Akademiker und Facharbeiter, die dem Land bei der Lösung seiner wirtschaftlichen Probleme fortan fehlten, verließen ihre Heimat zu Beginn der achtziger Jahre.

Während also zahlreiche Iraner aus Angst vor Verfolgung fluchtartig das Land verließen, predigte *Ayatollah Khomeini* im Iran, wie es den traditionellen islamischen Vorstellungen entspricht, daß die höchste gesellschaftliche Position, die eine Frau erreichen könne, nach wie vor die der Ehefrau und Mutter sei. Ganz zurück ins Haus ließen sich die Frauen jedoch nicht mehr drängen. Daran war *Khomeini* auch gar nicht interessiert, eröffneten sich doch durch die Revolution und die Islamisierung des Landes neue Arbeitsbereiche, für die auch zahlreiche Frauen benötigt wurden. Doch die Einhaltung der islamischen Gebote auch am Arbeitsplatz, also Verschleierung der Frauen und Geschlechtertrennung in den Büros, für die sich in den Jahrzehnten zuvor niemand interessiert hatte, wurde nun zur Grundvoraussetzung für Frauen, die weiterhin oder auch zukünftig beruflich tätig sein wollten.

Allein für den Aufbau der *Pasdaran*, damals wie heute für die Überwachung der islamischen Gesetze in der Öffentlichkeit zuständig, benötigte man Tausende weiblicher Arbeitskräfte. In anderen Bereichen, in denen Frauen schon länger in qualifizierter Stellung tätig waren, hätte man eigentlich nicht auf sie verzichten können. Doch mit Beginn der umfassenden

Reislamisierung entschied nicht mehr die fachliche Qualifikation allein über eine Stellenbesetzung. Diejenigen Frauen, die nicht bereit waren, sich den neuen Gesetzen unterzuordnen, verloren ihren Arbeitsplatz oder hatten von vornherein keine Chance, ins Berufsleben einzusteigen.

Obwohl heute zahlreiche iranische Frauen in den Städten berufstätig sind, ist die Öffentlichkeit, und daran wird sich so schnell auch nichts ändern, noch immer ein den Männern vorbehaltener Bereich, selbst wenn er längst nicht mehr so stark in Männerhand ist wie noch vor 100 Jahren. Obwohl das Straßenbild im Iran, im Gegensatz zu manch anderem islamischen Land, nicht ausschließlich von Männern geprägt ist und sich auch zahlreiche Frauen in den Straßen, Parkanlagen und Restaurants aufhalten, deutet allein die ihnen aufgezwungene Verschleierung an, daß sie eigentlich in der Öffentlichkeit nicht erwünscht sind.

Die neuen religiösen Richtlinien wurden von der Bevölkerung natürlich ganz unterschiedlich aufgenommen. Obwohl ein sehr großer Teil der Iraner, unter ihnen auch zahlreiche, die die Revolution tatkräftig unterstützt hatten, die neuen Maßnahmen ablehnten, hielt die **Geschlechtertrennung** nach und nach in vielen Bereichen des öffentlichen Lebens Einzug: in Ämtern, in Schulen und Universitäten, in Restaurants und schließlich auch auf der Straße. Nach Beendigung des Golfkriegs (1980-1988) erhält das westliche Ausland den Eindruck, das Land öffne sich langsam wieder und gestatte seiner Bevölkerung nun mehr Freiräume. Doch der Eindruck täuscht. Zwar öffnet sich der Iran wieder, aber nur zur Wiederaufnahme von Wirtschaftsbeziehungen mit dem Ausland. Eine Lockerung der islamischen Gesetze ist nicht absehbar. In regelmäßigen Abständen erinnert die Regierung ihre Bevölkerung daran, die religiösen Gebote zu achten und nicht der Unmoral zu verfallen. Und immer wieder einmal läßt sie sich etwas Neues einfallen, um die Geschlechtertrennung in der Öffentlichkeit noch weiter auszubauen, bis es irgendwann vielleicht überhaupt keine Möglichkeiten mehr für Männer und Frauen gibt, sich außerhalb des weiteren Familienkreises kennenzulernen. War es während der Schah-Zeit für Männer und Frauen nicht besonders schwierig, sich irgendwo in der Öffentlichkeit kennenzulernen, werden heute vorwiegend große Familienfeste dazu genutzt, Kontakte zwischen den Geschlechtern zu knüpfen.

Es ist *Khomeini* und seinen Nachfolgern jedoch längst nicht gelungen, die gesamte Bevölkerung von ihren Ideen und Vorstellungen zu überzeugen. So begannen etliche Familien vor nunmehr fast 20 Jahren damit, ein neues Leben mit zwei Seiten zu führen, einer nach außen gerichteten und einer nach innen gewandten Seite. *Öffentlichkeit und Privatbereich* waren im islamischen Raum schon immer zwei Welten, die die verschiedenen Lebensbereiche von Mann und Frau voneinander abgrenzten. Im Iran nach der Revolution erfuhren diese getrennten Bereiche eine neue Bedeutung.

Für viele Menschen entwickelte sich ihr Zuhause zum einzig verbliebenen Freiraum, in dem sie ihr Leben nach eigenen Wünschen gestalten konnten. Die neuen Gesetze, die draußen zu beachten sind, zählen drinnen nicht. In der Zeit direkt nach der Revolution gab es aber auch diesen Privatraum nicht. Die staatlichen Kontrollorgane hatten das Recht, bei Verdacht Häuser und Wohnungen nach unislamischen Dingen zu durchsuchen.

Inzwischen hat sich vieles im Iran eingependelt, und der **Freiraum "Wohnhaus"** wird von der Regierung weitgehend akzeptiert. Die *Pasdaran* kontrolliert zwar weiterhin die Öffentlichkeit, hält sich jedoch im Privatbereich merklich zurück. So leben nun auch westlich eingestellte Menschen relativ unbehelligt in ihren Wohnungen, ohne ständig Angst haben zu müssen, kontrolliert zu werden. Was zu Hause passiert, geht also niemanden etwas an. Nach dieser Devise leben viele Menschen im Iran, die sich auch nach fast 20 Jahren Islamische Republik nicht vorschreiben lassen wollen, wie sie zu leben haben. Im Privatbereich wird nach wie vor von nicht wenigen Familien das Leben gelebt, das offiziell seit der Revolution aufgehört hat zu existieren.

Neben der Durchsetzung der islamischen Gebote hat der Iran nach wie vor auch mit Problemen ganz anderer Art zu kämpfen. Seit der Revolution hat sich die mißliche wirtschaftliche Lage großer Bevölkerungsteile weiter verschärft. Einer der Faktoren für diese Entwicklung sind die **steigenden Bevölkerungszahlen**, die, wenn sie nicht gebremst werden, zu einer Katastrophe führen können. Die Wachstumsrate der iranischen Bevölkerung lag in den achtziger Jahren durchschnittlich bei 3,9 %. So stieg die Bevölkerungszahl von 30 Millionen Einwohnern 1976 auf 56,9 Millionen im Jahr 1991.[53] Gleichzeitig sanken allerdings die Gewinne aus dem Erdölgeschäft durch die fallenden Erdölpreise von 20 Milliarden US-Dollar pro Jahr auf zehn Milliarden US-Dollar.[54]

Mitverantwortlich für die Bevölkerungsexplosion im Iran ist die Politik *Ayatollah Khomeinis*. Während der achtziger Jahre rief der Geistliche die iranischen Familien, im Hinblick auf den lang andauernden Krieg mit dem Irak, dazu auf, zahlreiche Kinder in die Welt zu setzen. Inzwischen hat man aber erkannt, daß das Land die **wirtschaftlichen Probleme,** die man nach dem Sturz des Schah-Regimes nicht in den Griff bekam, bei einer steigenden Bevölkerungszahl erst recht nicht wird lösen können. Schon sehr lange, eigentlich seit der "Weißen Revolution" 1963, ist die iranische Landwirtschaft, sowohl der Ackerbau als auch die Viehwirtschaft, nicht mehr in der Lage, den Nahrungsmittelbedarf der Bevölkerung zu decken. Steigen die Bevölkerungszahlen weiterhin so rasch, wird das Land gezwungen sein, noch mehr Nahrungsmittel zu importieren, um den Bedarf decken zu können. Außerdem wird die Arbeitslosigkeit, die ohnehin schon sehr hoch ist, weiter steigen.[55]

Inzwischen startet die Regierung Aufklärungskampagnen, in denen sie darauf hinweist, daß der Koran, trotz gelegentlich zu vernehmender anderslautender Meinungen, keine Einwände gegen *Familienplanung* habe. Es sprechen also keine religiösen Gründe gegen die Anwendung empfängnisverhütender Mittel. Der Aufruf zur Geburtenkontrolle ist kein leichtes Unterfangen, gilt Kinderreichtum im Islam doch seit jeher als göttliches Geschenk. So liegt die Kinderzahl besonders bei Familien auf dem Land nach wie vor viel zu hoch. Junge Familien gebildeterer Kreise wünschen sich dagegen meist nicht mehr als zwei oder drei Kinder. Es bleibt also abzuwarten, wie diese Kampagnen von der gesamten Bevölkerung aufgenommen werden.

Leben in der Stadt und auf dem Land

Nicht für alle Menschen war die Revolution mit umwälzenden Veränderungen verbunden. Das gilt besonders für die Menschen auf dem Land. Bis in das 20. Jahrhundert hinein hat der überwiegende Teil der Bevölkerung auf dem Land und von der Landwirtschaft gelebt. Erst in den sechziger Jahren kam es zu einem explosionsartigen Anstieg der städtischen Bevölkerung. Mit dem Scheitern der Landreform versuchten viele Menschen ihr Glück in der Stadt. Wohnten Mitte der sechziger Jahre nur 38 % der Bevölkerung in den Städten, waren es 1990 bereits 56,7 %.[56] Das Leben in der Stadt und auf dem Land war seit jeher von starken Gegensätzen geprägt.

All die Veränderungen, die sich in diesem Jahrhundert für die städtische Bevölkerung ergeben haben, gingen an der *Landbevölkerung* weitgehend vorbei. Die Menschen auf dem Land sind viel stärker in ihren religiösen und kulturellen Traditionen verwurzelt. Wenn auch inzwischen alle iranischen Dörfer Strom und damit viele Familien einen Fernseher haben, so läuft das Leben doch größtenteils in traditionellen Bahnen ab. Die klassische Rollenverteilung von Mann und Frau in der islamischen Gesellschaft ist noch weitgehend intakt. Die Frau akzeptiert den Mann als Oberhaupt und Versorger der Familie und fügt sich gleichzeitig in die ihr zugedachte Rolle als Ehefrau und Mutter. In der Erfüllung dieser Aufgaben wird ihr, von Männern und Frauen gleichermaßen, die höchste gesellschaftliche Achtung entgegengebracht, während Berufstätigkeit von Frauen auf dem Land häufig noch mit Skepsis betrachtet wird. So war es schon vor 100 Jahren und auch während der Zeit der Pahlawi-Schahs: Eltern schickten ihre Töchter mit 12, 13 oder 14 Jahren in eine Ehe, in der sie sechs, acht oder auch zehn Kinder bekamen. Heute liegt das Heiratsalter etwas höher, die Kinderzahl etwas niedriger, aber im Grunde ist alles noch beim Alten. Wenn eine Frau auf dem Land andere Ziele verfolgt, hat sie es auch heute noch schwer, nicht nur weil ihr Mißtrauen entgegengebracht wird, sondern auch weil einfach die Möglichkeiten fehlen.

Die Landbevölkerung hat von der Reformpolitik der Pahlawi-Schahs nicht viel mitbekommen. Die Aufhebung der Geschlechtertrennung hat so gut wie nicht stattgefunden und die Verwestlichung überhaupt keinen Einfluß auf die ländliche Gesellschaft ausgeübt. Auf dem Land waren "westliche Vergnügungen" wie Kinos oder Restaurants gänzlich unbekannt. Die Kinder, Jungen wie Mädchen, hatten kaum die Möglichkeit, nach der Grundschule eine höhere Schule oder gar die Universität zu besuchen. Die "Armee des Wissens", die auf dem Land Dorfschulen gründete, hatte nicht den gewünschten Erfolg. So blieb die Analphabetenrate der ländlichen Bevölkerung bis zur Revolution fast unverändert hoch.[57]

Als die geistliche Regierung nach ihrer Machtübernahme im Iran antrat, die Gesellschaft von ihren Sünden zu befreien, und Säuberungsaktionen im ganzen Land durchführen ließ, gab es in den Dörfern längst nicht so viel zu tun wie in den Städten. Auf dem Land war die Pasdaran folglich weniger aktiv als in den Städten.

Da sich das Leben *in den Großstädten* nach dem Umsturz nur scheinbar veränderte, viele Familien aber insgeheim so weiterlebten wie zuvor, waren und sind die "Wächter der Revolution" in städtischen Gebieten stets wachsam. Die Pasdaran durchstreift noch heute bei Tag und Nacht die Straßen der Städte, um für die Einhaltung der islamischen Gebote zu sorgen. Wer es mit den Gesetzen nicht ganz so genau nimmt, läuft praktisch ständig Gefahr, aufgegriffen zu werden. In der Anfangszeit der Islamischen Republik waren die Kontrollen auf den Straßen besonders scharf. Immer wieder wurden Frauen oder auch junge Paare von der *Pasdaran* festgenommen, weil sie die islamischen Gebote vernachlässigten oder sogar mißachteten. Inzwischen haben die Kontrollen etwas an Schärfe verloren, und die Vernachlässigung der Kleiderordnung wird nicht immer geahndet.

Und wieder zurück aufs Land: Schon während der letzten Regierungsjahre *Mohammad Reza Schahs* stand es mit der iranischen *Landwirtschaft* nicht zum Besten. Die wirtschaftliche Situation der Bauern hat sich allerdings auch in den fast 20 Jahren seit dem Machtwechsel nicht entscheidend verbessert. Noch immer hat es eine Landreform, die doch so dringend nötig wäre, nicht gegeben. Durch die landschaftlichen Gegebenheiten mit großflächigen Wüsten und Gebirgen ist nur ein kleiner Teil der Landesfläche landwirtschaftlich nutzbar. Seit der "Weißen Revolution" ist diese Anbaufläche sogar noch gesunken. Der Grund hierfür liegt in dem unterirdisch verlaufenden Bewässerungssystem, das schnell versandet und unbrauchbar wird, wenn man es nicht sorgfältig wartet. Des weiteren sind moderne landwirtschaftliche Geräte, die den Arbeitsprozeß erleichtern würden, nach wie vor Mangelware. Größtenteils wird die Landwirtschaft noch heute mit einfachstem Gerät oder sogar mit der Hand betrieben, was natürlich keine hohen Erträge und damit kaum Gewinnspannen ermöglicht. So blieb der Lebensstandard auf dem Land ziemlich niedrig. Dank der staatlichen Subventionierung einiger Grundnahrungsmittel hungert zwar niemand im Iran, doch leben viele Familien nahe dem Existenzminimum.

Ein sehr gegensätzliches Bild bietet sich in den Großstädten des Landes. Hier leben viele Familien, meist in den Randbezirken, mehr schlecht als recht und haben mit den Problemen einer hohen Arbeitslosigkeit zu kämpfen. Aber hier leben auch wohlhabende Familien. Der Iran bietet für diejenigen, die es sich leisten können, jeden nur erdenklichen *Luxus.* Alle möglichen westlichen Markenartikel von Lebensmitteln bis zu Elektro-Geräten sind auf dem iranischen Markt zu haben, allerdings zu einem stolzen Preis. Für den größten Teil der Bevölkerung sind diese eingeführten Waren unerschwinglich, aber es gibt genügend Iraner, die jeden Preis zahlen können.

Trotz aller Säuberungsaktionen seitens des Staates ließen sich die westlichen Einflüsse auf das Leben der Iraner nie gänzlich ausschalten. Vielmehr blüht der Schwarzmarkt für "religiös verbotene Artikel" mehr denn je. Alle westlichen Luxusartikel, die es früher ganz legal zu kaufen gab, gibt es auch weiterhin, jedoch unter der Ladentheke.

Wie bereits angesprochen, wird die Geschlechtertrennung im städtischen Raum strenger kontrolliert als in ländlichen Gegenden. Die Trennung der Lebensbereiche von Frau und Mann läßt sich auf dem Land allerdings nicht immer einhalten. Während die Frauen in den Städten erst relativ spät das Arbeitsleben für sich entdeckten, mußten die Frauen in den Dörfern schon immer bei der **Landarbeit** kräftig mit anpacken. Mit der Versorgung von Haushalt und Kindern allein war es auf dem Land noch nie getan. Verschleierung und Geschlechtertrennung spielen während der gemeinsamen Landarbeit eine nur untergeordnete Rolle. Das Tragen des Tschador wäre bei der Pflanzung oder der Ernte auf dem Feld nur hinderlich.

Auch wenn die Frauen in der Erntezeit oder zu sonstigen Anlässen auf dem Feld mitarbeiten (manche besonders anstrengenden Tätigkeiten, wie zum Beispiel die Reispflanzung in kniehohem Wasser, gelten sogar als reine Frauenarbeit), ist der Mann alleine für das Geldverdienen verantwortlich, und es würde den Männern auf dem Land wahrscheinlich nicht in den Sinn kommen, daß ihre Frauen, wenn es auf dem Land Arbeitsmöglichkeiten gäbe, auch in einem Büro sitzen könnten. Sie sind für die Kindererziehung, für die Haushaltsführung und die Versorgung des Ehemannes verantwortlich. Das Haus ist ihr Bereich, in dem sie das Sagen haben, alles andere ist Männersache. Den Männern selbst obliegt die Entscheidung, ihren Ehefrauen die Berufstätigkeit zu gestatten oder zu verbieten.

Viele Frauen im Iran, besonders im städtischen Raum, sind mit der ihnen zugedachten Rolle der Ehefrau und Mutter nicht mehr vorbehaltlos einverstanden und streben mit ihrer Berufstätigkeit ein bißchen Unabhängigkeit an. Doch ist Unabhängigkeit für eine muslimische Frau nur bedingt möglich, da von Familie und Gesellschaft nicht geduldet wird, daß sie alleine wohnt. Wenn sie sich von ihrer Familie lösen will, muß sie heiraten. Doch damit heiratet sie in eine andere Familie ein. Die Frau wird nur im Familienverband akzeptiert. Und obwohl inzwischen zahlreiche iranische Frauen einem Beruf nachgehen, wird die **berufstätige Frau** auch in den Städten noch längst nicht als Selbstverständlichkeit betrachtet, auch von den eigenen Ehemännern nicht. Viele Männer, gerade aus religiösen Familien, akzeptieren die Berufstätigkeit ihrer Frauen nur, weil sie auf ein zweites Einkommen angewiesen sind. Andere Männer, die eine Berufstätigkeit ihrer Frau strikt ablehnen, müssen häufig zwei Jobs nachgehen, um ihre Familie durchzubringen. So sitzen manche tagsüber im Büro und fahren in den Abendstunden zusätzlich Taxi.

Berufstätige Frauen haben es doppelt schwer. Die meisten Familien betrachten die Versorgung des Haushalts und die Kindererziehung allein als Aufgabe der Frau, auch dann, wenn diese einer geregelten Arbeit nachgeht. So kommen nur wenige Ehemänner ihren arbeitenden Frauen im Haus entgegen. Sie erwarten vielmehr von ihnen, daß sie, trotz der Doppelbelastung, ihre Aufgaben im Haus zu keiner Zeit vernachlässigen. Dabei muß man bedenken, daß die Hausarbeit bei den meisten Familien im Iran wesentlich mehr Zeit in Anspruch nimmt als hierzulande, weil Haushaltsgeräte, die das Leben vereinfachen, fehlen. Doch zahlreiche Frauen nehmen diese Schwierigkeiten in Kauf und versuchen, ihr Privatleben mit ihrem Arbeitsleben zu koordinieren. Auf dem Land sind Berufsmöglichkeiten außerhalb der Landwirtschaft kaum gegeben und die Chancen, in einen qualifizierten Beruf im städtischen Raum einzusteigen, sehr gering.

Im Iran besteht allgemeine Schulpflicht bis zur achten Klasse. Das iranische **Schulsystem** unterscheidet drei schulische Stufen, die nach zwölf Jahren zum Abitur führen. Die Grundschule dauert fünf Jahre, die mittlere Schule drei Jahre und das Gymnasium noch einmal vier Jahre. Zwar besteht für jedes auf dem Land aufwachsende Kind die Möglichkeit, eine Grundschule zu besuchen, doch weiterführende Schulen gibt es nur im städtischen Raum. So ist ein großes Bildungsgefälle zwischen städtischer und ländlicher Bevölkerung zu beobachten. Zudem ist das Bildungsniveau in den Dorfschulen häufig sehr viel niedriger als in den Städten, so daß es schon vom Leistungsstand her schwerfällt, nach der Grundschule auf dem Land in eine städtische weiterführende Schule zu wechseln.

Erst in jüngster Vergangenheit hat sich die schulische Situation auch auf dem Land verbessert. Inzwischen sind zahlreiche neue Schulen errichtet und ausreichend Lehrpersonal ausgebildet worden. Andererseits sind viele Eltern nach wie vor gar nicht gewillt, ihren Kindern einen umfassenden Schulbesuch zu ermöglichen. Vielfach werden die Kinder schon früh auf dem elterlichen Hof eingespannt. Viele ärmere Familien können sich einen ausgedehnten Schulbesuch ihrer Kinder auch gar nicht leisten. In manchen Familien macht vielleicht der älteste Sohn Abitur, während die restlichen Kinder auf dem Hof mitarbeiten müssen.

Trotz allgemeiner Schulpflicht für Jungen und Mädchen haben die Mädchen noch weniger Chancen. Übertriebene **Bildung bei Mädchen** wird von Familien auf dem Land oft noch immer als überflüssig erachtet. Um sie auf ihre spätere Rolle als Hausfrau und Mutter gebührend vorzubereiten, werden sie von vielen Familien zeitig von der Schule genommen. Nach einer Statistik von 1989 besuchten praktisch 100 % aller iranischen Mädchen die Grundschule. Dieser Wert sank bei dem Besuch weiterführender Schulen jedoch auf unter 50 % ab.[58] Obwohl diese landesweit erhobenen Werte nicht zwischen städtischer und ländlicher Bevölkerung unterscheiden, dürfte klar sein, daß die knapp 50 % der Mädchen, die eine weiterführende Schule besuchen, nicht gerade auf dem Lande zu Hause sind.

Letztlich bleibt es trotz der Schulpflicht den Eltern überlassen, ob und wie lange sie ihre Töchter zur Schule schicken wollen. Die Schulbesuche werden staatlicherseits nicht überprüft, so daß Eltern ihre Töchter ohne irgendwelche Schwierigkeiten früh von der Schule nehmen und verheiraten können. Warum sollte der Staat auch Einwände haben, hat er doch selbst kurz nach der Machtübernahme das Heiratsmindestalter der Mädchen von 18 auf 13 Jahre gesenkt. So liegt die **Analphabetenrate** der weiblichen Bevölkerung noch immer deutlich über der der männlichen. Laut Statistik von 1987/88 waren 36,6 % der iranischen Bevölkerung Analphabeten. Aufgefächert nach den Geschlechtern, konnten allerdings 45,9 % der Frauen weder lesen noch schreiben. In den Städten lag die Analphabetenquote bei 26,1 %, auf dem Land bei 49,6 %. Von den Frauen auf dem Land waren sogar 61,2 % Analphabeten.[59] Der Iran steht mit seinen Bemühungen, seine Bevölkerung zu alphabetisieren, nicht schlechter, aber auch nicht besser da als zahlreiche andere islamische Staaten.[60]

Alles, was in diesem Abschnitt über die Landbevölkerung gesagt wurde, trifft in noch viel stärkerem Maße auf eine andere Bevölkerungsgruppe zu, die hier nicht unerwähnt bleiben soll. Noch heute leben im Iran mehrere Millionen **Nomaden**, die ganzjährig in Zelten wohnen und mehrmals im Jahr mit Zelt, Hausrat und Herde umziehen. Sie leben fast ausschließlich von der Viehzucht, und ihre jahreszeitlichen Wanderungen richten sich nach dem Futterangebot für ihre Tiere. Während der Regierungszeit *Reza Schah Pahlawis* ist der Versuch unternommen worden, die nomadische Bevölkerung seßhaft zu machen, um sie besser kontrollieren zu können. Dieses Vorhaben gelang nicht vollständig, und nach der Absetzung des Königs blühte das Nomadentum erneut auf. Insgesamt gesehen hat die nomadische Bevölkerung jedoch seit dieser Zeit beträchtlich abgenommen. Momentan gibt es keine Bestrebungen, die Nomaden an einem Ort fest anzusiedeln, und sie können in Ruhe ihr Leben führen.

Sie leben in ihrer eigenen Welt und haben sowohl von der Reformpolitik der Pahlawi-Schahs als auch von der Politik der Reislamisierung nicht viel mitbekommen. Ihr Leben ist zwar reich an Entbehrungen, aber dadurch, daß sie nicht fest an einem Ort leben, genießen sie auch gewisse Freiheiten. Islamische Gesetze, die in den Städten ganz streng und in den Dörfern zumindest hin und wieder kontrolliert werden, sind für sie weitgehend ohne Bedeutung. Wer könnte und wollte denn auch kontrollieren, ob irgendwelche Familien, die in der Wüste leben, wo sonst kaum jemand vorbeikommt, auf die Verschleierung ihrer Frauen achten? Die Nomaden haben ihre eigene bunte Tracht, die sich wohltuend von der dunklen Kleidung der Städter abhebt. Ebenso pflegen sie ihre eigenen Traditionen.

"Die Gebetsrufer rufen morgens, mittags und um die Vesperzeit von einem hohen Turm (Minarett) herab – entweder allein oder von Gehilfen unterstützt – mit möglichst lauter Stimme zum Gebet. Die eifersüchtigen Isfahaner lassen freilich die Gebetsrufer nur bis auf die Moscheedächer steigen mit der Begründung, sie könnten sonst von den Türmen herab die Frauen der Nachbarschaft beobachten."[61]

135

Die *iranischen Wohnhäuser*, ganz egal ob auf dem Land oder in der Stadt, sind stets von einer hohen Mauer umgeben, so daß sie von der Straße und auch von den Nachbarhäusern aus nicht einsehbar sind. Nach außen hin wirken sie abweisend und unterscheiden sich hierin auch kaum voneinander. So ist von außen nicht unbedingt ersichtlich, ob sich hinter der Mauer eine Villa mit Swimmingpool oder ein einfaches Wohnhaus verbirgt. Der Wohnbereich ist stets nach innen gerichtet. Häufig gruppieren sich verschiedene Gebäudetrakte um einen kleinen oder auch größeren Innenhof, in dem vielleicht ein paar Bäume stehen oder etwas Gemüse angepflanzt wird. Haus und Garten sind Privatbereich, wohin sich die Familien zurückziehen können und sich die Frauen unbeobachtet auch ohne Schleier bewegen. In traditionellen Familien spielt sich das Leben der Frauen vorwiegend in diesem Bereich ab.

Die Geschlechtertrennung im Iran war, bis zur Aufhebung durch *Reza Schah* Ende der zwanziger Jahre, nicht allein auf das öffentliche Leben beschränkt. Sie zog sich vielmehr bis in den Privatbereich hinein. Die Wohnhäuser waren unterteilt in einen **Männerbereich** (persisch: *birun* – außen) und einen **Frauenbereich** (persisch: *andarun* – innen). Der vorwiegend den Männern vorbehaltene Bereich lag im vorderen Teil, also im Eingangsbereich des Hauses, und enthielt Räumlichkeiten, in denen Gäste empfangen werden konnten. Der Bereich der Frauen lag im hinteren Teil des Hauses. Kamen Männer (Freunde oder auch Verwandte, die nicht zum ganz engen Familienkreis gehörten) zu Besuch, wurden diese im äußeren Bereich empfangen. Ihnen war der Zutritt zu dem Privatbereich der Frauen verwehrt. Andererseits hielten sich die Frauen des Hauses während der Anwesenheit des Besuchs nicht ohne Notwendigkeit im Männerbereich auf. Verließen die Frauen ihren Wohnbereich, um den männlichen Gästen einen Tee oder eine Mahlzeit zu servieren, hatten sie sich zu verschleiern. Sie waren für die Bewirtung zuständig und verschwanden dann meist wieder. Eine Zweiteilung des Wohnbereiches kannten und kennen natürlich auch andere islamische Länder. Die aus dem arabischen Sprachraum stammende Bezeichnung *"Harem"* für den Frauenbereich eines Hauses dürfte auch hierzulande geläufig sein.

Obwohl der überwiegende Teil der iranischen Familien die **Geschlechtertrennung** im Privatbereich inzwischen aufgegeben hat, läßt sich das System der Zweiteilung innerhalb des Hauses doch zumindest noch bei einigen religiösen und traditionell lebenden Familien beobachten. Allerdings verfügen nur wohlhabendere Familien über einen streng vom übrigen Haus abgegrenzten Bereich, in dem neben einem Empfangszimmer auch Arbeitszimmer oder eine Bibliothek untergebracht sein können. Ärmere Familien, die ohnehin mit wenig Raum auskommen müssen, nutzen meist nur einen kleinen Raum zum Empfang von Gästen. Kündigt sich Besuch an, ziehen sich die Frauen einen Tschador über oder verschwinden in der Küche. Einfamilienhäuser wurden früher meist so gebaut, daß der Gästebereich oder das Gästezimmer durch einen zweiten Eingang zu betreten war, Gäste also nicht erst durch das gesamte Haus dorthin geführt werden mußten. Ganz anders sieht es in den größeren Städten aus, wo zahlreiche Familien heutzutage nicht mehr in eigenen Häusern, sondern in kleinen Wohnungen inmitten großer Wohnkomplexe wohnen. In diesen Wohnungen läßt sich die räumliche Trennung nicht mehr durchführen.

In traditionellen Familien, besonders aber **auf dem Land**, wird auch heute noch innerhalb der Familie auf Geschlechtertrennung geachtet. Wenn in einer Großfamilie gemeinsam gespeist wird oder man abends bei einem Glas Tee zusammentrifft, sitzen die Männer zusammen in einer Ecke des Raumes und die gelegentlich sogar innerhalb der Familie in einen Tschador gehüllten Frauen in einer anderen Ecke. Selten entwickelt sich ein gemeinsames Gespräch, Männer und Frauen unterhalten sich meist nur untereinander. Doch ist eine solche Form des Familienlebens heute nur noch sehr selten vorzufinden. Mehrheitlich führen die iranischen Familien ein "gemischtes" Familienleben, wie wir es kennen. Dann sitzt die gesamte Fa-

Mittagessen in einer iranischen Familie

137

milie, Eltern und Kinder, gemeinsam beim Essen oder um den Fernseher. Kommen Verwandte vorbei, wird der Kreis größer. In den meisten Familien verschleiern sich die Frauen im eigenen Haus heute nicht mehr, auch wenn männlicher Besuch, der nicht zur Familie gehört, anwesend ist.

An dieser Stelle ein paar kurze Bemerkungen zur **herkömmlichen Wohnungseinrichtung** im Iran: Die meisten Familien haben ihre Häuser und Wohnungen denkbar einfach ausgestattet und verzichten größtenteils auf Mobiliar. So sind die Räume vielfach nur mit einem einzigen Möbelstück, einem Schrank oder einem Regal, ausgestattet. Bei zahlreichen Familien ist der Verzicht auf Möbelstücke vor allem eine finanzielle, aber auch eine räumliche Frage. Traditionell spielt sich das Leben der Iraner weitgehend auf dem Fußboden ab, der mit Teppichen ausgelegt ist. Zum Essen wird ein Tuch auf dem Boden ausgebreitet, um das man sich versammelt und das anschließend wieder weggeräumt wird. Zum Schlafen werden dünne Matratzen und Decken ausgerollt, die tagsüber in einem Schrank oder einer Ecke verstaut werden. Für verwöhnte Menschen aus Europa, die mit Tischen, Stühlen und Betten aufgewachsen sind, ist eine Wohnung ohne Möbel unvorstellbar, weil es doch einige Unbequemlichkeiten mit sich bringt. Neben der Kostenfrage ist es auch ein praktischer Grund, der für eine sparsame Möblierung spricht. Auf diese Weise läßt sich in Familien, die vielleicht nur über ein oder zwei Zimmer verfügen, der vorhandene Platz besser nutzen. So erfüllt ein jeder Raum gleich mehrere Funktionen. Aber auch Familien, die sich durchaus eine modernere Wohnungseinrichtung leisten könnten und auch über die nötigen Räumlichkeiten verfügen, verzichten teilweise darauf.

Ist es im Sommer durch die große Hitze in den Räumen unerträglich heiß, spielt sich das gesamte Leben im Garten oder Innenhof ab. Hier wird das Essen vorbereitet und auch gegessen. In den Sommermonaten ist es ganz praktisch, wenn eine Familie keine massiven Betten, sondern leichte Matratzen zum Schlafen benutzt. So macht es keine Schwierigkeiten, am Abend die Matratzen kurzerhand auf das Hausdach oder die Terrasse zu räumen und im Freien zu nächtigen. Dank der hohen Umfassungsmauern, die sich um die Wohnhäuser ziehen, bleibt die Familie unbeobachtet.

Doch nicht alle Familien richten ihre Wohnhäuser derart sparsam ein. Wie immer und überall im Iran zeigen sich auch beim Wohnen krasse Gegensätze zwischen den oberen und den unteren Gesellschaftsschichten. Und wer es lieber etwas moderner und bequemer mag und es sich leisten kann, richtet sich sein Haus oder seine Wohnung mit zahlreichen Möbeln ein. Allerdings neigt so manche iranische Familie dazu, ihre Räumlichkeiten mit Prunk auszustatten, von feinsten Teppichen über Stuckdecken bis zu barockisierten Möbeln, so daß die gesamte Wohnung überladen wirkt. In der Ausstattung einer Wohnung mit bequemen Polstergarnituren, Ses-

Windtürme bei Saveh

seln und Stühlen, dazu noch einer modernen Stereoanlage sowie einem Fernseher plus Videorecorder zeigt sich der westliche Einfluß auf besserverdienende Familien.

Eine Besonderheit, die heute fast nur noch an Wohnhäusern auf dem Land zu beobachten ist, sind **Windtürme**, ein Kühlsystem aus früherer Zeit, das aber noch immer gute Dienste leistet. Diese Türme sind heute noch in zahlreichen Dörfern anzutreffen, aber auch in der Wüstenstadt Yazd. Sie haben vor allem an Ortschaften in oder bei den großen Wüsten Verbreitung gefunden, in Gegenden also, in denen zu allen Jahreszeiten mit starken Winden zu rechnen ist. Die viereckigen Windtürme sind bis zu 20 Meter hoch und weisen an ihrem oberen Ende mehrere längliche Schlitze auf, in denen sich der Wind verfängt und nach unten geleitet wird, um die Wohnräume in den Sommermonaten durch eine leichte Brise einigermaßen zu kühlen. In größeren Ortschaften und Städten gibt es heute kaum noch Windtürme.

Häuser auf dem Land sind zudem auch heute noch häufig in der traditionellen Bauweise mit Mauern aus Lehm und einem Strohdach errichtet. Auch in einigen größeren Städten gibt es noch alte Viertel mit Lehmhäusern. Doch vielfach sind diese Viertel vom Verfall bedroht. Lehm ist nicht gerade das haltbarste Material, Wind und Wetter setzt ihm zu allen Jahreszeiten stark zu. Häuser in Lehmbauweise müssen daher ständig ausgebes-

139

sert und gepflegt werden. Doch werden sie von den Besitzern häufig nicht instand gehalten, die lieber an einer anderen Stelle mit moderneren Materialien neu bauen.

Großfamilie – Kleinfamilie

Traditionell leben die Iraner als Großfamilie mit **mehreren Generationen** unter einem Dach, Großeltern mit Kindern und Enkelkindern. Wenn die Kinder heiraten, bleiben die Söhne im allgemeinen zusammen mit ihren Ehefrauen im Elternhaus, während die Töchter in das Haus ihres Ehemannes und der Schwiegereltern ziehen. Unverheiratete Kinder bleiben im Elternhaus, unabhängig davon, wie alt sie sind. Auch wenn die Eltern bereits gestorben sind, werden unverheiratete Iraner immer ein Teil der Großfamilie bleiben. Ganz allein zu wohnen ist unüblich im Iran und nur in den Großstädten zu beobachten.

Für viele junge Paare wird die Entscheidung, nach der Hochzeit zunächst einmal im Haus der Eltern bzw. Schwiegereltern unterzukommen, aus finanziellen Gründen erwogen. Man hofft darauf, irgendwann einmal genügend Geld für ein eigenes Haus zusammengespart zu haben. Wenn die ältere Generation stirbt, schafft sie zwar Wohnraum für die nachwachsende Generation, viel Platz zum Leben bleibt den einzelnen Kleinfamilien innerhalb der Großfamilie dennoch nicht. Besonders in ärmeren Familien sind Eltern mit mehreren Kindern häufig gezwungen, mit ein oder zwei kleinen Räumen auszukommen, in denen sich dann ihr gesamtes "Privatleben" abspielt. Wenn sich, wie auf dem Lande durchaus üblich, die Eltern mit ihren Kindern sogar den Raum zum Schlafen teilen müssen, bleibt nicht die geringste Privatsphäre. Wird es einem Familienteil in dem gemeinsamen Haus zu eng, baut er, je nach Finanzen, vielleicht an das bestehende Haus ein paar Räume an, oder er baut auch ganz neu. Aber eine geräumige Wohnung mit einem getrennten Schlafzimmer für die Eltern und je einem für Söhne und Töchter können sich nur wenige Familien leisten.

Heute sind Großfamilien mit mehreren unter einem Dach lebenden Generationen vorwiegend **auf dem Land** vorzufinden, während diese alten Wohnstrukturen besonders in den Städten weitgehend verschwunden sind. Seit den sechziger Jahren ist zu beobachten, daß sich junge Ehepaare, besonders aus modernen Familien der oberen Schichten, immer häufiger von der Großfamilie lösen und in eine eigene Wohnung ziehen. Weg von der unruhigen Großfamilie, hin zur Kleinfamilie, in der nur noch Eltern und Kinder zusammenwohnen. Mit dem gewaltigen Anwachsen der iranischen Städte entstanden gleichzeitig neue Wohnviertel, in denen nicht mehr Einfamilienhäuser mit Gärten errichtet wurden, sondern Mehrfamilienhäuser mit kleineren Wohneinheiten.

In der Großfamilie zu leben hat Vorteile wie Nachteile. Der größte Vorteil liegt sicherlich darin, daß immer jemand da ist, der auf die Kinder aufpassen oder bei irgendwelchen Arbeiten mitanpacken kann. Doch dieser Vorteil kann auch ins Gegenteil umschlagen, denn man ist wirklich nie allein. Und wenn zahlreiche Menschen dicht aufeinander leben, sind Konfliktsituationen geradezu vorprogrammiert. So sind die Gründe dafür, daß junge Ehepaare getrennt von der übrigen Familie leben wollen, darin zu suchen, daß es innerhalb der Großfamilie überhaupt **keine Privatsphäre** gibt. Außerdem sind die meisten Ehen im Iran auch heute noch von den Eltern der Brautleute arrangiert. Vor der Hochzeit erhalten diese kaum die Gelegenheit, Liebe und Vertrauen aufzubauen, und nach der Hochzeit ist der Kreis der Großfamilie nicht so gut geeignet, diese Grundvoraussetzungen für eine glückliche und zufriedenstellende Ehe zu schaffen.

So ist der Wunsch vieler junger Paare nach einem eigenen Haus oder zumindest einer eigenen Wohnung nur allzu verständlich. Dennoch bedeutet das Loslösen von der Großfamilie nicht den Abbruch aller Familienkontakte. Der Zusammenhalt zwischen den einzelnen Familienteilen ist sehr viel größer als bei uns. Das Bedürfnis, allein zu sein, ist bei Menschen aus dem Iran, sofern sie noch in der Großfamilie aufgewachsen sind, längst nicht so ausgeprägt wie bei Menschen aus der westlichen Welt, die nur die Kleinfamilie kennen.

Heirat

Ein wichtiges Ereignis im Leben junger Iraner, auf das sie schon frühzeitig vorbereitet werden und zu dem nicht nur die gesamte Verwandtschaft, sondern auch Nachbarn und Freunde zusammentreffen, ist die Hochzeit. Sie wird häufig über mehrere Tage hinweg gefeiert. Da außereheliche Beziehungen an mehreren Stellen des Koran ausdrücklich verboten wurden, ist eine Ehe die einzige offizielle Möglichkeit für Männer und Frauen im Iran, zusammenzuleben. Je nach Gesellschaftsschicht ist die eigene Hochzeit häufig jedoch mehr für Männer eine Freude als für Frauen. Da auch heute noch zahlreiche Ehen im Iran von den Eltern der Brautleute arrangiert werden, ist der ausgesuchte Ehepartner, besonders für die Frauen oder auch die häufig noch sehr jungen Mädchen, nicht unbedingt der Traumpartner.

In früheren Zeiten war es durchaus üblich, bereits Kinder in ganz jungen Jahren miteinander zu verloben und einige Jahre später zu verheiraten. In vielen Fällen wurde zumindest die Frau überhaupt nicht gefragt, ob sie mit dem ausgewählten Ehemann einverstanden sei, obwohl der Prophet Mohammad in einigen seiner Hadithe ausdrücklich erklärt hatte, daß eine Frau unabhängig von ihrem Alter nicht gegen ihren Willen verheiratet werden dürfe. Doch wie sollte sich ein junges Mädchen, das bereits in ihren ersten

141

Lebensjahren ständig hört, daß sie ihren Eltern und ihrem zukünftigen Ehemann stets zu gehorchen hat, einer solchen Entscheidung widersetzen?

Das gesetzliche **Mindestalter für eine Eheschließung** variiert beträchtlich zwischen den verschiedenen islamischen Staaten. Zahlreiche Länder haben das Heiratsalter inzwischen auf 16 oder 18 Jahre festgelegt.[62] Das nutzt in der Praxis aber nicht viel. Während der Schah-Zeit lag auch im Iran das gesetzliche Heiratsmindestalter für Mädchen bei 18 Jahren. Auf dem Land richtete man sich natürlich nicht immer danach. Direkt nach ihrer Machtübernahme senkten die Ulama das Heiratsmindestalter der Mädchen auf 13 Jahre. Doch dank einer verlängerten Schulbildung auch für Mädchen heiratet man wirklich nur noch auf dem Land oder aber in streng religiösen Familien derart früh. In solchen Fällen werden junge Mädchen zumeist an wesentlich ältere Männer verheiratet. Noch immer ist es hauptsächlich die Angst der Eltern, ihre Töchter könnten vorzeitig ihre Unschuld verlieren, die sie ihr Kind möglichst früh verheiraten läßt. Und genau deshalb sind Heiraten im islamischen Raum auch nicht unbedingt ein Feiertag, zumindest nicht für die Braut, die, wenn sie besonders jung ist, vielleicht gar nicht richtig weiß, was sie erwartet. Eines weiß sie jedoch genau. Sie hat sich innerhalb der Ehegemeinschaft, wie es bereits im Koran steht, dem Ehemann in allen Fragen stets unterzuordnen.

Auch heute noch werden die Ehen im Iran also vorwiegend von den Eltern junger Leute arrangiert. Meist geht die Initiative bei einer **"Eheanbahnung"** von der Mutter des Bräutigams aus. Vielleicht hat der Sohn bereits selbst eine mögliche Kandidatin im Auge, oder er läßt seine Mutter in der Nachbarschaft, im Freundeskreis oder auch der entfernteren Verwandtschaft Ausschau halten. Es kann durchaus auch einmal passieren, daß eine Mutter eine jüngere Frau auf der Straße anspricht, ob diese nicht ihren Sohn zu ehelichen wünsche. Ist die passende Braut gefunden, besteht die Aufgabe der Mutter darin, Kontakt zu ihrer Familie aufzunehmen, um erst einmal das grundsätzliche Interesse zu erkunden. Nach Möglichkeit sollte die Braut ihr Einverständnis zu dieser Verbindung geben. Doch wird, gerade in ländlichen Gebieten, auch heute noch ein gewaltiger Druck auf junge Mädchen ausgeübt, falls sie mit einem von den Eltern ausgesuchten Bräutigam nicht einverstanden sind, so daß es sehr schwierig ist, abzulehnen. Zumal Ablehnen auch ein gewisses Risiko birgt, weiß das Mädchen ja nie, ob und wann sich vielleicht wieder einmal ein Mann für es interessiert. Unverheiratete Frauen nehmen im Iran eine besonders schlechte Position innerhalb der Familie ein und bleiben stets in der Abhängigkeit der Eltern und Geschwister. So liegt es durchaus im Interesse einer Frau zu heiraten. Doch sie selbst kann sich meist nicht auf die Suche nach einem Mann machen, zumindest dann nicht, wenn sie aus einer Familie stammt, die die Geschlechtertrennung sehr ernst nimmt und ihr nur wenig Freiheiten läßt.

In den städtischen, gebildeteren Kreisen sieht die Sache etwas anders aus. Wer seinen Töchtern erlaubt, die Schule zu Ende zu führen, um zu studieren oder ins Berufsleben einzusteigen, wird nicht unbedingt daran interessiert sein, sie möglichst früh zu verheiraten. Und wenn die Tochter ihre Ausbildung erfolgreich absolviert hat, wird sie durchaus ihre eigenen Vorstellungen vom Leben haben und sich einen Ehepartner nicht unbedingt von ihren Eltern vorschreiben lassen. Deshalb ist es in der iranischen Oberschicht, genauso wie zur Zeit der *Pahlawis,* unüblich, Ehen zu arrangieren. Die geistliche Regierung ist zwar bemüht, die Möglichkeiten für Männer und Frauen, sich in der Öffentlichkeit kennenzulernen, immer weiter einzuschränken, aber rein theoretisch kann man, wenn man will und auch bereit ist, ein gewisses Risiko einzugehen, sich trotzdem noch überall kennenlernen. Und so geschieht es auch. Also gibt es neben zahlreichen Heiraten, in denen Liebe und Zuneigung eine untergeordnete Rolle spielen, durchaus auch Liebesheiraten.

Bevor beide Familien ihr endgültiges Einverständnis geben, holen sie erst einmal verschiedene Erkundigungen über die betreffende Familie und besonders den Ehepartner ein. Die Familie des Bräutigams ist vor allem am Ruf der Braut interessiert, die Familie der Braut an der Bildung und den Finanzen des Bräutigams. Sind sich beide Familien grundsätzlich einig, kann mit dem **Aushandeln des Ehevertrages** begonnen werden. Der wichtigste Punkt hierbei ist, die Höhe des Brautgeldes festzulegen, ein Wertbetrag in Geld oder Gold, der der Braut im Falle einer Scheidung oder beim Tod ihres Ehemannes zusteht. Dieser Betrag kann der Frau bereits zu Beginn der Ehe für besondere persönliche Ausgaben ausgehändigt werden, steht ihr im allgemeinen aber erst nach Beendigung der Ehe durch Scheidung oder Tod des Ehemannes zur Verfügung. Des weiteren wird durch Unterschriften der Brautleute beurkundet, daß sie ihre ehelichen Pflichten anerkennen. Für die Frau bedeutet das die Unterordnung innerhalb der Ehegemeinschaft und für den Mann die materielle Versorgung der Frau. Sind alle Punkte geklärt, kann mit den Planungen für die eigentlichen Hochzeitsfeierlichkeiten begonnen werden. Gewöhnlich findet die Trauung im Elternhaus der Braut und die sich anschließende Feier im Elternhaus des Bräutigams statt. Ebenso wie bei uns heiratet die Braut in einem weißen Kleid, der Bräutigam in einem dunklen Anzug.

Bei einer iranischen **Hochzeit** wird im Haus der Brauteltern im allgemeinen auf einem Tisch oder dem Fußboden ein weißes Tischtuch mit verschiedenen Gegenständen ausgebreitet, die dem Brautpaar Glück bringen sollen, zum Beispiel Honig, Nüsse, Brot mit Petersilie und Radieschen und ein Spiegel mit zwei Kerzenständern. Diese Gegenstände stehen symbolisch für ein glückliches Eheleben, in dem es keine materiellen Sorgen gibt (Brot soll immer reichlich zur Verfügung stehen), Vertrauen zwischen den

Partnern herrscht (keine Schwierigkeiten oder Probleme sollen den Blick in den Spiegel trüben) und die Ehegemeinschaft ewig aufrechterhalten wird (die brennende Kerze soll für immer leuchten). Über den Köpfen des Brautpaares werden zwei Zuckerstangen zerrieben, um ein "süßes Leben" in Liebe und Zuneigung zu wünschen.

Zur *Trauung* kommt ein Mullah ins Haus. Zusätzlich ist aus beiden Familien ein Trauzeuge zugegen. Der Mullah spricht Ehegebete und fragt die Eheleute, ob sie gewillt sind, ihre Ehe unter Einhaltung der islamischen Gebote zu führen. Es kommt zum Austausch der Ringe und der Geschenke. Ein junges Brautpaar bekommt neben anderen nützlichen Dingen häufig auch zwei Teppiche geschenkt, einen von den Eltern der Braut und einen von den Eltern des Bräutigams. Viele Eltern müssen, wenn sie wenig Geld und viele Kinder haben, schon frühzeitig anfangen, für die Hochzeitsteppiche zu sparen. Die beiden Teppiche bilden den Grundstock der ehelichen Wohnung. Zur anschließenden Hochzeitsfeier begibt sich das Brautpaar zusammen mit der Hochzeitsgesellschaft in das Elternhaus des Bräutigams, wo das junge Brautpaar vielleicht leben, zumindest aber die Hochzeitsnacht verbringen wird.

Hochzeitsfeiern im Iran fallen im allgemeinen viel größer aus als bei uns. So kann es passieren, daß mehrere hundert Gäste, Nachbarn, Freunde und Verwandte vorbeischauen. Essen, Musik und Tanz sind feste Bestandteile einer traditionellen iranischen Hochzeitsfeier. 1979 hat die geistliche Regierung Musizieren und Tanzen als westliche Vergnügungen, die die Sinne verwirren, verboten. Dieses Verbot gilt auch für Hochzeitsfeiern. Doch nicht alle Familien halten sich an diese Vorschriften. So läßt sich beobachten, daß zwar bei streng islamischen Hochzeiten Männer und Frauen getrennt voneinander in verschiedenen Räumen feiern, doch auf Musik verzichten wollen nur die wenigsten. So gibt es nicht nur das Essen getrennt für Männer und Frauen, sondern auch Musik. Auch das Brautpaar selbst sieht sich während der gesamten Feier nicht.

Andere Familien aber wollen sich den Ablauf ihrer Feierlichkeiten nicht vorschreiben lassen und verzichten auf Geschlechtertrennung. Männer und Frauen feiern gemeinsam mit Musik und Tanz. Zur Not muß dann eben einmal die *Pasdaran* bestochen werden. Gegen entsprechende Bezahlung kann eine Familie feiern, wie sie möchte, und den gesamten Abend über herrscht dann Ruhe vor der *Pasdaran*.

In früheren Zeiten wurde es dann gegen späteren Abend, wenn sich das Fest langsam neigte, richtig spannend. Dann nämlich, wenn der **Jungfräulichkeitsbeweis**, eigentlich der wichtigste Bestandteil einer islamischen Hochzeit, anstand. Die Hochzeitsnacht findet traditionell im Elternhaus des Bräutigams statt. Die engere Verwandtschaft, Eltern und Geschwister des Paares, warten auf den Beweis der Entjungferung, ein blutiges Tuch. Bleibt

144

die Braut den Beweis schuldig, wird sie in ihr Elternhaus zurückgebracht und hat damit alle Chancen verspielt, je einen anständigen Ehemann zu finden. Der Brauch, den Jungfräulichkeitsbeweis in der Hochzeitsnacht einzufordern, ist heute im Iran nur noch in extrem religiösen Familien üblich. Andere Familien, deren Töchter sich ihre Ehepartner selbst auswählen, sie dementsprechend bei der Hochzeit schon länger kennen, nehmen die Jungfräulichkeit ihrer Töchter nicht ganz so wichtig und sind von diesen traditionellen Bräuchen schon lange abgekommen.

Kinder: Söhne und Töchter

Eine Heirat und die anschließende Mutterschaft sind für viele Frauen im Iran auch heute noch sehr wichtig, weil viele Familien eine andere Rolle für die Frau nur schwer akzeptieren. Doch hat eine junge Ehefrau in der Familie ihres Mannes nicht selten mit Schwierigkeiten zu kämpfen. So steigt, zumindest in religiösen Familien, mit jedem Kind das Ansehen einer Frau. Doch nicht jedem Kind wird die gleiche überschwengliche Zuneigung entgegengebracht. Die Geburt einer Tochter wird in manchen Familien eher verhalten zur Kenntnis genommen, während die **Geburt eines Sohnes** gefeiert wird. Die Geburt eines Sohnes stärkt die Stellung der jungen Frau innerhalb der Familie ihrer Schwiegereltern ungemein.

Bekommt eine Frau sofort einen Sohn oder auch zwei, wird sie vielleicht mit einigen wenigen Kindern zufrieden sein. Bringt sie jedoch nur Töchter zur Welt, wird sie solange weitermachen wollen oder auch von ihrem Mann dazu gedrängt werden, bis ein Sohn geboren ist. Darüber kann sie alt werden. Doch sind heute Familien mit zehn oder mehr Kindern nur noch auf dem Land vorzufinden, und dabei darf nicht vergessen werden, daß Verhütung unter ländlichen und besonders unter nomadischen Familien nicht gerade stark verbreitet ist. Teilweise wird sie auch aus religiösen Gründen abgelehnt, obwohl der Koran in dieser Frage keineswegs eine negative Stellung bezieht. Auch wenn eine Familie in ärmeren Verhältnissen lebt und mit relativ wenig Raum und Geld auskommen muß, wird die Frau immer wieder eine Schwangerschaft in Kauf nehmen, weil sie sich erst mit der Geburt eines Sohnes von der Familie und der Gesellschaft akzeptiert fühlt.

Deshalb ist **Unfruchtbarkeit** fast das schlimmste Übel, das einer in einer streng patriarchalischen Gesellschaft lebenden Frau widerfahren kann. Unfruchtbarkeit der Frau ist häufig genug Anlaß für den Mann, sich scheiden zu lassen oder eine zweite Frau zu heiraten. Auch wenn eine Frau mehrere Mädchen unmittelbar nacheinander auf die Welt bringt, muß sie unter Umständen damit rechnen, daß ihr Ehemann sich eine weitere Ehefrau sucht. Doch ist die Polygamie im Iran heute, wie eigentlich im gesamten islamischen Raum, nicht mehr sehr weit verbreitet, teils aus Kostengründen, teils weil junge Iraner die Polygamie nicht mehr als zeitgemäß betrachten und eine Kleinfamilie mit einer Ehefrau und wenigen Kindern vorziehen.

Nach wie vor werden Jungen im Iran den Mädchen vorgezogen. Der wichtigste Grund für die **Bevorzugung der Söhne** liegt sicherlich darin, daß die Familie über ihre Söhne weiter bestehen bleibt. Hat ein Vater dagegen nur Töchter, wird seine Linie zwangsläufig aussterben. Zudem benötigen Eltern Söhne, die im Alter ihre Versorgung übernehmen können. Töchter verlassen mit der Heirat das Haus und sorgen von da an für die Familie des Ehemannes. Außerdem sind Eltern stets in Sorge um die Familienehre. Daher müssen sie ihre Töchter ab ihrer Geschlechtsreife bis zur Hochzeit immer unter Aufsicht halten, damit sie die Familienehre nicht gefährden. Töchter bereiten folglich, nach islamischer Betrachtungsweise, mehr Sorgen als Söhne. Während Söhne in relativer Freiheit aufwachsen können, gilt es im Gegensatz dazu, Töchter so zu erziehen, daß sie später einmal in der Lage sind, den Ehemann und seine Familie zu versorgen. Diese Charakteristika treffen vor allem auf Familien der unteren Gesellschaftsschichten zu, die stets in finanziellen Engpässen leben und sich um ihre Altersversorgung Gedanken machen müssen. Haben Eltern keine materiellen Sorgen, freuen sie sich über Töchter oft genauso wie über Söhne.

Rechte und Pflichten innerhalb der Familie

Wie bereits mehrfach angeklungen, gehört die Wohnung einer Familie zum absoluten Wirkungsbereich der Frau. Unabhängig davon, ob sie selbst berufstätig ist oder nicht, ist sie allein für alle anfallenden **Hausarbeiten** zuständig. Auch wenn sie tagtäglich genauso lange bei der Arbeit ist wie ihr Mann, kann sie nicht erwarten, daß dieser zu Hause auch nur einen Finger krümmt. Natürlich gibt es inzwischen auch iranische Männer, die ihren Frauen gelegentlich im Haushalt helfen, doch diese sind eindeutig in der Minderheit. Denn das Erledigen häuslicher Arbeiten gehört nicht zu seinen Aufgaben. Seine Pflichten liegen allein darin, die materiellen Voraussetzungen für die Haushaltsführung zu schaffen. Erfüllt er diese, darf sich seine Frau über nichts beklagen. Erfüllt sie dagegen ihre Pflichten nicht, kann der Mann die einseitige Verstoßung aussprechen.

Frauen, die mit Schwiegermutter und Schwägerinnen zusammen unter einem Dach wohnen, teilen sich häufig die anfallende Hausarbeit oder auch den Einkauf. Wenn eine neue und vielleicht zudem noch ziemlich junge Schwiegertochter ins Haus kommt, werden ihr gern einmal anstrengende und auch unangenehme Arbeiten zugeschanzt. Da sie in der Familienhierarchie weit unten steht, wagt sie es kaum zu widersprechen. Ihre Position in der Familie verbessert sich erst dann, wenn sie das erste Kind bekommen hat. Ist es ein Sohn, steht sie natürlich ganz gut da. Und eine Tochter ist immer noch besser als gar kein Kind.

Überhaupt ist die **Familienordnung** streng hierarchisch aufgebaut. Die Großeltern verdienen aufgrund ihres Alters besonders großen Respekt. Wenn die Mutter nach einem arbeitsreichen Leben älter wird, darf sie sich nach und nach aus der Hausarbeit zurückziehen. Ihr Haushalt wird dann von ihren Schwiegertöchtern und Töchtern mitversorgt, sofern sie im selben Haus wohnen. Generell sind Frauen ihren Eltern und ihren Ehemännern zu Gehorsam verpflichtet, so steht es bereits im Koran. Das schwächste Glied innerhalb der Familie sind die jungen unverheirateten Töchter, die nicht nur ihren Großeltern und Eltern gehorchen müssen, sondern auch ihren Brüdern, selbst dann, wenn diese jünger sind als sie selbst. Auch wenn Töchter älter werden, aber unverheiratet bleiben, ändert sich ihre Position in der Familie nicht. Sie bleiben dann im Elternhaus und müssen sich immer ihren Eltern und Brüdern unterordnen.

Unter die Aufgaben der Frau fällt auch die **Erziehung** ihrer Kinder. Nur selten wird sich der Mann in Fragen der Kindererziehung einmischen. Mädchen und Jungen werden unterschiedlich erzogen und schon früh auf ihre zukünftigen gesellschaftlichen Aufgaben vorbereitet. Doch die Kindererziehung in Familien verschiedener Gesellschaftsschichten differiert stark voneinander.

Je ärmer eine Familie ist, desto früher werden die Kinder für irgendwelche Arbeiten eingespannt, weil einfach jeder mithelfen muß, die Familie durchzubringen. Bereits im Kindesalter zeigt sich jedoch, daß Hausarbeit eine reine Frauenarbeit ist. Jungen haben von klein auf viel mehr Freiraum, während Mädchen schon bald mit sämtlichen häuslichen Pflichten vertraut sein müssen. Die Hausaufgaben für die Schule zu erledigen wird bei Mädchen häufig nicht so wichtig genommen. Zahlreiche Mädchen besuchen die Schule nicht mit dem Ziel, möglichst viel Wissen zu erwerben. Lesen und Schreiben zu erlernen wird akzeptiert, sofern sie ihre Haushaltspflichten nicht vernachlässigen. Doch wichtiger als das Lernen ist, daß sie schon bald in der Lage sein werden, einen eigenen Haushalt mit Mann und Familie zu führen.

Das Erlernen der häuslichen Arbeiten ist für Töchter aus wohlhabenderem Elternhaus gewiß nicht derart wichtig. Doch auch sie besitzen keine grenzenlosen Freiheiten, weil sie sich an gewisse gesellschaftliche Zwänge zu halten haben. Diese werden jedoch im Iran weniger von der Gesellschaft als vielmehr vom Staat bestimmt. Eltern, die selbst noch mit größeren Freiheiten während der Schah-Zeit aufgewachsen sind, stehen vorehelichen Beziehungen ihrer Kinder nicht generell ablehnend gegenüber, zumindest nicht aus religiösen Gründen. In aufgeschlossenen Familien steht nicht die Familienehre auf dem Spiel, ein Wort, das in gewissen Kreisen ohnehin weitgehend in Vergessenheit geraten ist. Es ist vielmehr die Angst vor den Strafen, die im heutigen Iran auf *Zina* stehen. So gestatten aufgeschlossene Familien ihren Töchtern und auch Söhnen mehr Freiraum, als der Staat erlaubt, und hoffen, daß diese ihre eigenen Grenzen ganz genau kennen.

Ausübung der religiösen Pflichten im Privatbereich

Für gläubige Muslime ist das regelmäßige **Pflichtgebet** ein wichtiger Bestandteil des täglichen Lebens. Die Erfüllung dieser religiösen Pflicht spielt sich teilweise in den eigenen vier Wänden ab, für Frauen weitestgehend. In religiösen Familien kommt dem Islam eine große Bedeutung zu, und alle Familienmitglieder versuchen, die drei Gebetszeiten nach Möglichkeit genau einzuhalten. So steigen etliche Iraner frühmorgens, noch während der Dämmerung, aus dem Bett, um dem Frühgebet nachzukommen. Frauen und Männer beten in verschiedenen Räumen, um sich nicht gleich in der Früh in Gedanken zu versündigen. Frauen tragen während des Pflichtgebetes immer, auch in den eigenen vier Wänden, den Tschador. Zu dieser frühen Stunde bemühen sich allerdings nur wenige Menschen in die Moschee, die meisten beten zu Hause. Je nachdem, wann die Männer oder auch die Frauen zur Arbeit müssen, legen sie sich anschließend vielleicht noch einmal schlafen. Während die Männer zu den beiden anderen Gebetszeiten, sofern sie im Umkreis einer Moschee wohnen, öfter in der Gemeinschaft mit anderen gläubigen Muslimen beten, gehen die Frauen auch tagsüber vorwiegend zu Hause ihrer religiösen Pflicht nach.

Der schiitische Islam kennt eine Reihe von **religiösen Veranstaltungen**, die zu den verschiedensten Anlässen im eigenen Wohnhaus abgehalten werden. Religiöse Familien der Mittel- und Oberschicht laden zum Beispiel zum Gedenken an den Geburtstag oder Todestag eines ihrer Imame einen Prediger oder Vorsänger sowie Freunde und Verwandte nach Hause ein. An dieser Art der religiösen Veranstaltung nehmen meist ausschließlich Frauen teil. Nach einer einfachen Mahlzeit folgen Gebete und eine Predigt, in der die geistlichen Führer der Schiiten gepriesen werden. Die Teilnehmer einer solchen Zusammenkunft erhoffen sich die Vergebung ihrer Sünden oder erbeten sich ganz speziell die Heilung von einer Krankheit oder das gute Gelingen einer Geburt und ähnliche Dinge.

Solche Veranstaltungen können das gesamte Jahr über abgehalten werden. Eine ganz besondere Feier findet im Monat Muharram zum Gedenken an das Martyrium Imam *Husains* statt. Eine Familie lädt einen Sänger (*rouzekhan*) ins Haus, der die Geschehnisse von Kerbela rezitiert. An dieser Veranstaltung nehmen Frauen wie Männer teil, sie sitzen jedoch getrennt voneinander. Zum Höhepunkt, also wenn *Husain* den Märtyrertod stirbt, brechen die Zuhörer wie auch der Sänger in Tränen und Wehklagen aus.

Freizeitgestaltung: gegenseitige Verwandtschaftsbesuche

Die Hauptfreizeitbeschäftigung im Iran besteht traditionell aus gegenseitigen Verwandtschafts- und Nachbarschaftsbesuchen. In den Städten gibt es zwar auch andere Freizeitvergnügungen, doch auch hier bilden **gegenseitige Besuche** einen wichtigen Bestandteil der Freizeit. Es zeigen sich die engen Verknüpfungen zwischen den einzelnen Teilen der Familie, die auch durch die relative Anonymität der Großstädte nicht zerbrochen ist. Auf dem Land sind Besuche, bei denen man sich am Abend oder an Feiertagen mit Freunden oder Verwandten zu einem Glas Tee zusammensetzt, wohl die einzige Abwechslung vom arbeitsreichen Alltag. Besonders für Frauen bieten diese Treffen oft die einzige Kontaktmöglichkeit zur Außenwelt, weil es ihnen verwehrt bleibt, sich in einem öffentlichen Kaffeehaus oder Teehaus zu treffen. Während sich die Männer bereits tagsüber und auch abends im Café treffen und stundenlang bei Tee und Wasserpfeife zusammensitzen, bleiben den Frauen nur die Treffen mit der Verwandtschaft und der Nachbarschaft.

Auch wenn viele Familien heute nicht mehr mit mehreren Generationen unter einem Dach wohnen, so ist doch der Zusammenhalt untereinander sehr groß. Man sieht sich nicht nur zu Familienfesten wie Hochzeiten oder Geburten, wie es bei uns durchaus normal ist. Im Iran benötigt niemand einen besonderen Anlaß, um bei der Verwandtschaft vorbeizuschauen. Da wird kurz telefoniert, oder man steht einfach vor der Tür. Und anders als bei uns, wo viele Familien einen Schrecken bekommen würden, stünde plötzlich die entfernte Verwandtschaft vor der Tür, rechnet man im Iran jederzeit mit Besuch und hat immer etwas im Haus, das man den Gästen anbieten könnte. Tee steht praktisch immer bereit, und es gebietet die iranische Gastfreundschaft, einem unvorhergesehenen Gast neben einem Getränk auch etwas zum Essen anzubieten.

Westliche Einflüsse auf das iranische Familienleben

"Die gemischten Strände gehören zu den Mitteln unserer listigen Feinde. Diese Feinde denken nicht etwa an das Wohl der Jugend, sie wollen sie ins Verderben, in den Schmutz ziehen. Wenn junge Menschen ein paarmal ins Kino gehen, gewöhnen sie sich daran und können dann mit Leichtigkeit auf Irrwege geführt werden. (...) Auch die Musik gehört zu diesen listigen Mitteln der Verführung. Sie ist dazu geeignet, das menschliche Gehirn zu lähmen."[63]

Doch gibt es natürlich nicht nur die Familie. Besonders junge Leute haben den Wunsch, auch einmal etwas mit Freunden zusammen zu unternehmen. Die Möglichkeiten, *Freizeitaktivitäten* außer Haus und ohne Familienanhang nachzugehen, sind in einem islamischen Land, vor allem im Iran, wo die gesamte Öffentlichkeit einer strengen Reglementierung unterliegt, allerdings viel geringer als in einem westlichen Land. Auch Kinder aus aufgeschlossenen Familien, in denen die Eltern keine moralischen Bedenken gegenüber irgendwelchen Unternehmungen ihrer Söhne und Töchter haben, haben in ihrer Freizeit nur wenige Möglichkeiten. Dies betrifft besonders junge Mädchen und Frauen und ganz besonders in den Abendstunden. Dann ist es für eine "anständige Frau" einfach nicht üblich, allein oder auch zu zweit unterwegs zu sein. Generell gibt es für Männer durchaus Freizeitbeschäftigungen in der Öffentlichkeit. Die Öffentlichkeit ist ihr Bereich, in dem sie mit Gleichgesinnten zusammen sein dürfen, sei es im Kaffeehaus, im Park, beim Sport oder einfach nur auf der Straße. Für Frauen fällt von diesen Unternehmungen schon einiges weg. Noch geringer sind allerdings die Möglichkeiten, wenn junge Leute, die nicht miteinander verheiratet sind, etwas unternehmen wollen. Deshalb also verbringen die meisten Frauen ohnehin, aber auch einige Männer, den größten Teil ihrer Freizeit im Kreise der Familie.

Es ist jedoch nicht so, daß sich junge Männer und Frauen aus Angst vor Kontrollen durch die *Pasdaran* überhaupt nicht mehr gemeinsam auf die Straße trauen. Sie müssen aber, sofern sie nicht miteinander verheiratet sind, vorsichtig sein und mit ständigen Kontrollen rechnen. Sicher können sie sich nur in den eigenen vier Wänden fühlen. Sexuelle Kontakte zwischen unverheirateten Männern und Frauen der Oberschicht und Teilen der Mittelschicht sind im heutigen Iran keine Seltenheit. Die Umfassungsmauer um die Wohnhäuser herum bietet Schutz vor neugierigen Blicken und verdeckt nicht nur das ganz normale Familienleben, sondern auch so einige "Sünden". Eine ganze Anzahl junger Leute aus Familien der oberen Schichten haben wenig Lust auf die Ehe und gehen viel lieber eine voreheliche Freundschaft ein. Manche von ihnen haben später, nach abgeschlossener Ausbildung, durchaus vor zu heiraten, andere wiederum, die vielleicht schon Jahre im Berufsleben stehen, führen langjährige Freundschaften, ohne einen Gedanken an die Ehe zu verschwenden. Dies ist zwar gefährlich, aber anscheinend auch sehr reizvoll.

Im Iran der Gegenwart sind zahlreiche junge Leute nicht mehr so stark an der *Politik* interessiert, wie das Ende der siebziger Jahre noch der Fall war. Sie haben in dieser Beziehung ein wenig resigniert, weil sie das Gefühl haben, doch nicht viel bewegen zu können. Daher rührt ihr zum Teil natürlich auch durch die Reislamisierung erzwungener Rückzug ins Privatleben. Viele haben keine Lust, nach islamischen Geboten zu leben, und interessieren sich folglich mehr für Feiern mit Freunden, für Parties, an denen Frauen und Männer teilhaben, für gemeinsames Hören von Musik, für Tanzen und Alkohol. Für viele junge Leute sind Vergnügungen dieser Art auch eine Art Trotzreaktion. Sie beweisen sich damit gegenseitig, daß sie nicht gewillt sind, sich restlos dem Islamischen Staat zu unterwerfen.

So werden regelmäßig *Parties* gefeiert, auf denen all das, was draußen verboten ist, exzessiv ausgelebt wird. Zahlreiche junge Leute aus modernen Familien der Mittel- oder Oberschicht wollen mehr Freiheiten haben, ihr Leben genießen und sich von religiösen Gesetzen nicht einengen lassen. Doch die Parties, die sie feiern, sind nicht immer ganz ungefährlich. Häufiger passiert es, daß Nachbarn Verdacht schöpfen und die *Pasdaran* vorbeischicken. Dann haben sich die jungen Leute gleich verschiedener Vergehen zu verantworten. Schon Musikhören und Tanzen ist verboten, Alkoholgenuß und gemeinsame Feiern von Männern und Frauen erst recht. Das alles sind, nach islamischen Richtlinien bewertet, schlimme Vergehen, auf die eine Gefängnisstrafe steht. Doch gegen Bezahlung einer höheren Summe wird von der weiteren Verfolgung meist abgesehen. Allerdings sollten sich junge Leute nicht allzu oft erwischen lassen, denn im Wiederholungsfall sind die Strafen härter. Und wenn Eltern ihre Kinder nicht aus dem Gefängnis freikaufen können, bleiben diese erst einmal eine Weile drin.

Damit zeichnet sich im Iran ein ganz ähnliches Bild ab wie in den meisten anderen islamischen Gesellschaften, in denen im Verlauf des 20. Jahrhunderts westliche Einflüsse Einzug hielten. Die oberen Schichten führen ohne jede Geldsorgen ein ganz anderes Leben als die ärmeren. Die **Unterschiede zwischen Arm und Reich** sind in Ländern der dritten Welt größer als bei uns. Den einen geht es gut, sie werfen sämtliche Traditionen über Bord, den anderen geht es schlecht, sie klammern sich mehr denn je an ihre Religion. Der Unterschied ist der, daß in anderen Ländern die reicheren und gebildeteren Kreise durchaus so leben dürfen, wie sie es für richtig halten. Die Religion wird dort nicht zwingend vorgeschrieben. Im Iran ist es anders. Deshalb führen hier westlich eingestellte Menschen ihr westlich orientiertes Leben eben nur hinter verschlossenen Türen.

Öffentliches Leben

Öffentliches Leben im Wandel

Die Geschlechtertrennung im öffentlichen Raum hat viele Familien gezwungen, ihr Leben umzuorganisieren. Viele Dinge, die ihnen früher wie selbstverständlich erschienen, wurden plötzlich als unislamisch bewertet und verboten. So hat sich das Leben zahlreicher Familien, wie bereits im vorherigen Abschnitt ausführlich dargelegt, nach innen gerichtet, während nach außen hin der Schein gewahrt wird, gewahrt werden muß. Im folgenden sollen einige Bereiche des öffentlichen Lebens, die sich infolge der neu erlassenen religiösen Gebote veränderten, beschrieben werden. Andere Bereiche der Öffentlichkeit, die auch für Besucher des Iran interessant und wichtig sind, werden erst im nächsten Kapitel behandelt.

Mann und Frau im Arbeitsleben

Bedingt durch die Geschlechtertrennung arbeiten berufstätige Frauen in islamischen Ländern teilweise in ganz anderen Bereichen als in der westlichen Welt. Viele arbeiten auch gar nicht, denn dem Ehemann oder dem Vater steht gesetzlich das Recht zu, über die Berufstätigkeit von Ehefrau oder Tochter zu entscheiden. Nur wenn gewährleistet ist, daß die Ehre der Familie nicht gefährdet ist, wird er seine Zustimmung geben. In Bereichen, in denen sich die Geschlechtertrennung kaum oder gar nicht durchsetzen läßt, wird deshalb weitgehend auf weibliche Arbeitskräfte verzichtet.

Zu diesen Bereichen zählen im Iran *die Gastronomie und der Handel*. In diesen Berufszweigen, die in den europäischen Ländern fest in Frauenhand sind, läßt sich der ständige Kontakt mit dem männlichen Geschlecht nicht vermeiden. Dies ist leicht nachvollziehbar, besteht der Kundenkreis in Teehäusern und einfacheren Gaststätten ausschließlich und in gehobeneren Restaurants überwiegend aus Männern. Auch im Verkaufsbereich sind weibliche Arbeitskräfte selten zu finden. Der iranische Bazar ist traditionell Männerbereich, hierher gehen viele Frauen nicht einmal allein einkaufen. Für eine Frau ist es undenkbar, in einem kleinen dunklen Bazarlädchen zu arbeiten. In den modernen Geschäftsvierteln der Großstädte dagegen arbeiten durchaus Frauen im Verkauf, vorwiegend in Läden für Damenbekleidung, Stoffe oder Handarbeiten, in denen Frauen zum Hauptkundenkreis zählen.

Frauen sind fast ausschließlich in jenen Bereichen tätig, in denen sie nicht so sehr in der Öffentlichkeit stehen, im *Büro* also oder im *Klassenzimmer*. Sie haben keine Möglichkeiten, als Busfahrerin oder Fahrkartenkontrolleurin, als Straßenverkäuferin oder fliegende Händlerin tätig zu sein. Auch in einer Bank werden sie nicht unbedingt am Schalter, sondern eher in einem hinteren Büro arbeiten. So haben die Bezeichnungen vom "klassischen Frauenberuf" und "klassischen Männerberuf" in der islamischen Gesellschaft noch eine ganz andere Bedeutung als bei uns, wo sich die Grenzen inzwischen gelockert haben und Frauen theoretisch jeden Beruf ausüben können. Im Iran sind Frauen von vornherein aus etlichen Berufen ausgeschlossen.

In jenen Berufszweigen, die sich mit den islamischen Geboten im allgemeinen und der Geschlechtertrennung im besonderen vereinbaren lassen, sind zahlreiche Frauen tätig. Generell wird, soweit es eben geht und die Arbeit nicht behindert, darauf geachtet, daß Männer und Frauen während der Arbeitszeit nicht allzu viel miteinander zu tun haben. Auch während der Schahzeit gehörten *Bürojobs* zu jenen Bereichen, in denen zahlreiche Frauen angestellt waren. Meist waren es Frauen aus modernen Ober- und Mittelschichtsfamilien, die jedoch in traditionellen Kreisen einen schlechten Ruf genossen. Für "anständige" Frauen aus religiösen Familien gehörte es sich auch damals nicht, im Büro zu arbeiten. Frauen, die kurz nach Einführung der Geschlechtertrennung am Arbeitsplatz nicht bereit waren, sich den islamischen Geboten unterzuordnen, verloren zuhauf ihre Stellungen. Und andere, die auf den Posten nicht verzichten wollten, setzten gezwungenermaßen ein Kopftuch auf.

Im öffentlichen Dienst, in den Universitäten oder Schulen, in Krankenhäusern und auch in den Büros etlicher privater Firmen sind zahlreiche Frauen angestellt. Da sowohl in Grund- als auch weiterführenden Schulen geschlechterspezifisch unterrichtet wird, werden für die Mädchenschulen viele Lehrerinnen, Sekretärinnen und Hausmeisterinnen benötigt. In den Bereichen, in denen Männer und Frauen direkt miteinander zu tun haben, der Umgang miteinander wirklich nicht mehr zu vermeiden ist, beispielsweise im Büro, soll der Kontakt zwischen den männlichen und weiblichen Arbeitskollegen auf das Nötigste beschränkt bleiben. So sollen nach Möglichkeit in den einzelnen Büroräumen Männer und Frauen getrennt voneinander sitzen. Um das Interesse füreinander gar nicht erst zu erwecken, haben arbeitende Frauen generell *Tschador* oder *Maghnae*, die islamische Kapuze, zu tragen. *Manto* und *Russaro* reichen nicht aus. Denn die Männer sollen von ihren weiblichen Arbeitskollegen so wenig wie möglich sehen und hören.

Ein ganz anderes Problem ist die **Kinderarbeit.** In vielen Ländern der dritten Welt müssen Kinder schon sehr früh zum Unterhalt ihrer Familien beitragen, so auch im Iran. Kinderarbeit im Iran ist in den ärmeren Schichten sehr weit verbreitet. Von Arbeiten im Haushalt oder auf dem elterlichen Hof oder Feld einmal abgesehen, müssen Kinder auch Arbeiten außer Haus verrichten. Zahlreiche Mädchen werden schon im Alter von sieben oder acht Jahren von ihren Eltern in Teppichknüpfereien geschickt, wo sie für Pfennigbeträge bis zu zwölf Stunden am Tag arbeiten müssen. Jungen werden häufig schon recht früh im elterlichen Geschäft eingespannt. "Beliebte" Jungenberufe sind weiterhin Botenjunge oder Schuhputzer. Diese Tätigkeiten eignen sich für Mädchen weniger.

Religiosität in der Öffentlichkeit

"Der Vorbeter führt die vorgeschriebenen Übungen fehlerlos aus, wobei die Gläubigen in Reihen hinter ihm stehen und hinlänglich damit zu tun haben, Worte und Bewegungen des Vorbeters zu wiederholen: Wenn er niederkniet, sich verneigt oder den Boden küßt, so folgen sie genau seinem Beispiele. Tatsächlich sind die Gebetsformen so vielfältig, daß es meistens schwierig wäre, sie ohne Vorbeter vorschriftsmäßig auszuführen."[64]

Die Religion des Islam verlangt von ihren Gläubigen mehr Engagement, als zum Beispiel von Anhängern der christlichen Religion erwartet wird. Hierzulande ist ja schon der sonntägliche einstündige Gottesdienst vielen Menschen, besonders den jüngeren Generationen, zu mühsam. Unter dieser Betrachtungsweise ist es leicht nachvollziehbar, daß zahlreiche junge wie auch ältere Menschen im Iran zugeben, daß ihnen die strenge Ausübung ihrer religiösen Pflichten, besonders das tägliche Gebet, lästig ist. Es sieht ähnlich aus wie bei uns, die meisten Menschen sind zwar gläubig, doch viele von ihnen praktizieren ihren Glauben nicht. Wie also äußert sich die Religiosität der iranischen Bevölkerung in der Öffentlichkeit?

Dreimal am Tag ertönt der Gebetsruf des *Muezzin*. Unmittelbar nach der Revolution erlebten das tägliche **Pflichtgebet** und auch die **Freitagspredigt** einen gewaltigen Aufschwung. Der *Muezzin* demonstrierte durch enorme Lautstärke den Sieg des Islam über die Monarchie und den ungeliebten Herrscher, und die Gläubigen strömten in die Moscheen. Die Büros wurden mittags sogar für eine halbe Stunde geschlossen, um den Gläubigen die Möglichkeit zu geben, dem Pflichtgebet nachzukommen. Noch heute wird von den Arbeitern und Angestellten in Fabriken und Büros erwartet, daß sie sich mittags zur Gebetszeit in den entsprechenden Räumlichkeiten einfinden, doch dieser Aufforderung kommen längst nicht mehr alle nach. Denn die anfängliche Begeisterung ließ nach den ersten Enttäuschungen schnell nach. Schon ein bis zwei Jahre nach der Revolution war vom religiösen Elan, der mit zum Sturz des Schah beigetragen hatte, nicht mehr viel zu spüren. Heute ruft der *Muezzin* nicht mehr ganz so laut, und die Gläubigen besuchen nicht mehr ganz so enthusiastisch die Moschee.

Auch und gerade in der Moschee herrscht absolute Geschlechtertrennung. Vor dem eigentlichen Gebet steht die **rituelle Waschung.** Im Iran ist es üblich, die Waschungen in nach Geschlechtern getrennten Waschhäusern vorzunehmen, die zur Ausstattung einer jeden Moschee gehören. Der Gebetsbereich der Frauen ist durch einen Vorhang von jenem der Männer abgetrennt. Eine besonders große Sünde, nämlich sich während des Gebetes durch eine Frau ablenken zu lassen, soll durch diese Maßnahme verhindert werden. In anderen islamischen Ländern scheint die Furcht vor sündigen Gedanken während des Gebetes nicht ganz so groß zu sein. Auch hier gibt es getrennte Bereiche für Frauen, die im hinteren Bereich oder an einer der Seiten des Innenraumes liegen, aber durchaus im Blickfeld der Männer. Der Männerbereich einer jeden Moschee ist sehr viel größer als der der Frauen. Die meisten Frauen gehen bevorzugt zu Hause ihrem Gebet nach.

Freitag ist Feiertag. An diesem Wochentag wird verstärkt gebetet. Sogar aus den umliegenden Dörfern werden die Gläubigen in Bussen zu den Predigten in den großen Moscheen gebracht. Doch inzwischen hat der Ansturm auf die *Freitagspredigten,* den es in den ersten Jahren nach der Revolution zu verzeichnen gab, gewaltig nachgelassen. Viele Menschen nutzen den Tag, um Freunde und die Familie zu treffen. Bei schönem Wetter sind die Parkanlagen der Städte voller Menschen, die ein Picknick veranstalten, Großeltern, Eltern, Kinder. Sie essen, trinken und tauschen Neuigkeiten aus, spielen Fußball und Tischtennis. Freitag ist Familientag. An Freitagen sind natürlich auch verstärkt Revolutionswächter unterwegs, um ein Auge auf überfüllte Parkanlagen zu werfen und um die Vergnügungen der Menschen zu beobachten. Der eine Teil der Bevölkerung kommt freitags seinen religiösen Verpflichtungen nach und geht zur Predigt in die Moschee, der andere Teil der Bevölkerung zieht in die Parkanlagen.

Die beiden *heiligsten Städte* des Iran sind *Qom* und *Maschad*. In Maschad liegt der achte Imam der Zwölfer-Schiiten, Imam *Reza*, begraben, in Qom seine Schwester *Fatima-e Masumeh*. Pilgerfahrten zu den heiligen Stätten sind ein wichtiger Bestandteil der religiösen Pflichten der Schiiten. Zu diesen beiden Orten unternehmen Gläubige das gesamte Jahr über Pilgerfahrten. Diese beiden Heiligtümer sind wahrscheinlich die einzigen zwei Moscheen des Landes, die die ganze Woche über voll sind und von gläubigen Schiiten geradezu heimgesucht werden. Maschad gewinnt allein dadurch an Bedeutung als Wallfahrtsort, daß *Reza* der einzige der Imame ist, der auf iranischem Gebiet begraben liegt. In beiden Städten herrscht eine besondere Atmosphäre der Religiosität, wie sie in keiner anderen der iranischen Städte anzutreffen ist. Qom und Maschad besitzen zugleich die beiden größten und bedeutendsten *theologischen Hochschulen* des Landes, wobei die von Qom noch etwas bedeutender ist. Hier hat *Ayatollah Khomeini* zunächst studiert und dann lange Jahre gelehrt, bevor er von *Mohammad Reza Schah* ins Exil geschickt wurde.

Sportliche Aktivitäten

"Gemischte Strände sind dazu eingerichtet worden, damit Mädchen und Jungen gemeinsam ins Wasser gehen und es dort miteinander treiben, so wie sie es wünschen. Die Absicht ist, die nachkommenden Generationen ins Verderben zu ziehen."[65]

Ein Bereich, der für Männer und Frauen aus Europa wie selbstverständlich zum Alltag gehört, gestaltet sich für Frauen aller islamischen Länder ziemlich schwierig: der Sport. Während Jungen und Männer überall auf Straßen, Plätzen und Sportanlagen Fußball, Tischtennis und andere Sportarten ausüben, können sich gläubige Muslime gar nicht mit dem Gedanken anfreunden, daß auch Frauen gerne Sport treiben. In manchen islamischen Ländern haben Frauen gar keine Möglichkeiten, sich sportlich zu betätigen, in anderen nur hinter verschlossener Tür. Deshalb sind muslimische Frauen bei internationalen Sportveranstaltungen zahlenmäßig nie stark vertreten. Sportliche Höchstleistungen, die einige wenige muslimische Frauen dank ihrer starken Willenskraft schaffen, sind für sportliche Frauen aus dem Iran schlichtweg unmöglich und verboten. Allein die zwangsweise Verschleierung spricht gegen ihre sportliche Betätigung in der Öffentlichkeit.

Zu Schahzeiten war **Frauensport** im Iran nichts Außergewöhnliches. Zahlreiche Frauen gingen in Schwimmbädern und auf Sportplätzen den verschiedensten Sportarten nach. Der Sport war damals natürlich ein Privileg der oberen Schichten, besonders religiöse Familien hätten sich dagegen gewehrt, daß ihre Frauen und Töchter solchen "westlichen Vergnügungen" nachgegangen wären. Mit dem Einsetzen der Islamischen Revolution Anfang 1979 änderte sich die Situation im iranischen Frauensport schlagartig. Nicht einmal in einer Parkanlage Tischtennis zu spielen ist den Frauen heute noch vergönnt. Doch wie und wo dürfen sie sich sportlich betätigen?

Bereits im Sommer 1979 wurden die **Strände** am Kaspischen Meer für Männer und Frauen durch Mauern, die weit ins Meer hineinreichen, voneinander getrennt. Männer und Frauen dürfen sich beim Baden nicht mehr sehen. Vor der Revolution trugen Frauen wie Manner westliche Badekleidung. Dies ist jetzt nur noch den Männern vorbehalten. Obwohl die Frauen unter sich sind, dürfen sie sich nicht mehr mit Bikini oder Badeanzug in die Wellen stürzen. Auch beim Baden gilt die islamische Kleiderordnung. Die Schwimmerinnen dürfen nur mit kompletter Verschleierung ins Wasser.

Skifahren im Elburs-Gebirge war für reichere Teheraner in den Wintermonaten schon immer ein besonderes Vergnügen. Doch auch hier wurden schon bald die islamischen Gebote durchgesetzt und getrennte Skihänge für Männer und Frauen eingerichtet. Zudem müssen sich die Frauen verschleiern. Doch einige lassen sich davon nicht erschüttern und wedeln mit Kopftuch ins Tal.

Damit wurden bereits die beiden außergewöhnlichsten "Geschlechtertrennungsaktionen" im iranischen Sport angesprochen. Seit den Tagen der Revolution gilt aber generell und für jede Sportart, daß Frauen und Männer nur getrennt voneinander Sport treiben dürfen. Doch haben diejenigen Frauen, die sich sportlich betätigen wollen, durchaus Möglichkeiten, dies zu tun. Es gibt im Iran Sportanlagen nur für Frauen, andere stehen abwechselnd einen Tag den Männern, am nächsten Tag den Frauen offen. Es wird praktisch jede Sportart betrieben, da gibt es kaum Einschränkungen. Allerdings finden natürlich keine öffentlichen Wettkämpfe statt. Das heißt aber nicht, daß Frauen generell auf Wettkämpfe verzichten müssen. Es gibt regelmäßig Wettbewerbe unter Ausschluß der Öffentlichkeit. Iranische Frauen haben jedoch aufgrund der Gegebenheiten keine Möglichkeiten, an öffentlichen Wettkämpfen im Ausland teilzunehmen. Lediglich wird hin und wieder zu internationalen Wettkämpfen für Musliminnen aus allen islamischen Ländern eingeladen. Natürlich nur hinter verschlossener Tür.

Zwei Studenten im Iran

Die ausländische Besucherin wird von iranischen
Studentinnen umringt

Nachdem die iranische Gesellschaft ganz allgemein beschrieben wurde, soll nun am Beispiel zweier Studenten aus unterschiedlichen Gesellschaftsschichten, mit denen mein Mann und ich uns angefreundet haben, ganz konkret auf die doch sehr gegensätzliche Lebensweise der iranischen Bevölkerung eingegangen werden.

Wie bereits dargelegt, läßt sich die Bevölkerung des Landes grob einteilen in einen streng religiösen Teil, dem vorwiegend die Menschen der unteren Schichten zuzurechnen sind, und einen weniger religiösen und stark westlich beeinflußten kleineren Teil, der sich fast ausschließlich aus Menschen der oberen Schichten zusammensetzt. Dieser unterschiedliche Grad der Religiosität äußert sich nicht nur in der Ausübung der religiösen Pflichten, sondern in der gesamten Lebensweise, ihrer Einstellung zu Bereichen wie Liebe, Sexualität, Ehe. Es wäre jedoch zu einfach zu sagen, alle wohlhabenden Familien des Landes seien unreligiös und alle ärmeren Familien religiös, wenn das tendenziell auch zutreffen mag. Deshalb sollen die innerhalb der iranischen Gesellschaft tatsächlich bestehenden Unterschiede anhand der Beispiele zweier Studenten geschildert werden, die zwar verschiedenen Gesellschaftsschichten angehören, sich aber beide für ein Universitätsstudium entschieden haben, also in Zukunft einmal zu den Besserverdienenden gehören werden. Durch ihre unterschiedliche Erziehung stellen sie jedoch andere Erwartungen an ihr Leben.

Ihre *Gemeinsamkeiten* lassen sich an wenigen Punkten festmachen: Beide sind Anfang 20. *Reza* studiert Englisch, *Mehrdad* Veterinärmedizin.[66] Gemeinsam ist beiden, daß sie sich in der Universität in eine Kommilitonin verliebt haben. Das ist an sich nichts Besonderes und ereignet sich tagtäglich an Universitäten in aller Welt, im Iran jedoch sollen die Maßnahmen zur Geschlechtertrennung genau das verhindern.

Kontakt zwischen den Geschlechtern an iranischen Universitäten soll durch die Verschleierung der Frauen und eine strenge Geschlechtertrennung vermieden werden. Für den Besuch der Universität reicht es nicht aus, daß Studentinnen Mantel und Kopftuch tragen, vorgeschrieben sind der *Tschador* oder Mantel und *Maghnae*. Außerdem haben Studentinnen in den hinteren Reihen Platz zu nehmen, wo sie von ihren männlichen Kommilitonen nicht beobachtet werden können. Während der Vorlesung oder eines Seminars sollen die Kontakte zwischen den Geschlechtern, auch bei Diskussionen, möglichst gering gehalten werden, außerhalb der Veranstaltungen sind sie ganz verboten. Nach der Vorlesung über das soeben Gehörte bei einer Tasse Tee weiterzudiskutieren ist zwischen den Geschlechtern nicht gestattet. So sieht man innerhalb des Universitätsgeländes Männer und Frauen stets getrennt durch die Gegend laufen. Die Kontrollen bezüglich der Einhaltung der Geschlechtertrennung sind streng.

Studentenwohnheime auf dem Unigelände sind nach Geschlechtern ge-ordnet, eines für Männer, eines für Frauen und eines für Ehepaare. Es braucht nicht extra erwähnt zu werden, daß Männerbesuche im Frauen-wohnheim und auch umgekehrt Frauenbesuche im Männerwohnheim strengstens verboten sind. Die einzelnen Wohnheime unterstehen Kontrol-leuren der *Pasdaran*. Doch trotz aller Bemühungen, so ganz klappt die Ge-schlechtertrennung an den iranischen Universitäten nicht, trotz Verschleie-rung der Frauen verlieben sich junge Leute ineinander.

Reza und Mehrdad

Reza wohnt in einem Studentenwohnheim, seine "Verlobte" *Mariam* bei ihren Eltern. Mariam haben wir nicht kennengelernt, Reza selbst sieht sie außerhalb der Universität nicht besonders häufig, und wenn, dann im Hau-se ihrer Eltern. Er hätte es höchst unpassend gefunden, zu viert etwas in Teheran zu unternehmen. Mariam studiert Englisch im selben Semester wie Reza und befürwortet, wie uns Reza mitteilte, das Tragen des *Tschador* innerhalb der Universität, damit sie und ihre männlichen Mitstudenten sich auf ihr Studium konzentrieren können. Überhaupt sei es für die Frauen er-strebenswert, nicht aufgrund ihres Äußeren begehrt, sondern aufgrund ih-res Charakters, ihrer inneren Werte und ihres Wissens geschätzt zu wer-den. Dafür biete der *Tschador* beste Gewähr.

Mehrdad wohnt mit zwei weiteren Studenten in einer Wohngemein-schaft, seine Freundin *Seda* lebt bei ihrer Großmutter. Mehrdad hat uns sei-ne Freundin vorgestellt, und wir haben mehrere Abende mit den beiden in seiner Studentenbude verbracht. Sie studiert im selben Semester wie er und unterwirft sich nur widerwillig der vorgeschriebenen Verschleierung.

Beiden Paaren gemeinsam ist, daß sie uns offen und ehrlich von ihren Problemen erzählt und uns dadurch einen Einblick in ihr Leben und das ih-rer Familie gegeben haben. Sie haben im Prinzip dieselben Probleme, die sich durch ihr Verliebtsein ergeben. Ihre Religion, der Islam, offenbart an mehreren Stellen des Koran, daß Sexualität ein Bestandteil der Ehe und außerhalb der Ehegemeinschaft eine Sünde ist. Was macht man nun im Iran, wenn man sich in eine Kommilitonin verliebt hat? Die Probleme sind dieselben, doch werden sie höchst unterschiedlich gelöst.

Reza und Mariam

Als wir **Reza** kennenlernten, war er ziemlich traurig und auch verzweifelt. Mit seiner Mutter und seiner Schwester hatte er die Familie seiner "Verlobten" aufgesucht, um über eine mögliche und baldige Heirat zu sprechen. Doch **Mariams** Familie lehnte eine Hei-rat zwischen den beiden mit der Begründung ab, daß Reza zwar sehr nett, aber leider zwei Jahre jünger sei als Mariam. Die wahre Begründung der Ablehnung ist wohl eher darin zu suchen, daß er noch mitten im Studium steckt und nicht absehbar ist, wann er dieses beenden und damit in der Lage sein wird, eine Familie zu ernähren. Wenn man nun noch die Militärzeit hinzuaddiert, die ihm auch noch bevorsteht, wird Mariam eher in der Lage sein, eine Familie zu ernähren. Und das entspricht nun ganz und gar nicht den islamischen Vorstellungen einer Ehegemeinschaft.

Der übliche Ablauf einer Eheschließung im Iran sieht so aus, daß ein Mann sich erst dann mit Heiratsabsichten trägt, wenn er bereits einige Zeit im Berufsleben steht, über eine eigene Wohnung oder ein Haus verfügt und den zukünftigen Schwiegereltern vorrechnen kann, was er einer Frau alles bieten und wieviele Kinder er ernähren kann. Deshalb sind Ehemänner im Regelfall um etliche Jahre älter als ihre Frauen. Aus dieser Warte betrachtet, ist die Entscheidung von Mariams Familie durchaus verständlich, wenn sie auch für die beiden sehr schmerzhaft ist.

In arrangierten Ehen spielt Liebe eine nur untergeordnete Rolle. Es geht primär um materielle Sicherheit. Liebe und Zuneigung ergeben sich vielleicht im Laufe der Zeit oder auch nicht. Sie sind jedenfalls nicht Voraussetzung für eine islamische Eheschließung.

Nun ist Mariam bereits über 20 Jahre alt und könnte nach iranischem Gesetz eigentlich auch ohne Einwilligung ihres Vormundes heiraten. Doch die Tradition, die in allen islamischen Ländern eine sehr große Rolle spielt, steht dagegen. Traditionell sind die Eltern der Frau für die Eheschließung zuständig. Die Frage, ob die Eheschließung einer Jungfrau ohne Einwilligung ihres Vormundes anzuerkennen sei, ist unter schiitischen Geistlichen umstritten. Unumstritten dagegen ist, daß eine Frau, die bereits verheiratet war, also verwitwet oder geschieden ist, selbständig die Wahl ihres zukünftigen Ehepartners treffen und auch den Ehevertrag allein aufsetzen darf. Einer Jungfrau unterstellt man, daß sie aus ihrer Unerfahrenheit heraus leicht zu überrumpeln sei, auf Liebesschwüre und Versprechungen eines Mannes hereinfalle und deshalb unter Umständen die falsche Wahl treffen werde. Ihr Vater dagegen kenne die Schlichen der Männer ganz genau und solle deshalb die Wahl des Ehemannes für seine Tochter treffen. Würde Mariam gegen den Willen ihrer Familie heiraten, würde das eventuell den Bruch mit ihrer Familie zur Folge haben. Und davor schrecken Mariam und Reza zurück.

Die beiden leben streng nach den islamischen Geboten. Obwohl sie sich lieben, haben sie sich bislang noch nicht geküßt, aber er hat sie in ihrem Elternhaus schon ohne Kopftuch gesehen – nicht jedoch ohne einen Mantel. Mehr wollten und wollen sie nicht, denn wie gesagt, Sexualität hat nur innerhalb der Grenzen einer Ehe stattzufinden.

Sie lieben sich und wollen nicht gegen ihren Glauben verstoßen. Sie sind jedoch verzweifelt und wissen nicht, wie ihre Geschichte weitergehen soll. So beugen sie sich zunächst einmal der Entscheidung von Mariams Familie, haben sich aber zugleich geschworen, nicht nachzugeben, falls ihre Eltern eines Tages andere Partner für eine Ehe vorschlagen. Lieber wollen sie gar nicht heiraten und ewig aufeinander warten.

Das ist echte Liebe. Und davon gibt es in islamischen Ländern nicht allzuviel. Deshalb sind Geschichten wie diese traurig, wenn zwei Menschen sich lieben und nicht zusammenkommen können. Mit einem Ratschlag wie 'setzt euch doch einfach über das Verbot hinweg' ist ihnen auch nicht geholfen. Sie sind in dem Glauben erzogen worden, daß eine voreheliche Freundschaft eine Sünde ist und die Jungfräulichkeit bis zur Eheschließung bewahrt werden muß. Deshalb würden zwei derart gläubige Menschen wie Mariam und Reza auch nicht glücklich werden, wenn sie sich über die bestehenden religiösen und gesellschaftlichen Gebote hinwegsetzen würden. Sie können und wollen die Ehre ihrer Familien nicht aufs Spiel setzen. Irgendwann wird Reza sein Studium beendet und seinen Militärdienst abgeleistet haben und eine Familie ernähren können. Das dauert zwar noch ein paar Jahre, aber vielleicht schwindet in der Zwischenzeit der Widerstand von Mariams Familie.

Vielleicht wird irgendwann einmal in näherer Zukunft auch in islamischen Ländern die Entwicklung dahin gehen, daß die Freiheit, den Ehepartner selbst auszuwählen, auch jungen Frauen gewährt wird. Und auch der Prophet Mohammad wird in einigen seiner *Hadithe* dahingehend zitiert, daß er gesagt haben soll, daß Mann und Frau durch Liebe miteinander verbunden sein sollen. Doch es gibt eben auch genügend *Hadithe*, die besagen, daß sich ein Ehepaar vor der Hochzeit nicht näher kennenlernen soll.

Mehrdad und Seda

Einen anderen Weg haben **Mehrdad und Seda** beschritten. Mehrdad kommt aus einer Familie, in der die Religion, der Islam, nicht so streng praktiziert wird. Weder gehen die einzelnen Familienmitglieder täglich in die Moschee, noch beten sie regelmäßig zu Hause. In Mekka waren sie noch nicht, obwohl sie sich eine Pilgerfahrt durchaus leisten könnten, und während des Fastenmonats Ramadan fasten sie nur nach außen hin. Diese kurze Charakteristik deutet bereits an, daß die Einhaltung der religiösen Gebote, zu denen auch der Verzicht auf eine voreheliche Freundschaft zwischen den Geschlechtern zählt, eine nicht ganz so große Rolle in seiner Familie spielt. Ähnlich sieht es auch in der Familie seiner Freundin aus.

Ganz bewußt wurde Mariam die Verlobte von Reza genannt, während Seda eben die Freundin von Mehrdad ist, nicht mehr und nicht weniger. Das macht schon die Unterschiede deutlich. Während Reza seine Verlobte heiraten will, verfolgt Mehrdad andere Pläne. Auch er hat sich in eine Mitstudentin verliebt. Doch wer weiß schon, ob diese Liebe von langer Dauer sein wird. Auch er steckt mitten im Studium und hat seine Militärzeit noch vor sich. Aber er ist jetzt verliebt und möchte nicht noch Jahre warten. Zumal er ja auch nicht weiß, gar nicht wissen kann, ob er in fünf Jahren noch in seine Freundin verliebt sein wird. Und umgekehrt, ob sie noch in ihn verliebt sein wird.

Also haben sich die beiden dafür entschieden, nicht zu warten, und die Gefahren, die eine verbotene Freundschaft, also *Zina*, mit sich bringt, auf sich zu nehmen. *Zina*, des verbotenen Geschlechtsverkehrs, in ihrem Fall zwischen Ledigen, beschuldigt zu werden, würde für sie bedeuten, wenn es ganz schlimm kommt, mit 100 Peitschenhieben bestraft und darüberhinaus vielleicht noch zwangsverheiratet zu werden. Sie sind sich der drohenden Gefahren bewußt, nehmen sie aber in Kauf.

Mehrdad und Seda haben etliche Vorsichtsmaßnahmen getroffen, um die Gefahr einer Entdeckung zu verringern. In der Universität, wo sie sich kennengelernt haben, reden sie, seit sie miteinander befreundet sind, nicht mehr miteinander. Sie sitzen in derselben Vorlesung, aber sie grüßen sich nicht, beachten sich nicht, kennen sich nicht. So soll es nach den Vorstellungen des islamischen Staates ja ohnehin sein, aber es halten sich nicht alle Studenten daran. Mehrdad und Seda schon. Ein Dozent könnte Verdacht schöpfen. Und ob die beiden jedem Kommilitonen trauen können, ist ungewiß. Es sitzen genug Studenten und Studentinnen in den Veranstaltungen, die von der Richtigkeit und Wichtigkeit der Geschlechtertrennung überzeugt sind.

Auch außerhalb des Universitätsgeländes lassen sie sich nach Möglichkeit nicht zusammen blicken, es gibt also kaum gemeinsame Spaziergänge oder Restaurantbesuche. Sie kennen zwar einige Restaurants und Cafés, die selten kontrolliert werden und daher relativ sicher sind. Doch überall kann die *Pasdaran* lauern, in Uniform oder Zivil. Verabredungen müssen mit größter Vorsicht getroffen werden. Würde ein Dozent oder die Pasdaran die beiden innerhalb oder außerhalb der Uni zusammen sehen und ihr Verwandtschaftsverhältnis überprüfen, wäre ihnen der Rauswurf aus der Universität gewiß. Jedes Treffen muß also genauestens geplant werden. Sie wissen, wo besonders große

Gefahren lauern, welche Stadtteile oder Straßenzüge regelmäßig kontrolliert werden. Besonders in den Abend- und Nachtstunden, in denen sich eine anständige Frau am besten überhaupt nicht mehr in der Öffentlichkeit aufhält, werden die Kontrollen verschärft.

Wir haben uns mehrere Abende hintereinander mit den beiden in der Wohnung von Mehrdad getroffen und haben erlebt, wie schwierig sich eine gemeinsame Autofahrt gestalten kann. So fahren sie kreuz und quer durch die Stadt, um Hauptstraßen, die besonders häufig kontrolliert werden, zu meiden. Den direkten Weg nach Hause zu benutzen ist zu gefährlich. So wird jeder Schleichweg wahrgenommen, um den Kontrollwagen der *Pasdaran* zu entgehen, die hinter jeder Ecke stehen können. An einer Straßenkreuzung, an der wir längere Zeit zu warten hatten, erlebten wir, daß uns einer der Kontrollwagen direkt gegenüber stand und seine Insassen zu uns herüberblickten. Den beiden blieb fast das Herz stehen, und sie atmeten tief durch, als die Gefahr vorüber war. Es war wirklich eine Irrfahrt durch die gesamte Stadt, und mehrmals mußten sich die beiden Männer an Bord, Mehrdad und mein Mann Axel, ducken, damit sie von außen nicht gesehen werden konnten. An einer Ampel in der Innenstadt, an der wir ebenfalls länger zu stehen hatten, schauten Passanten, die direkt am Wagen vorbeigingen, in denselben hinein, entdeckten die beiden, die sich mal wieder duckten, natürlich sofort und fingen an zu lächeln. Eine solche Situation kommt wohl häufiger vor, kann aber wirklich gefährlich werden, wenn der oder die Falsche in den Wagen schaut. Bei diesen gemeinsamen Fahrten haben wir hautnah miterlebt, welche Schwierigkeiten eine "verbotene" Liebe im Iran bedeuten kann.

So wurde uns auch mehr als deutlich vor Augen geführt, daß keine Person in ihrem Umkreis, der sie nicht 100prozentig vertrauen, von ihrer Freundschaft erfahren darf. Ihre beiden Familien sind eingeweiht, haben zwar Verständnis für sie, das heißt, sie wollen ihre Freundschaft nicht unterbinden, stehen aber natürlicherweise jeden Tag und jede Minute fürchterliche Ängste aus und bitten sie deshalb, mehr als vorsichtig zu sein. Seda darf aus diesem Grunde nicht bei Mehrdad übernachten, weil das zu gefährlich wäre.

Mehrdad wohnt, wie bereits erwähnt, in einer Wohngemeinschaft, Seda bei ihrer Großmutter. Diese beiden Wohnungen sind die einzigen Orte in der ganzen Stadt, wo sie sich einigermaßen sicher fühlen können. Im Studentenwohnheim zu wohnen wäre besonders für Seda nicht sehr lustig, weil sie ständig kontrolliert würde und zudem Rechenschaft über ihre Aktivitäten abzulegen hätte, wenn sie einmal erst später am Abend heimkäme. Und wenn sie beide im Wohnheim wohnen würden, hätten sie überhaupt keinen Ort für sich. Die beiden Mitbewohner von Mehrdad haben übrigens auch eine Freundin. Mehrdad und Seda stehen mit ihren Problemen also nicht allein da.

Doch müssen die beiden nicht nur vor den Kontrollen der *Pasdaran* Angst haben, sondern auch vor einer ungewollten Schwangerschaft. Uneheliche Kinder gibt es nicht im Iran. Spätestens bei einer Schwangerschaft müßten sie heiraten, und zwar sofort, damit die Zeitspanne zwischen Hochzeit und Geburt nicht zu deutlich offenbart, daß die Empfängnis bereits vor der Hochzeit stattgefunden hat. Verhütung ist eigentlich kein Problem im Iran. Jedes Ehepaar, das sich noch keine oder keine Kinder mehr wünscht, kann zu verschiedenen Verhütungsmethoden greifen. Eine unverheiratete Frau hat jedoch keine Möglichkeit, sich beim Arzt die Pille verschreiben zu lassen.

Eine mögliche Lösung?

Reza hält die göttlichen Gebote des Islam ein und wird deshalb auch keine Probleme mit den Gesetzen der Scharia bekommen. Doch eigentlich lehnt der Islam **Enthaltsamkeit** ab, weil die sexuelle Befriedigung zu den Grundbedürfnissen des Menschen zählt und sexuell unbefriedigte Menschen eine Gefahr für die islamische Gemeinschaft darstellen. Mehrdad kümmert sich nicht um die göttlichen Gebote und verstößt damit zugleich gegen die islamischen Gesetze der Scharia. Er macht sich der *Zina* schuldig. Nach islamischer Auffassung ist er mit seinem Verhalten bereits ganz konkret zur Bedrohung der Gesellschaft geworden. Würden sich alle Mitglieder der Gemeinschaft so verhalten wie er und gegen die göttlichen Gebote verstoßen, würde sie zugrunde gehen.

Das zwölferschiitische Recht hält, rein theoretisch, für beide Fälle die Lösung all ihrer Probleme parat: die Zeitehe. Mit dem Eingehen einer **Zeitehe** bestünde für beide Paare die Möglichkeit, ihre Liebe zu legalisieren. Beide Paare könnten für die Dauer ihres Studiums eine Zeitehe schließen und später entscheiden, ob sie nun eine Dauerehe eingehen wollen oder sich trennen bzw. ob die Eltern von Mariam dann ihre Zustimmung zu einer Dauerehe geben.

Für die Schließung einer Zeitehe benötigt eine Frau, auch eine unerfahrene Frau, die zum erstenmal heiratet, nicht die Einwilligung ihres Vormundes. Auch den Ehevertrag, der die Dauer der Ehe und die Höhe des Brautgeldes festlegt, darf sie eigenverantwortlich aushandeln. Auch ihre Familie dürfte dagegen wenig einzuwenden haben, müßte keine Sorgen haben, ob die beiden jetzt ''Dummheiten'' begehen. Schiitische Geistliche argumentieren, daß für eben solche Fälle die Zeitehe da sei.

Die Vorteile, die schiitische Geistliche sehen, liegen darin, daß junge Leute *Zina* umschiffen, dabei aber noch keine Entscheidung für das ganze Leben treffen müssen. Wenn in solchen Fällen dann nach einiger Zeit einer Familiengründung vom Finanziellen her nichts mehr im Wege steht, können sie sagen, ja, jetzt heiraten wir dauerhaft, oder wir lassen es bleiben. Der Frau, die im letzteren Fall in eine Ehe mit einem anderen Partner nun nicht mehr unberührt gehen würde, entstünden aus ihrer Zeitehe keine Nachteile, weil die Zeitehe vom schiitischen Recht klar anerkannt wird.

Doch für beide Paare stellt die schiitische Institution der Zeitehe keine wirkliche Alternative zu ihrem momentanen Zustand dar. Sie hat einen schlechten Ruf und wird, außer von einigen Geistlichen, die sie noch immer propagieren, mit Prostitution in Verbindung gebracht. Nur so ist es zu verstehen, daß junge Leute im Iran, die verliebt sind, keine Zeitehe eingehen wollen, auch wenn diese über einen längeren Zeitraum hinweg abgeschlossen sein sollte.

Die beiden Beispiele, die keineswegs Einzelfälle im Iran sind, sollen hier nicht wertend dargestellt werden. Weder die eine noch die andere Handhabung ist meines Erachtens richtig oder falsch. Die Geschichte dieser beiden Paare, die sich wahrscheinlich gegenseitig belächeln oder auch verurteilen würden, soll den europäischen Lesern vielmehr zeigen, wie junge Leute im Iran zum Thema Sexualität stehen. Wie überall im islamischen Raum entscheiden sich junge Leute, wenn sie verliebt sind, je nachdem wie sie erzogen wurden, für eine voreheliche Freundschaft, oder sie warten auf die Ehe. Zahlreiche junge Leute akzeptieren auch heute noch die Entscheidung ihrer Eltern ohne Widerspruch, wenn diese einen Ehepartner für sie auserkoren haben. Aber es sind immer weniger Frauen in den islamischen Ländern, die sich eine Ehe aufzwingen lassen, in der ihnen der Partner so ganz und gar nicht zusagt.

Unterwegs im Iran

Planung

Azadi-Platz in Teheran

Reisezeit unter Berücksichtigung der bestehenden Kleiderordnung für Touristen

Schon beim Planen einer Iranreise ist die auch für Touristen geltende Kleiderordnung miteinzubeziehen. Besonders für **weibliche Reisende** gilt es, einige Vorschriften zu beachten. Es wird von ihnen im allgemeinen nicht erwartet, *Tschador* zu tragen. Ausreichend ist es, einen **Mantel** in gedeckten Farben und ein nicht zu durchscheinendes großes **Kopftuch** mitzubringen. Der Mantel, je nach Jahreszeit dicker oder dünner, muß nicht bis zum Boden, sollte aber zumindest über die Knie reichen. Besonders in den heißen Sommermonaten sollte an leichte Kleidung für untendrunter gedacht werden. Feste **Schuhe** und dicke **Strümpfe** sind vorgeschrieben, es bieten sich Turnschuhe an, weil sie bequem sind und auch von der iranischen Bevölkerung gerne getragen werden. Sandalen hingegen sollten zu Hause bleiben. Auf der Straße wird es in dieser Kleidung keine Schwierigkeiten geben, in manchen Moscheen allerdings werden auch Touristinnen nicht umhinkommen, einen *Tschador* überzuziehen.

Es ist natürlich möglich, *Tschador* und auch Mantel und Kopftuch **vor Ort** zu erstehen. Die Auswahl an Kleidungsstücken dieser Art ist riesig. Für einen *Tschador* werden Touristinnen in Deutschland weniger Verwendung haben, aber Mäntel und Kopftücher sind im Winter ja gar nicht schlecht. Die meisten Mäntel, die angeboten werden, sind für unsere Begriffe unmodisch weit geschnitten, doch im Iran erfüllen sie ihren Zweck. Es gibt aber auch engere Mäntel und kürzere Jacken.

Für **männliche Touristen** ist im Prinzip alles erlaubt außer kurzen Hosen. Ein Teil der Bevölkerung lehnt das Tragen von **Jeans** als der Hose des Westens, speziell der USA, allerdings ab. Zahlreiche junge Leute tragen dieses Kleidungsstück trotz allem sehr gerne. Im Sommer sind leichte Baumwollhosen den Jeans jedoch vorzuziehen. Kurzärmelige Hemden und T-Shirts sind nicht gerne gesehen, aber auch nicht verboten. Für den Besuch einer Moschee oder eines Amtes (zum Beispiel zwecks Visaverlängerung) sollte jedoch ein **langärmeliges Hemd** übergezogen werden, da ansonsten eventuell der Einlaß verwehrt wird. Wer auch im Urlaub bevorzugt Anzug trägt, sollte daran denken, daß Krawatten in islamischen Ländern weniger getragen werden. Für das **Schuhwerk** gelten dieselben Regeln wie bei den Frauen.

Der Iran ist geprägt von landschaftlichen Gegensätzen. Im Norden und Süden bilden das Kaspische Meer und der Persische Golf die natürlichen Grenzen. Im Norden erstreckt sich außerdem das Elburs-Gebirge mit dem höchsten Berg des Landes, dem 5670 m hohen Damawand, im Westen und Südwesten das Zagros-Gebirge, das Höhen bis über 4500 m erreicht. Von der Gesamtfläche des Landes bestehen etwa 50 % aus Wüste und

Steppe. Das Landesinnere wird von zwei großen Wüsten durchzogen, der Salzwüste Dascht-e Kewir und der Sandwüste Dascht-e Lut. Dementsprechend sind die unterschiedlichen iranischen Landschaften von **starken klimatischen Gegensätzen** geprägt. Außer in den Küstenregionen im äußersten Norden und Süden des Landes herrscht vorwiegend trockenes Klima mit jedoch starken Temperaturschwankungen. In der Wüste steigen die Temperaturen im Hochsommer auf weit über 40 Grad, während der zeitgleiche Aufenthalt im Hochland über 1000 oder 1500 m durchaus noch angenehm ist. Die Gegend am Persischen Golf besitzt subtropisches Klima, das besonders in den Sommermonaten kaum zu empfehlen ist. Auch das Küstengebiet am Kaspischen Meer hat feuchtes Klima, doch es ist längst nicht so heiß und dadurch besser zu ertragen.

Reisende werden es bei den bestehenden Klimaunterschieden kaum schaffen, überall zur rechten Zeit zu sein. Für Touristen, die alle Regionen des Landes besuchen wollen, sind Frühjahr und Herbst als **Reisezeit** besonders zu empfehlen, also die Monate März bis Mai und September bis November. Bei frühlingshaften Temperaturen um die 20 Grad ist die islamische Bekleidung noch gut zu ertragen. Doch wenn es in Teheran 20 Grad warm ist, steigt das Thermometer in dem Oasenstädtchen Bam, nahe der pakistanischen Grenze, bereits auf 30 Grad. Im iranischen Hochsommer kann es für Frauen unter Mantel und Kopftuch, auch wenn diese aus leichten Materialien bestehen sollten, schon ziemlich heiß werden. Das Tragen islamischer Kleidung ermüdet Frauen furchtbar, besonders dann, wenn Freund oder Ehemann mit T-Shirt herumläuft und es ihm merklich besser geht. Doch jede europäische Frau wird es in einer solchen Situation gewiß aufmuntern, das Kompliment eines iranischen Mannes zu hören, daß ihr die Verschleierung aber wirklich gut stehe. Das Tragen westlicher Kleidung, das Touristen in anderen islamischen Ländern gestattet ist, wird im Iran nicht geduldet. Iran-Reisende müssen bedenken, daß sie sich bei allen Temperaturen der islamischen Kleiderordnung unterzuordnen haben. Auch bei über 40 Grad werden keine Ausnahmen geduldet.

Der wichtigste Punkt, über den sich alle Iran-Reisenden, insbesondere die Frauen, schon in der Planungsphase im klaren sein müssen, ist der, daß in der Islamischen Republik **andere Gesetze** herrschen als in Europa und auch einem großen Teil der islamischen Welt. In zahlreichen islamischen Ländern werden verschiedene Maßstäbe in bezug auf die Kleiderwahl und das Auftreten in der Öffentlichkeit für Einheimische und Touristen angesetzt. Doch darf in diesem Zusammenhang nicht vergessen werden, daß jene Länder, in denen Touristen vorbehaltlos alle Freiheiten der westlichen Welt genießen können, in den letzten Jahren weniger geworden sind. Das Auftreten westlicher Touristen in diesen Ländern wurde längst nicht von allen Bevölkerungsschichten akzeptiert. Angesichts der sich häufenden Anschläge auf Reisende in islamischen Ländern, die den Tourismus in Algerien komplett und in Ägypten zumindest teilweise zum Erliegen brachten, stellt sich die Frage, ob sich das Verhalten vieler Touristen im Ausland nicht generell ändern muß. Touristen tun gut daran, sich unabhängig vom Reiseland stets unauffällig und den Gegebenheiten des Landes angemessen zu verhalten.

Freiheiten, die Touristen, mitunter allerdings unter großen Gefahren, in anderen islamischen Ländern zur Zeit noch genießen, werden Ausländern im Iran gar nicht erst gewährt. Sie haben sich für den Zeitraum ihres Aufenthaltes in der Islamischen Republik sowohl der staatlich verordneten Geschlechtertrennung als auch den Kleidervorschriften unterzuordnen. Die Kleiderordnung, ob sie von Einzelnen nun verurteilt wird oder nicht, sollte, aufgrund der jüngsten Erfahrungen in anderen Ländern, nicht allzu negativ bewertet, sondern vielmehr als Schutzmaßnahme betrachtet werden. Die meisten Frauen in Europa laufen im Hochsommer bevorzugt kurzärmlig und ohne Kopftuch durch die Gegend. Doch wer in den Urlaub fährt, sollte bereit sein, für die Dauer seines Auslandsaufenthaltes bestehende Vorschriften zu akzeptieren. Auch in Ländern, in denen eine islamische Kleiderordnung für Touristen nicht existiert, gehen weibliche Reisende inzwischen vereinzelt dazu über, zu ihrer eigenen Sicherheit ein Kopftuch zu tragen.

Sich den Gegebenheiten seines Reiselandes anzupassen, hielten schon Reisende früherer Jahrhunderte für extrem wichtig, wie zum Beispiel *Pietro della Valle*, der zu Beginn des 17. Jahrhunderts zwölf Jahre lang den Orient bereiste und auch in Persien unterwegs war. Er berichtete, daß er beim Überschreiten der persischen Grenze zuallererst seine Kleider wechselte, von da an nur persische Landestracht trug und sich zudem seinen Bart nach persischer Mode rasieren ließ.[67]

Für Touristen, die nur ein paar Wochen im Land weilen, ist die ganze Kleiderordnung nur halb so schlimm. Mit einem zurückhaltenden Auftreten sowie der sorgfältigen Beachtung genannter Kleiderregeln lassen sich eventuelle Schwierigkeiten im Iran, wie zum Beispiel das Zurechtweisen durch die *Pasdaran*, von vornherein vermeiden. Sicherlich schrecken zahlreiche europäische Frauen angesichts der äußeren Umstände davor zurück, eine Reise in die Islamische Republik zu unternehmen, doch, von diesen "Unannehmlichkeiten" einmal abgesehen, ist der Iran ein zur Zeit absolut sicheres Reiseland.

Visabeschaffung

Seit Beendigung des Iran/Irak-Krieges 1988 sind Reisen in die Islamische Republik Iran wieder möglich und wegen der Vielfalt großartiger Sehenswürdigkeiten auch gefragt. Doch ist es nicht ganz einfach, ein *Visum* für den Besuch des Landes zu erhalten. Voraussetzung ist zunächst einmal, daß der Antragsteller kein Visum von Israel, Südafrika oder Irak in seinem Reisepaß hat und dieser bei der geplanten Einreise in den Iran noch mindestens sechs Monate gültig ist. Wenig Schwierigkeiten erwarten den Touristen, der sich für eine *Gruppenreise* entscheidet. Immer mehr Reisegesellschaften bieten solche Gruppenreisen an, die zu den wichtigsten Sehenswürdigkeiten des Landes führen. Bei Buchung einer Gruppenreise wird das Visum von der Reisegesellschaft besorgt.

Nicht ganz so gern gesehen sind *Individualtouristen.* Touristenvisa an Einzelreisende werden zur Zeit nur in Ausnahmefällen erteilt. Die Entscheidung hierüber erfolgt relativ willkürlich. Anfragende werden meist an die Gruppenreisen verwiesen. Wer trotzdem allein reisen will, benötigt die Einladung einer iranischen Familie und kann damit ein Besuchervisum beantragen. In solchen Fällen ist jedoch mit einer langen Wartezeit zu rechnen, da die Adresse erst überprüft werden muß. Doch auch dem Reisewilligen, der keine Adresse aus dem Iran vorweisen kann, bietet sich eine Möglichkeit, auf eigene Faust durch das Land zu fahren. Er muß allerdings etwas mehr Zeit für die Reise mitbringen. Ein *Transitvisum* durch den Iran mit einer Gültigkeit von bis zu 14 Tagen wird meist ohne Schwierigkeiten erteilt. Doch kann der Transitreisende nicht einfach nach Teheran und wieder zurück fliegen, sondern muß das Land durchqueren und zur Ausreise einen anderen Grenzübergang wählen als zur Einreise.

Für die Beantragung eines Transitvisums ist es unerläßlich, das Visum des Ziellandes vorzuweisen. Von den umliegenden Ländern kommen für eine Durchquerung derzeit die Türkei und Pakistan sowie die GUS-Staaten Turkmenistan, Armenien und Aserbaidschan in Betracht. Die Grenzübergänge zu den anderen Nachbarstaaten Irak und Afghanistan, sind für den Touristenverkehr geschlossen.

Eine beliebte Route Fernreisender auf dem Weg nach Indien führt von der Türkei durch den Iran und Pakistan. Für die Türkei benötigt ein deutscher Staatsbürger kein Visum, Touristenvisa für Pakistan werden auf Anfrage mit einer Gültigkeit von vier Wochen erteilt. Wer sich entscheidet, mit einem Transitvisum durch das Land zu fahren, dem ist zu empfehlen, sich dieses, um die Wartezeit auf das Visum zu verkürzen, nicht in Deutschland, sondern auf der Strecke, also in Istanbul oder Ankara, oder, wenn man die umgekehrte Route nimmt, in Islamabad zu besorgen. Der Reisende wird das gewünschte Visum innerhalb weniger Tage erhalten, während die Beantragung bei einem iranischen Konsulat in Deutschland sehr zeitaufwendig ist und Wochen vergehen können, ehe man erfährt, ob das Visum nun erteilt wurde oder nicht. Außerdem liegen die Visagebühren in den genannten Ländern um einiges niedriger als in Deutschland.

Einmal erteilt, läßt sich das iranische Transitvisum im Land selbst in jeder größeren Stadt verlängern. Auf diese Weise kann der Transitreisende seinen Iranaufenthalt auf vier bis fünf Wochen ausdehnen. Bei der Verlängerung eines Visums sind erneut zwei Paßfotos vorzulegen.

Antragsteller für ein Iran-Visum haben ihrem Antrag drei **Lichtbilder** beizufügen. Für Frauen gelten bereits zu diesem Zeitpunkt die Bestimmungen der islamischen Kleiderordnung. Sie müssen Paßfotos mit Kopftuch, unter dem möglichst wenig Haare herausschauen, anfertigen lassen. Andere werden nicht akzeptiert.

An- und Einreise

Von Istanbul aus fährt alle zwei bis drei Tage, je nach Nachfrage, ein **Reisebus** direkt nach Teheran. Die etwa 50stündige Fahrt ist sehr anstrengend, doch mit etwa 50 DM pro Ticket die billigste Möglichkeit, einzureisen. Man kann natürlich auch nach Erzerum fliegen und dort einen Reisebus Richtung Iran besteigen. Es existiert zudem eine **Zugverbindung** zwischen Istanbul und der iranischen Grenze, die allerdings nur einmal wöchentlich verkehrt und zudem wesentlich teurer ist. Zugfahren ist sicherlich bequemer, der Zug ist allerdings einen Tag länger unterwegs als der Bus. Wer von pakistanischer Seite anreist, hat in Quetta die Möglichkeit, zwischen Eisenbahn und Bus zu wählen. Die etwa 30stündige Busfahrt durch die Wüste ist extrem anstrengend, da keine asphaltierte Straße existiert, teilweise nicht einmal eine Piste. Ein übriges tut die zumindest in den Sommermonaten herrschende brütende Hitze. Das Benutzen der Eisenbahn wäre auch in diesem Fall angenehmer, doch da dieser Zug nur zweimal wöchentlich verkehrt, sind die meisten Reisenden auf die täglichen Busverbindungen angewiesen. Das Bahnnetz endet, von pakistanischer Seite kommend, in der iranischen Stadt Zahedan. Doch ein Teil der Züge fährt nicht über die pakistanische Grenze hinaus und endet bereits in Taftan.

Die Anreise mit dem **eigenen Auto** ist zwar möglich, aber aus mehreren Gründen nicht unbedingt zu empfehlen. Zum einen ist es zur Zeit für Reisende aus dem westlichen Ausland sehr gefährlich, allein durch die Osttürkei zu fahren. Zum anderen sind die Straßenverhältnisse auf pakistanischer Seite wirklich so schlecht, daß sie einem Auto, das man noch längere Zeit fahren will, kaum zuzumuten sind.

Eine weitere Möglichkeit, die allerdings nur für wenige Reisende, zumindest aus dem westlichen Ausland, in Betracht kommen dürfte, besteht in der Nutzung der **Fährverbindungen** über den Persischen Golf von den verschiedenen Golfstaaten zu den iranischen Hafenstädten Buscher und Bandar Abbas.

Für eine Reise in den Iran empfiehlt es sich, die **Reisekasse** vorwiegend mit Bargeld auszustatten. Euroschecks werden zur Zeit im ganzen Land nicht akzeptiert, Kreditkarten in den internationalen Hotels der Großstädte teilweise. Das Eintauschen von Travellerschecks in einer iranischen Bank der größeren Städte dürfte normalerweise keine Schwierigkeiten bereiten. Allerdings erlebte ich einmal bei einem Versuch, einen Travellerscheck in Teheran einzutauschen, eine wahre Odysee und wurde von einer Bank zur nächsten geschickt, bis sich endlich ein Bankangestellter erbarmte und meinte, ich solle mein Glück doch einmal auf dem Schwarzmarkt versuchen. Und der nette Beamte hat sogar herumtelefoniert, um die aktuellen Schwarzmarktkurse in Erfahrung zu bringen. Ein Reisescheck wird jedenfalls immer einen schlechteren Umtauschkurs erzielen als Bargeld. Deshalb sollte zumindest der größere Teil der Reisekasse in Bargeld mitgenommen werden. Sowohl DM als auch US-Dollar sind gerne gesehen.

Grenzformalitäten

Der Iran ist, wie schon gesagt, auf dem Land-, dem See- und dem Luftweg zu erreichen. Wer mit der iranischen **Fluglinie** *"Iran Air"* anreist, kann sich schon frühzeitig an die im Iran herrschenden Kleiderregeln gewöhnen. Diese gelten nämlich ab Betreten des Flugzeuges. Wer mit einer anderen Linie fliegt, muß sich erst beim Aussteigen den Kleiderregeln unterordnen. Für Reisende auf dem Land- und dem Seeweg gelten die Kleiderregeln ab dem Betreten der Grenzstation.

Reisende haben sich **an der Grenze** auf einen längeren Aufenthalt einzustellen. Mal wird flüchtiger, mal strenger kontrolliert. Wenn ein verbotener Gegenstand gefunden wird, wird dieser gnadenlos eingezogen. Touristen werden zwar im Normalfall bei der Einreise nicht so streng kontrolliert wie Iraner, aber darauf sollten sie sich nicht unbedingt verlassen. Strenge Kontrollen sind für eine geschlossene Reisegruppe noch unwahrscheinlicher als für Einzelreisende, können jedoch nie völlig ausgeschlossen werden. Also sollten Touristen alle Bestimmungen befolgen, verbotene Dinge zu Hause lassen, um nicht schon bei der Einreise Unannehmlichkeiten heraufzubeschwören.

Bei einer Einreise in den Iran haben Reisende strenge **Einfuhrbestimmungen** zu befolgen. Kurz und knapp ausgedrückt: Es ist verboten, westliches Kulturgut in die Islamische Republik Iran einzuführen. Hierunter fallen insbesondere Musik- und Videokassetten mit westlichen Musik- und Filmaufnahmen, aber auch Zeitschriften mit Fotografien nur spärlich bekleideter Damen und Herren. Besonders westliche Musik- und Filmaufnahmen sind bei einem Teil der iranischen Bevölkerung sehr begehrt. Wer gern mit Walkman verreist, hat damit zu rechnen, seine Musikkassetten bereits an der Grenze abgeben zu müssen. Auch Zeitungen, Magazine und Bücher werden mitunter konfisziert. Das Mitführen einer Videokamera gestattet. Iranisches Geld darf nur bis zu einem Betrag von 20.000 Rials, etwa 12 DM, ein- und ausgeführt werden. Aufgrund des rapiden Wertverfalls des Rials in den letzten Jahren haben Angaben über den Wechselkurs nur kurze Zeit Bestand. Im September 1997 bekam man für eine DM etwa 1700 Rials.

Reisen in der Gruppe

Bereits in den Jahren vor der Islamischen Revolution war der Iran ein beliebtes Reiseland für Besucher aus dem westlichen Ausland. Durch die Revolution und den langjährigen Krieg mit dem Irak kam der Tourismus vollständig zum Erliegen. Auch die iranische Wirtschaft, hier besonders die Erdölindustrie, erlitt schwere Einbrüche. Die Erdölförderanlagen des Landes wurden in zahlreichen Luftangriffen während des Krieges schwer beschädigt. Bis heute haben die Fördermengen des Erdöls, das über 90 % des Exportvolumens ausmacht, nicht den Stand der Jahre vor der Revolution erreichen können. Nun ist das Land dringend auf Devisen angewiesen.

Die Politik der leichten Hinwendung zum Westen zeigt sich in der erneuten Aufnahme von Handelsbeziehungen mit Europa und den USA und der Öffnung des Landes für den Tourismus. Doch ist das Land nicht an einem Massentourismus interessiert, innerhalb dessen unzähligen Individualtouristen die Einreise ermöglicht würde und wie er heute in zahlreichen islamischen Ländern existiert. Genausowenig legt das Land Wert auf Badetourismus, wie es ihn zu Zeiten des Schah entlang des Kaspischen Meeres gegeben hat. Auch heute noch kann man dort schwimmen gehen, allerdings nur nach Geschlechtern getrennt, Frauen in voller islamischer Bekleidung. Und daran dürften europäische Reisende wenig Gefallen finden. Das Land fördert allein den reinen Bildungstourismus, wie er inzwischen von zahlreichen Reisegesellschaften in Form von Rundreisen durch das Land angeboten wird. Etwa zehn deutsche Reisegesellschaften bieten im Jahr 1998 Gruppenreisen durch den Iran an.

Als Frau alleine im Iran?

Als Frau allein zu reisen, davor schrecken viele Frauen in islamischen Ländern zurück. Freund oder Ehemann dabeizuhaben, gibt ihnen die nötige Sicherheit, um sich in einer ihnen fremden Welt zurechtzufinden, in der die Öffentlichkeit Männerbereich ist. Doch gibt es eben auch Frauen, die es vorziehen, sich allein auf den Weg zu machen. Diesbezüglich gelten im Iran dieselben Verhaltensregeln wie in der restlichen islamischen Welt. Hier wie dort muß eine alleinreisende Frau damit rechnen, massiven **Belästigungen** seitens der einheimischen Männerwelt ausgesetzt zu sein. Deshalb sollte eine Frau, wenn sie durchaus allein reisen will, den muslimischen Männern durch ihr Äußeres keinen Anlaß geben, sie anzusprechen und überhaupt ihre Aufmerksamkeit zu erregen. Doch das wird wohl kaum gelingen.

Sich wie einheimische Frauen zu verhalten wird schon dadurch praktisch unmöglich, daß einheimische Frauen kaum mit Rucksack und dann auch noch allein durch die Gegend ziehen. Wenn eine iranische Frau eine Reise unternimmt und sich aus der Familie kein männlicher Begleiter finden läßt, dann wird doch zumindest eine weibliche Verwandte mitgenommen. Deshalb sollte eine alleinreisende Touristin zumindest die bestehende Kleiderordnung gewissenhaft befolgen und bei **Gesprächen mit fremden Männern** in der Öffentlichkeit darauf verzichten, ihnen die Hand zu reichen oder in die Augen zu schauen. Diese könnten ihr Verhalten ansonsten als Annäherungsversuch deuten. Mit einem islamisch korrekten Auftreten zeigt eine ausländische Frau, daß sie die kulturellen und gesellschaftlichen Gepflogenheiten des Gastlandes akzeptiert und an flüchtigen Abenteuern mit der Männerwelt nicht interessiert ist.

Nun ist es als alleinreisende Frau natürlich schwierig, zwischen verschiedenen **Einladungen** zu unterscheiden. Wenn sie von Männern angesprochen und eingeladen wird, muß sie immer damit rechnen, daß der Mann nur mit ihr ins Bett will. Eine Einladung zum Besuch einer Familie sollte sie deshalb nur dann annehmen, wenn eine Einladung von einer Frau, einem Ehepaar oder einer ganzen Familie ausgesprochen wurde. Mit diesen Schwierigkeiten, die eventuell auf eine alleinreisende Frau zukommen, hat ein Paar weniger zu kämpfen, da die meisten Männer dann akzeptieren, daß die Frau für sie unerreichbar ist.

Dadurch aber, daß Touristinnen im Iran dieselbe Kleidung tragen wie die einheimischen Frauen, sind sie weniger den Belästigungen der Männer ausgesetzt als in anderen islamischen Ländern.

Daß es wenig Spaß macht, sich im Hochsommer bei Temperaturen von über 30 Grad mit viel zu dicker Kleidung zuzuhängen, mag ja richtig sein, doch wer nicht bereit ist, sich für eine Reise oder einen Urlaub anderen Verhältnissen anzupassen, sollte lieber ein westliches Reiseland auswählen. So gesehen, ist der Iran für alleinreisende Frauen vielleicht sicherer als andere islamische Länder.

Geschlechtertrennung im Reisealltag

Hotelleben

Für Reisende im Iran gilt, daß sie sich nur im eigenen Hotelzimmer frei bewegen dürfen. Die Öffentlichkeit endet erst, wenn sich die Tür des Hotelzimmers hinter den Touristen schließt. Für Hotelhalle, -restaurant oder -flur gelten dieselben Regeln wie für die Straße. Wenn also Dusche oder Toilette außerhalb des Hotelzimmers liegen, muß sich eine Frau, wenn es ihr auch umständlich erscheinen mag, schon für den kurzen Gang über den Flur verschleiern. Und der Mann darf nicht in kurzen Hosen über den Flur huschen.

Im Iran gibt es nicht die **Hotelauswahl** wie in Ägypten oder der Türkei, trotzdem findet der Reisende, je nach seinen Ansprüchen, vom Luxushotel bis zur einfachen Herberge alles. In einigen Hotels, gerade den besseren, haben westliche Reisende generell in US-Dollars zu bezahlen. Auch in einfacheren Hotels erwartet man in letzter Zeit aufgrund des rapiden Wertverfalls der einheimischen Währung mehr und mehr die Bezahlung in Devisen. Luxushotels sind natürlich in erster Linie in den Großstädten und Touristenzentren vorzufinden, in der Provinz werden die Hotels einfacher. Und wer bereit ist, auf "westlichen Standard" in bezug auf die Ausstattung zu verzichten, der kann recht preiswert unterkommen. In **kleinen Hotels** ist ein Doppelzimmer manchmal schon für umgerechnet drei bis fünf DM zu bekommen. In dieser Preisklasse sind die Zimmer sehr einfach ausgestattet, aber sauber. Manchmal jedoch ist die Bettwäsche nach dem letzten Gast nicht gewechselt worden, doch auf eine höfliche Anfrage hin wird dies sofort nachgeholt. Die sanitären Anlagen liegen in den kleineren und billigeren Hotels meist auf dem Flur. Diese Hotels sind auch bezüglich der Toilettenanlagen natürlich nicht auf europäische Gäste eingestellt, so daß der Tourist mit der "arabischen Variante" der Toilette rechnen muß. Doch daran gewöhnt man sich. Auch Toilettenpapier ist gewöhnlich nur in den besseren Hotels vorzufinden, ansonsten selbst mitzubringen.

Die billigen Hotels findet man allerdings nur mit Kenntnissen der Landessprache *(Farsi)* oder eben mit Hilfe von Einheimischen, denn einfache Hotels besitzen selten Hinweisschilder in lateinischer Schrift. Gruppenreisende steigen ohnehin nur in den besten Hotels ab, doch auch Individualtouristen sind etwas teurere Hotels zu empfehlen. In der Preiskategorie 20 bis 30 DM, für Europäer immer noch ein erschwinglicher Preis, sind bereits schöne Zimmer mit Dusche, Bad und WC zu erhalten. Damit wird das Hotelleben im Iran entschieden leichter.

Unverheirateten Paaren empfiehlt es sich, sich im Hotel stets als verheiratet auszugeben. Den meisten Hotelangestellten ist es gleichgültig, ob ausländische Gäste nun verheiratet sind oder nicht. Doch sie haben sich an die Gesetze zu halten und junge Paare danach zu fragen. Da sich ein unverheiratetes Paar *Zina* schuldig macht, werden ihm, wenn es im Hotel seinen wahren Familienstand angibt, zwei getrennte Hotelzimmer zugewiesen. Nachkontrolliert werden kann der Familienstand nicht. Weder gibt es im Reisepaß einen entsprechenden Vermerk darüber, noch geben die Familiennamen der Betroffenen einen Hinweis, besonders seitdem Ehepaare auch verschiedene Namen führen dürfen. Im Iran ist es ohnehin nicht üblich, daß Ehepaare denselben Familiennamen tragen. Die Frau behält automatisch ihren Namen, die gemeinsamen Kinder erhalten den Familiennamen des Vaters.

Auf der Straße

Touristen müssen sich, wenn sie sich in der Öffentlichkeit bewegen, immer vor Augen halten, daß sie mit vielen Dingen, über die man hierzulande gar nicht nachdenkt, bereits gegen islamische Gebote verstoßen. Als Verhaltensregel auf der Straße gilt deshalb, sich möglichst so zu verhalten, wie es die einheimische Bevölkerung zu tun pflegt. Dazu gehört neben der ordnungsgemäßen Kleidung auch ein unauffälliges Auftreten.

Vor allem sollten Touristen jede **Berührung** zwischen den Geschlechtern vermeiden, auch wenn das Paaren am Anfang vielleicht schwerfallen wird. In unseren Breitengraden gibt man sich ganz automatisch einmal einen Kuß auf der Straße. Im Iran kann es da wirklich Ärger geben, auch wenn Reisende sicherlich nicht gleich von der *Pasdaran* abgeholt werden, wenn sie gegen diese Regeln verstoßen. Ein Austausch von Zärtlichkeiten in der Öffentlichkeit ist in allen islamischen Ländern generell nicht gestattet. Andere Länder mögen in dieser Frage in bezug auf Verhalten von Touristen vielleicht toleranter sein, von Teilen der Bevölkerung wird ein solches Auftreten, das einen Verstoß gegen die guten Sitten bedeutet, aber auch dort mißbilligt. Im Iran ist ein Verstoß gegen die islamischen Gebote zugleich ein Verstoß gegen die staatlichen Gesetze, die auf eben jenen fußen.

Frauen sollten, wenn sie in der Öffentlichkeit unterwegs sind, von Zeit zu Zeit überprüfen, ob das Kopftuch oder der Schleier noch richtig sitzt und nicht allzu viele Haare hervorschauen. Besondere Schwierigkeiten bereitet der *Tschador,* der bis zum Boden reicht und, obwohl er nicht schwer ist, ständig nach hinten rutscht.

In Teheran habe ich mich einmal dazu entschlossen, einen ganzen Tag lang **Tschador** zu tragen, um zu erfahren, welche Mühen zahlreiche iranische Frauen Tag für Tag auf sich nehmen. Ich hatte wirklich Schwierigkeiten. An der Stelle, an der der *Tschador* über den Kopf gezogen wird, befindet sich ein Gummi, das das Verrutschen dieses islamischen Kleidungsstückes eigentlich verhindern soll. Trotzdem war ich den ganzen Tag über mit Zurechtrücken beschäftigt. Auch ist es anstrengend, die Stoffpartien ständig mit den Händen zusammenzuhalten. Die Arme einfach einmal baumeln zu lassen ist nicht drin. Wenn tschadortragende Frauen beide Arme zum Tragen von Einkaufstaschen oder für das Einsteigen in den Bus brauchen, wird der *Tschador* vorübergehend mit den Zähnen zusammengehalten. Es ist auf alle Fälle vorteilhaft, unter dem *Tschador* einen Mantel zu tragen, falls der Wind einmal den Stoffumhang verweht. Trägt die Frau zusätzlich einen Mantel, bleibt ihr Körper auch in einer solchen Situation vollständig verhüllt. Keine iranische Frau würde je nur mit *Tschador* bekleidet aus dem Haus gehen. Deshalb empfehle ich auch allen Touristinnen, wenn sie für einen Moscheebesuch einen *Tschador* zu tragen haben, dies nur in Verbindung mit einem Mantel zu tun.

Die kleine Notlüge **unverheirateter Paare**, sich vor dem Hotelpersonal als verheiratet auszugeben, sollte generell für die gesamte Dauer des Iran-Aufenthaltes Bestand haben. Zumindest sollte diese Vorsichtsmaßnahme bei flüchtigen Gesprächen auf der Straße beachtet werden, weil man nicht immer wissen kann, wen man vor sich hat. Immerhin bedeutet schon der bloße Aufenthalt eines unverheirateten Paares in der Öffentlichkeit einen Verstoß gegen die islamischen Gesetze. Natürlich gelten für Reisende in dieser Beziehung nicht die strengen Maßnahmen wie für die iranische Bevölkerung, trotzdem erleichtert das "Eingehen einer Ehe" das Leben im Iran entschieden.

Benutzung der öffentlichen Verkehrsmittel

Das Benutzen der öffentlichen Verkehrsmittel ist natürlich in erster Linie für den Individualtouristen interessant. Der Gruppenreisende wird höchstens einmal in den Städten Bus oder Taxi fahren. Doch auch hier sind bereits einige Besonderheiten zu beachten, die der allgemeinen **Geschlechtertrennung** zu verdanken sind.

Stadtbus: In den innerstädtischen Bussen aller iranischen Gemeinden steigen Männer vorne und Frauen hinten ein. Das Businnere ist durch eine Eisenstange in zwei Teile geteilt – 2/3 zu 1/3 zugunsten der männlichen Fahrgäste. Auch für Ehepaare besteht keine Möglichkeit, nebeneinander zu sitzen oder zu stehen. So steigen Mann und Frau getrennt in den Bus ein und aus, um anschließend wieder gemeinsam ihres Weges zu ziehen. Ein wenig ärgerlich ist die Sache natürlich, wenn in einem der Bereiche ganz viel Platz ist und es sich in dem anderen Busteil drängt. Auch wenn sich die Fahrgäste auf den Füßen stehen, sie dürfen die freien Plätze im jeweils anderen Teil des Busses nicht einnehmen. Der Frauenbereich im Bus ist kleiner und trägt dem allgemeinen Zustand islamischer Länder Rechnung, daß die Öffentlichkeit Männerbereich ist und demzufolge mehr Männer als Frauen Bus fahren. Dies trifft jedoch in der Praxis nicht zu jeder Tageszeit zu.

Die Unterteilung der innerstädtischen Busse in einen Männer- und einen Frauenbereich wird erst seit Anfang der neunziger Jahre praktiziert. Man läßt sich immer wieder etwas Neues einfallen, um die Geschlechtertrennung in der Öffentlichkeit weiter auszubauen. So neu ist die Geschichte dann aber doch nicht. Auch im Nachbarland Pakistan fahren Stadtbusse nur unter Einhaltung der Geschlechtertrennung. Hier werden den Frauen allerdings die vorderen Sitzreihen freigehalten, während die Männer sich in den hinteren Teil des Busses zu begeben haben. Doch in Pakistan verzichtet man auf eine Abgrenzung dieser zwei Bereiche durch eine Schranke. Und die Geschlechtertrennung funktioniert trotzdem ganz gut.

Fahrscheine für den innerstädtischen Busverkehr sind an größeren Bushaltestellen in Fahrkartenhäuschen erhältlich. Die Fahrscheine sind extrem billig, so daß Touristen beim Fahrkartenkauf Kleingeld bereithalten sollten. Auch wäre es bei den geringen Fahrpreisen fast schon lächerlich, ein einzelnes Ticket holen zu wollen, so daß sich auch Touristen am besten gleich mehrere Fahrscheine besorgen.

Taxi: In den iranischen Städten verkehren zwei Arten von Taxen. Einmal Sammeltaxen, die immer dieselbe Route fahren und zwischendurch überall Fahrgäste auflesen, sowie Servicetaxen, die es auch bei uns gibt und die ihre Fahrgäste auf Wunsch überallhin bringen. In den *Servicetaxen* ist es angebracht, den Fahrpreis vor Fahrtantritt auszuhandeln. Die Taxen sind an ihren unterschiedlichen Farben auch für den Touristen gut zu erkennen, Servicetaxen fahren in blau oder schwarz, Sammeltaxen in orange. Daneben gibt es noch Sammeltaxen von Privatleuten, die sich nach Feierabend etwas hinzuverdienen wollen oder auch müssen. Sie sind eigentlich nur daran zu erkennen, daß sie halten, wenn man irgendwo am Straßenrand steht und winkt.

Die *Sammeltaxen* sind sehr beliebt, weil sie nicht viel teurer sind als Busse, dafür aber häufiger verkehren. In diesen Sammeltaxen läßt sich die Geschlechtertrennung nicht immer durchführen, weil die Fahrgäste doch sehr häufig wechseln. Wenn neue Fahrgäste einsteigen, achten sie aber darauf, daß keine fremden Männer und Frauen nebeneinander sitzen müssen. Das läßt sich jedoch nicht immer einhalten, weil nicht bei jedem Fahrgastwechsel die Anwesenden aussteigen und die Sitzordnung entsprechend der islamischen Gebote abändern können. So kommt es hin und wieder zu engstem Körperkontakt zwischen wildfremden Männern und Frauen! Auch Reisende sollten von sich aus darauf achten, sich im Taxi, wenn es möglich ist, nur gleichgeschlechtlich zu setzen.

Die Kontrollen der *Pasdaran* während der nunmehr fast 20 Jahre existierenden Islamischen Republik werden mal strenger, mal lockerer gehandhabt. Während einer besonders strengen Phase kann schon die bloße Anwesenheit fremder Männer und Frauen in einem Taxi Anlaß sein, von der *Pasdaran* angehalten und kontrolliert zu werden. Diese "unmoralischen" Taxifahrten waren der Regierung wahrscheinlich schon lange ein Dorn im Auge. Denn inzwischen hat auch bei den Taxifahrten die Trennung von Mann und Frau eingesetzt. Zu Beginn des Jahres 1994 wurden in Teheran 300 Sammeltaxen für Frauen eingeführt, um die Geschlechtertrennung im öffentlichen Raum weiter auszudehnen.

Es gibt verschiedene Möglichkeiten, durch das Land zu reisen. Mit Eisenbahn und Bus lassen sich alle wichtigen und interessanten Ortschaften erreichen. Außerdem ist es möglich, sich mit dem **Flugzeug** fortzubewegen. Tägliche Verbindungen bestehen zwischen Teheran und den größten Städten des Landes. Inneriranische Flüge mit Iran Air sind nicht besonders teuer und bieten sich bei längeren Entfernungen und einer begrenzten Reisezeit durchaus an. Die Schwierigkeit besteht jedoch darin, kurzfristig einen Platz zu bekommen, gerade weil die Flugtickets auch für einen großen Teil der iranischen Bevölkerung erschwinglich sind. Da die Flüge häufig über Wochen hinweg ausgebucht sind, braucht man schon eine Menge Glück, um da noch hineinzurutschen. Oder aber man bucht bereits von Deutschland aus.

Es kann bisweilen auch etwas schwierig werden, ein **Bus- oder Zugticket** zu bekommen. Der große Teil der Iraner spricht wenig oder gar kein Englisch. Wenn man bedenkt, daß der Iran außerdem eine andere Zeitrechnung besitzt als die westliche Welt (siehe "Feiertage"), dürfte die Frage, an welchem Tag man nun reisen will, mitunter nicht leicht zu klären sein. Deshalb ist es gar nicht verkehrt, sich einige persische Sätze anzueignen, so daß man in der Lage ist, sich nach dem Weg zum Bahnhof oder Busbahnhof und nach den nächsten Verbindungen zu erkundigen.

Eine andere Möglichkeit ist, sich einen iranischen Taschenkalender zu besorgen, wo das Datum sowohl nach iranischem Sonnenkalender als auch nach gregorianischer Zeitrechnung aufgeführt wird. Damit dürfte es dann auch keine Schwierigkeiten mehr geben.

Doch auch wenn Reisende über keinerlei Sprachkenntnisse verfügen, irgendwie kommen sie immer ans Ziel. Ich habe mehrmals erlebt, daß ein Angestellter im Busbahnhof, der wirklich kein Wort Englisch sprach, in der ganzen Stadt herumtelefonierte, bis er jemanden in der Leitung hatte, der die Sprache beherrschte und dolmetschen konnte. Auf diese Weise bin ich doch noch zu dem gewünschten Busticket gekommen.

Eisenbahn: (Bahnhof – *Istgahe Raheahan*) Bahnfahren im Iran ist zwar, besonders bei längeren Strecken, den Überlandbussen vorzuziehen, doch ist das Bahnnetz nicht besonders ausgebaut. Und gerade kleinere Ortschaften sind nur mit dem Bus zu erreichen. Es gibt nur einige wenige Linien, die allesamt von Teheran ausgehen. So bestehen zum Beispiel Verbindungen von der Hauptstadt nach Maschad oder über Qom, Isfahan und Yazd nach Kerman. Die Verlängerung dieser Strecke Richtung Pakistan über Bam zur iranischen Grenzstadt Zahedan, die an das pakistanische Schienennetz angeschlossen ist, ist schon lange geplant, aber noch nicht ausgeführt. Für einen Besuch der an das Bahnnetz angeschlossenen Städte bietet sich jedoch das Bahnfahren an, auch nachts, besonders wenn die Fahrt 10 oder 15 Stunden dauert. Bei Nachtfahrten besteht die 1. Klasse aus Liegewagen, die 2. Klasse aus normalen Abteilen mit ausklappbaren Sitzen. Der Fahrkartenkauf schließt eine Platzreservierung mit ein, Fahrgäste müssen sich ihren Sitzplatz im Zug also nicht erkämpfen. Da aber auch die Züge häufig ausgebucht sind, sollten Fahrkarten mindestens am Vortag geholt werden.

Familien, die mit Frauen verreisen, reservieren meist ein ganzes Abteil, egal ob für Nachtfahrten oder längere Tagesfahrten, damit die Frauen nicht den Blicken fremder Männer ausgesetzt sind und diese keine Kontakte knüpfen können. Bahntickets im Iran sind sehr billig, so daß sich auch ärmere Familien ein ganzes Abteil leisten können. Den Sinn dieser Gewohnheit werden ausländische Männer und Frauen wahrscheinlich nicht immer einsehen, und es steht ihnen frei, ein Abteil für sich zu nehmen oder fremde Männer ins Abteil zu lassen. Fremde Frauen werden nie im selben Abteil sein. Gerade weil Zugfahren im Iran so gehandhabt wird, werden sich vielleicht auch weibliche Touristen für ein eigenes Abteil entscheiden.

Ein eigenes Erlebnis soll die Ernsthaftigkeit verdeutlichen, mit der die Geschlechtertrennung von einem Teil der Bevölkerung betrieben wird. Wir, mein Mann Axel und ich, hatten bei einem Ausflug nach Maschad den Englischstudenten Reza kennengelernt. Als wir mit dem Zug zurück nach Teheran fuhren, begleitete uns Reza. Nach zwei Tagen Aufenthalt in seiner Familie betrachtete er mich als seine "Schwester" und war deshalb darauf bedacht, daß auch mich während der langen Fahrt nach Teheran kein fremder Mann zu Gesicht bekäme. Doch wir lehnten seinen Vorschlag ab, sechs Tickets zu besorgen. Also hatten wir zwei fremde Männer im Abteil. Ich benutzte während der Nacht den vielseitig einsetzbaren *Tschador* als Decke. Trotzdem war Reza am nächsten Morgen enttäuscht, weil ich mein Kopftuch, welches im Laufe der Nacht etwas verrutscht war, nicht mehr gerichtet hatte. Meine Haare waren somit für die beiden fremden Männer sichtbar gewesen.

Wie aus diesem Beispiel ersichtlich, wird das Zugfahren im Iran, besonders bei Nachtfahrten, dadurch etwas erschwert, daß sich die Reisenden immer, auch während des Schlafens, in der Öffentlichkeit aufhalten. So ist es für Frauen, ob sie nun fremde Männer im Abteil haben oder nicht, angeraten, in voller Verschleierung zu schlafen. Auch der Gang auf die Toilette ist mit *Tschador* umständlich. So ist zu empfehlen, daß vor der Tür ein Mitreisender mit *Tschador* oder Mantel wartet, damit sich die Frau anschliessend wieder ordnungsgemäß verhüllen kann.

Überlandbus: Der Bus ist das auf längeren Strecken am häufigsten benutzte Verkehrsmittel im Iran. In jeder größeren Stadt gibt es einen oder mehrere große Busbahnhöfe (*Terminal*), von wo aus die Fernbusse abfahren. Welche Städteverbindungen jeweils existieren, läßt sich im Hotel erfragen. Ebenfalls am Terminal fahren Überlandtaxen ab. Diese fahren nicht nach einem festen Fahrplan, sondern warten darauf, daß sich das Auto füllt. Bei diesen Taxen, die teurer sind als der Bus, empfiehlt es sich, vorher den Preis auszuhandeln.

Doch zurück zu den Reisebussen. Diese Busse sind im Gegensatz zu den innerhalb der Städte verkehrenden Bussen nicht in zwei getrennte Bereiche unterteilt. Die Fahrgäste sind aber daran interessiert, die bestehenden Regeln einzuhalten, und achten darauf, daß keine Frau neben einem ihr fremden Mann sitzt. Eine Frau wird auch wirklich nur im Ausnahmefall allein reisen. Es muß kein Mann mitreisen, aber vielleicht eine andere Frau aus der Familie. Ehepaare und Familien sitzen zusammen. Es kann schon einmal passieren, daß ein Mann die gesamte Fahrt über stehen muß, weil der einzige freie Platz im Bus gerade der neben einer ihm fremden Frau ist. Aber das ist keine Besonderheit des Iran, denn in keinem islamischen Land gehört es sich für einen Mann, neben einer fremden Frau Platz zu nehmen.

Während längerer Fahrten mit dem Bus oder Zug werden zu den drei **Gebetszeiten** Aufenthalte in Bahnhöfen oder Raststätten eingeplant. Diese verfügen über einfache, schmucklose Moscheen, um den Reisenden die Möglichkeit zum Gebet zu geben. Die genauen Gebetszeiten müssen während einer Reise nicht eingehalten werden. Wichtig ist allein, daß jeder Gläubige überhaupt die Möglichkeit erhält, den Gebeten nachzugehen. Ein wenig unruhig kann es für zugreisende Touristen in den Morgenstunden werden, dann nämlich, wenn das Gebet ansteht. Haben sie Iraner im Abteil, sollten sie, je nachdem in welcher Klasse sie fahren, die oberen Liegen oder die Fensterplätze zum Schlafen wählen, sonst werden sie unter Umständen recht unsanft aus dem Schlaf gerissen.

Für Fremde ist das Reisen mit den öffentlichen Verkehrsmitteln im Iran angenehm. Sie haben nicht mit der Überfüllung von Bussen und Bahnen zu rechnen, wie das in vielen anderen Ländern der Fall ist. Normalerweise werden nur so viele Tickets verkauft, wie Sitzplätze zur Verfügung stehen. Und auf der Strecke steigen meist auch nicht mehr Fahrgäste ein als aus. Weder mit Bus noch mit Bahn kommt man übermäßig schnell voran, aber die Fahrtzeiten werden doch meist eingehalten.

Essengehen

Teehaus *(Ghahveh Khaneh):* In den typischen Teestuben, die es in der gesamten islamischen Welt gibt, sitzen vorwiegend ältere Männer von früh bis spät zusammen, trinken Tee, rauchen, erzählen und beobachten, bisweilen schauen sie auch fern. In eine solche Teestube, wie es sie in allen iranischen Städten und Ortschaften gibt, wird sich, weil das Teehaus Männerbereich ist, eine einheimische Frau nie hineinwagen. Es ist für Frauen nicht direkt verboten, aber es gehört sich eben auch nicht. Nach islamischer Interpretation hat eine Frau, die sich derart weit in die Männerwelt vorwagt, wohl nur eines im Sinn. Nur so ist das Verhalten einer tschadorgekleideten alten Frau zu verstehen, die sich ihren Tee lieber vor einem Teehaus, auf dem staubigen Boden sitzend, servieren ließ, als auch nur einen Fuß in das Innere der Gaststätte zu setzen.

Diese Teehäuser, die nur von einheimischen Männern besucht werden, stehen Touristinnen aber durchaus offen. Alleinreisende Frauen sollten jedoch auf den Besuch eines solchen Teehauses verzichten, da sie ansonsten vielleicht Belästigungen ausgesetzt wären. Zumal es zahlreiche Cafés und Restaurants gibt, die auch von einheimischen Frauen besucht werden und in die sie ausweichen können. Für ein reisendes Paar ist der Besuch eines Teehauses ohne Probleme möglich, in männlicher Begleitung wird eine Frau bestimmt nicht belästigt. In diesen einfachen Gasthäusern wird neben Tee und Wasserpfeife zur Mittagszeit häufig auch eine Art Eintopf *(Abguscht),* bestehend aus Fleisch, Kartoffeln und Bohnen, angeboten, der zusammen mit Brot und rohen Zwiebeln gegessen wird.

Die **Art und Weise des Teetrinkens** im Iran ist ganz interessant: Der Tee wird mit mehreren Stücken Würfelzucker, jedoch ohne Löffel zum Umrühren gereicht. Den Würfelzucker gibt man nämlich nicht ins Glas, sondern direkt in den Mund. So löst sich der Zucker Schluck für Schluck im Mund auf. Auf diese Art wird der Tee jedoch viel stärker gezuckert, denn mit fast jedem Schluck löst sich ein kompletter Würfel auf.

Cafés und Restaurants *(Resturan):* Es gibt in den iranischen Städten zahlreiche Cafés und Restaurants, die Männern *und* Frauen offenstehen. Bei einigen von ihnen sind jedoch Tische für die Frauen durch einen Vorhang vom restlichen Lokal abgetrennt. Wenn Frauen allein, mit ihren Kindern oder einer Freundin unterwegs sind, verschwinden sie hinter dem Vorhang. Paare oder Familien setzen sich hingegen zusammen in den Männerbereich. Ebenso sollten es Paare oder gemischte Touristengruppen handhaben. Auch alleinreisende Frauen können sich durchaus in diesem öffentlichen Bereich niederlassen. Doch sie sollten sich zumindest überlegen, ob sie ihre Mahlzeit nicht doch lieber hinter dem Vorhang einnehmen wollen, um dem übermäßigen Anstarren der Männer zu entgehen, das überall dort entsteht, wo sich alleinstehende Frauen normalerweise eben nicht aufhalten. Die meisten Restaurants und Cafés verzichten jedoch auf einen abgetrennten Frauenbereich. In solchen Gaststätten sitzen Paare und Familien ganz normal zusammen an einem Tisch, Männer und Frauen, die nicht zueinandergehören, jedoch an verschiedenen Tischen. Nie würde sich ein iranischer Mann an einen Tisch setzen, an dem eine oder auch mehrere ihm unbekannte Frauen sitzen.

Touristen haben außerdem die Möglichkeit, in den besseren **Hotels** zu speisen, die allesamt über ein Restaurant verfügen. Da die großen Hotels auf ausländische Gäste eingestellt sind, wird hier die Auswahl der Speisen durch das Ausliegen einer englischsprachigen Speisekarte erheblich vereinfacht.

Kleinere, einfachere **Gaststätten** verfügen, wenn überhaupt, nur über eine Speisekarte in Farsi. Hier muß der Gast entweder in der Küche auf die gewünschte Speise deuten, oder aber er kennt die Namen einiger Spezialitäten, die überall angeboten werden, und bestellt dementsprechend. Die typischen Speiselokale sind meist sehr einfach ausgestattet und richten sich, auch in ihren Preisen, in erster Linie nach der ärmeren Bevölkerungsschicht. Feiner geht es in den Restaurants der großen Hotels zu. Das Angebot an Speisen unterscheidet sich jedoch nicht wesentlich voneinander.

Nomaden hüten eine Schafherde

Iranische Restaurants geben mit ihrem Speiseangebot im allgemeinen nicht die Vielfältigkeit der **persischen Küche** wieder und weisen eine nicht besonders große Auswahl auf. Angeboten werden meist mehrere Varianten von Fleisch- und Geflügelspießen mit Reis, Brot, Joghurt und Zwiebeln. Fleischgerichte werden von Rind und Lamm angeboten, vom Schwein, wie im gesamten islamischen Raum, nicht. *Tschelo-Kebab*, ein Fleischspieß mit Reis, ist das Nationalgericht. Diese Speise gibt es als Hackfleischspieß oder mit Fleischstückchen (*"kubideh"* oder *"barg"*). *Gugeh Kebab* ist ein gegrillter Hähnchenspieß. Neben den genannten Restaurants gibt es außerdem überall eine Art Schnellimbiß, der Kebab- oder Felaffelsandwiches (Kichererbsen) sowie verschiedene Salate anbietet.

Im Teheraner Norden, dort wo die oberen Schichten zu Hause sind, und auch in anderen Großstädten des Landes kann der Reisende auch eine Reihe von **Cafés westlichen Stils** besuchen. Ein Großteil der Bevölkerung würde in ein solches Café nie einen Fuß hineinsetzen, weil die bloße Anwesenheit bereits als sündig betrachtet würde. Das Publikum dieser Einrichtungen besteht hauptsächlich aus jungen Leuten westlicher Gesinnung. Es sind Frauen und Männer, die von der verordneten Geschlechtertrennung und auch von der Verschleierung nicht ganz überzeugt sind. Deshalb findet man in solchen Cafés keine Frauen mit *Tschador*, die weiblichen Gäste bevorzugen Mantel und Kopftuch. Das Angebot der Cafés besteht meist aus Kaffee, Eiskaffee, Eisbechern, Kuchen und Säften. Getränke und Speisen also, die in einer einfachen Teestube nicht zu bekommen sind. In diesen Cafés treffen sich gemischte Studentengrüppchen, unverheiratete Paare, die sich an diesem Ort vor ihrer Entdeckung sicher wähnen, aber auch Geschäftsleute. Das gleiche gilt für die Cafés und Restaurants der Luxushotels. Da verirrt sich die *Pasdaran* anscheinend nicht so häufig hin.

Auch im Norden Teherans, fast schon in den Bergen gelegen, befindet sich Darband, ein beliebtes **Ausflugsziel** der reicheren Teheraner Bevölkerung. Hierher zieht es zahlreiche Bewohner der riesigen Stadt besonders in den Sommermonaten, um in den Bergen zu wandern und dem stickigen Klima der Stadt zu entgehen. Eine ganze Reihe von Teehäusern lädt zum Verweilen ein. Man sitzt zwischen Felsmauern und einem reißendem Gebirgsbach auf hohen, mit Teppichen ausgelegten Bänken und läßt sich den Tee und andere Kleinigkeiten schmecken. Hier oben in den Bergen ist von Geschlechtertrennung nicht viel zu merken. Wer in Teheran etwas Zeit hat, sollte durchaus einmal aus der Stadt herausfahren.

Einer der Gründe für Touristen, den Iran zu besuchen, liegt in der beeindruckenden **Moscheenarchitektur** des Landes, die einen im Vergleich zu anderen islamischen Ländern eigenständigen Moscheentyp hervorgebracht hat.

Die *Freitagsmoschee* in Isfahan aus dem 11. Jahrhundert, die älteste Moschee der Stadt, weist erstmals alle typischen Charakteristika des iranischen Moscheentypus auf. Der Name dieses Typus, *Vier-Iwan-Moschee*, bezieht sich auf die architektonische Ausgestaltung des Innenhofes. An den vier Achsen des Innenhofes befindet sich jeweils ein *Iwan*, ein über die Umfassungsmauern hinausragendes Portal. Ein weiteres Charakteristikum besteht in der Überkuppelung des Gebetssaales und, daraus resultierend, in dem Verzicht auf einen von zahlreichen Säulen getragenen Innenraum.

Dieses Schema hat nicht mehr viel gemein mit den zeitlich früher entstandenen arabischen oder syrischen Moscheentypen, deren zum Teil riesige Gebetsräume von zahlreichen Säulenreihen getragen werden. Dem Aufbau und Grundriß der Freitagsmoschee folgten zahlreiche spätere Moscheenanlagen, zum Beispiel die *Imam-Moschee* in Isfahan oder auch die Moscheen in Maschad und Qom. Mit der blauen, von ornamentalen und vegetabilen Schmuckbändern überzogenen Kachelung von Wänden und Kuppel, die für die späteren Beispiele so typisch wurde, geht die *Freitagsmoschee* in Isfahan noch sehr sparsam um. Die Wände und *Iwane* der Moschee wurden teilweise verkleidet, die Kuppel aber blieb kahl. Außerhalb Persiens konnte sich dieser Typus nicht durchsetzen. Einzige Ausnahmen bilden die schiitischen Heiligtümer mit den Gräbern der sechs Imame auf irakischem Boden. Die Grabkammern der Imame sind, im Unterschied zu den Gebetsräumen normaler Moscheen, nicht mit einer blauen, sondern einer goldenen Kuppel überspannt.

Der Interessierte sollte sich allerdings schon im voraus mit dem Gedanken vertraut machen, nicht alle Moscheen besuchen zu können. Die Situation für den Nicht-Muslim ist aber, verglichen mit anderen Ländern, wie zum Beispiel Marokko oder Tunesien, gar nicht einmal schlecht. Es gibt mehrere **Kategorien von Moscheen**, Mausoleen und auch *Medresen*, die nach ihrer Bedeutung für die schiitische Religion eingeordnet werden. Zu den wichtigsten von ihnen erhalten Nicht-Muslime keinen Zutritt. Für den Besuch einiger Moscheen haben Frauen einen *Tschador* zu tragen, für andere reichen Mantel und Kopftuch aus. Männern in T-Shirt wird in manchen Moscheen der Einlaß verwehrt. Für Frauen bietet es sich an, immer und überall im Iran einen *Tschador* in einer Tasche dabeizuhaben, um ihn im Bedarfsfall über den Mantel ziehen zu können. In *Medresen*, also Koranschulen, haben, sofern sie heute noch als solche fungieren, nur

Die Imam-Moschee in Isfahan

Männer Zutritt, da helfen weder Bitten und Betteln noch der *Tschador*. Auch muslimische Frauen erhalten keinen Eintritt.

Der Besuch der beiden **Moscheenanlagen in Qom und Maschad** ist normalerweise für Nicht-Muslime verboten, zumindest aber mit größeren Schwierigkeiten verbunden. Die meisten Reisegesellschaften, die Iran-Reisen anbieten, haben Maschad aus diesem Grunde nicht in ihrem Programm. Die Stadt liegt fernab von den übrigen Besichtigungspunkten des Landes, so daß sich die weite Anreise kaum lohnt, wenn nicht gewährleistet ist, die Anlage auch besichtigen zu können. Qom dagegen, etwa zwei Autostunden südlich von Teheran gelegen, wird von fast allen Reisegesellschaften angefahren. Allerdings wird auch hier bereits in den Reisekatalogen darauf aufmerksam gemacht, daß nur eine Außenbesichtigung vorgesehen ist.

Doch Einzelreisende können mit etwas Glück Einlaß in eine der beiden Anlagen erhalten. Der Versuch kann allerdings schon daran scheitern, daß die Wärter eventuell der englischen Sprache nicht mächtig sind. Deshalb sollten Reisende einen englischsprechenden Iraner um Hilfe bitten, der dem Wärter zu verstehen gibt, daß man die Heiligkeit des Ortes bei der Besichtigung zu respektieren gewillt ist. Reisende, die sich für den Besuch der Anlagen interessieren, dürfen allerdings die passende Kleidung nicht vergessen, also *Tschador* für die Frauen und langärmelige Hemden für die Männer. Wird die Erlaubnis für die Besichtung erteilt, gilt diese nur für die verschiedenen Innenhöfe, nicht aber für die heiligen Schreine *Rezas* und *Fatimas*. Diese bleiben Andersgläubigen in jedem Fall verwehrt. Auch Fotografieren ist in den gesamten Anlagen strengstens verboten, um die Gläubigen nicht in ihrer Andacht zu stören. Maschad bietet für die meisten gläubigen Schiiten des Iran die einzige Möglichkeit, die Grabstätte eines ihrer Imame zu besuchen.

Die Chancen, eine der beiden heiligen schiitischen Stätten zu besichtigen, stehen für Alleinreisende nicht so schlecht, weil sie weniger Unruhe in die Andacht der Gläubigen bringen als eine dreißigköpfige Touristengruppe. Dazu kommt noch, daß sich dank der großen Hilfsbereitschaft der iranischen Bevölkerung in vielen Fällen schnell jemand finden wird, der bereit ist, sich für den Einlaß einzusetzen. Allein dürfen Touristen jedoch nicht durch den Innenbereich wandern, für den Besuch von Ausländern stehen Führer zur Verfügung, die englisch oder deutsch sprechen. Wer Einlaß in eine der beiden Anlagen erhält, wird beeindruckt und sogar begeistert sein, weil beide Pilgerstätten noch wesentlich prächtiger gestaltet und ausgeschmückt sind als all die anderen iranischen Moscheen. In Maschad wird der Besucher von der Schönheit der Anlage mit ihren vier Innenhöfen sogar geblendet sein. Nach der Besichtigung der Moscheen ergibt sich häufig noch die Möglichkeit, einen Blick in die Restaurierungswerkstätten zu werfen, in denen die Kachelungen für Wände, Portale und Kuppeln in mühevoller und zeitraubender Handarbeit wiederhergestellt werden. Tag und Nacht geöffnet, sind die beiden Heiligtümer immer übervölkert. Schiitische Pilger reisen nicht nur aus dem Iran selbst, sondern auch aus anderen Ländern an.

In allen anderen iranischen Städten erwarten den Reisenden weniger Schwierigkeiten beim Besuch einer Moschee. Die beiden bedeutenden **Moscheen in Isfahan** sind sogar richtige "Touristenmoscheen". Hierher kommen nicht nur ausländische, sondern auch iranische Touristen vorwiegend zum Besichtigen.

Auch der Besuch der **Grabstätte Khomeinis,** die im äußersten Süden Teherans an der Ausfallstraße nach Qom liegt und die sich inzwischen ebenfalls zu einer bedeutenden Pilgerstätte entwickelt hat, ist für Touristen, auch ganze Touristengruppen ohne Probleme möglich. Tschadorzwang für weibliche Besucher besteht nicht. Mit dem Bau der Anlage wurde bereits kurze Zeit nach Khomeinis Tod begonnen. Im Inneren wirkt die Hallenarchitektur mit ihren riesigen Ausmaßen recht kahl und nüchtern. Der Pilgerbetrieb ist beträchtlich, ähnlich wie in den Mausoleen von Maschad und Qom herrscht zu jeder Tageszeit reger Andrang. Die Gläubigen ehren den Toten, indem sie seinen Schrein berühren und küssen. Die am Grab des Revolutionsführers vollzogenen Riten unterscheiden sich nicht von denen der Imam-Gräber. Der Schrein ist nicht extra von der übrigen Halle abgetrennt, so daß auch Touristen nahe herantreten dürfen.

In islamischen Gebetshäusern ist es allgemein üblich, direkt am Eingang, noch vor dem Betreten der Moschee, seine **Schuhe** auszuziehen. Doch nicht in jeder iranischen Moschee bzw. jedem Innenhof müssen Touristen ihre Schuhe ausziehen, sondern nur im Gebetsbereich selbst, wo Teppiche ausliegen. Die Gebetsbereiche sind nach Geschlechtern getrennt. Auch Touristen sollten sich an diese Unterteilung halten und denjenigen Bereich, der für das andere Geschlecht vorgesehen ist, nicht betreten. Wer seine Schuhe mit in den Gebetsbereich hineinnimmt und dort abstellt, sollte daran denken, sie nie mit den Sohlen nach unten, sondern immer mit den Sohlen gegeneinander hinzulegen. Manchmal stehen für die Schuhe auch Regale im Gebetssaal bereit.

Es muß eigentlich gar nicht extra erwähnt werden, daß sich Touristen, wenn sie eine Moschee besuchen, unauffällig zu benehmen haben, um die Gläubigen nicht beim Gebet zu stören. Überhaupt ist es angebracht, während der Gebetszeiten auf die Besichtigung einer Moschee zu verzichten und abzuwarten, bis das allgemeine Gebet vorüber ist. Außerdem sollte man während einer Besichtigung unbedingt vermeiden, zwischen den Gläubigen, die ja nicht nur zu den offiziellen Gebetszeiten beten, und der

Qibla-Wand, die die Richtung nach Mekka anzeigt, herumzulaufen, sondern gebührenden Abstand einhalten.

Während des Freitagsgebetes haben Andersgläubige keine Möglichkeit, eine Moschee zu besuchen. In größeren Städten wird das Gebiet um die Freitagsmoschee zum Gebet um die Mittagszeit weiträumig abgesperrt und von Soldaten streng kontrolliert. Ein Tourist würde bestimmt nicht durchgelassen werden. Am Nachmittag, nach Beendigung der Predigt, ist es dann auch für Touristen wieder möglich, Eintritt in die Moscheen zu erhalten.

Muslimische Pilger
(Miniatur aus dem 16. Jh.)

Im Iran werden *zwei verschiedene Kalender* benutzt. Das religiöse Leben richtet sich, wie in den arabischen Ländern auch, nach dem *Mondkalender,* der mit der *Hidschra* des Propheten, also mit seiner Emigration von Mekka nach Medina 622 n. Chr. beginnt. Doch unterscheiden sich der iranische und der arabische Mondkalender in Kleinigkeiten voneinander. Der arabische Kalender weist Schaltjahre auf, der iranische nicht.

Das öffentliche Leben dagegen richtet sich nach dem *Sonnenkalender,* dessen Zählung ebenfalls mit der *Hidschra* beginnt. Das Sonnenjahr dauert etwa zehn Tage länger als das Mondjahr, das sich jährlich um diese Spanne verschiebt. Für das tägliche Leben ist also der Sonnenkalender maßgebend, nach diesem werden Termine und Verabredungen getroffen.

Es gibt im Iran Feiertage, die sich nach dem Mondkalender richten und religiöser Art sind, und solche, die sich nach dem Sonnenkalender richten. In diesem Abschnitt sollen jene Feiertage aufgezählt werden, die Einfluß auf den Alltag des Reisenden nehmen, die den Ablauf einer Reise erschweren können, aber auch solche, die einen interessanten Einblick in die Kultur des Landes geben und sich für einen Besuch empfehlen. Bei der Aufzählung der religiösen Feiertage muß unterschieden werden zwischen jenen, die von Schiiten wie Sunniten begangen werden, und solchen, die nur für schiitische Muslime von Bedeutung sind.

Zu den *allgemein islamischen Feierlichkeiten* zählen die Ereignisse im und um den *Fastenmonat Ramadan.* Reisenden ist nicht unbedingt zu empfehlen, während dieser Zeit in den Iran zu reisen, besonders wenn der Ramadan in die Sommermonate fällt. Denn das Fasten wird dort viel strenger gehandhabt als in den meisten anderen islamischen Ländern. Dort bewegen sich Touristen in einem Freiraum, das heißt, bei ihnen wird ein Fehlverhalten viel eher geduldet als bei der einheimischen Bevölkerung, und es nimmt ihnen kaum einer übel, wenn sie tagsüber in der Öffentlichkeit Nahrung oder ein Getränk zu sich nehmen. Hinzu kommt noch, daß es in zahlreichen Ländern des Nahen Ostens, z.B. in Ägypten oder in Syrien, große Christengemeinden und damit eine ganze Anzahl von Menschen gibt, die sich ohnehin nicht an die Fastengebote halten. Zudem werden diese durchaus auch von Muslimen gebrochen. In den meisten islamischen Ländern gebietet es allein die Tradition zu fasten, aber es besteht kein staatlicher Zwang. Im Iran hingegen wird gesetzlich befohlen, daß die Fastengebote von *allen* dort lebenden Menschen eingehalten werden.

Der Verzicht auf Essen, Trinken und Rauchen von Sonnenaufgang bis Sonnenuntergang ist islamisches Gebot, seine Mißachtung somit eine Sünde. Hier gilt dasselbe wie in bezug auf die Kleiderordnung: Göttliche

Gebote sind zu iranischen Gesetzen erhoben und damit nicht nur für Muslime, sondern auch für Anhänger anderer Religionen im Iran Vorschrift. Nicht nur Iraner, egal welcher Religion sie angehören, sondern auch alle Ausländer müssen sich zumindest in der Öffentlichkeit an die Fastengebote halten. Was sie zu Hause machen, kann nicht überprüft werden.

Die **Versorgung Reisender** erschwert sich während dieser Wochen beträchtlich, denn sämtliche Lokale und auch zahlreiche Lebensmittelläden sind tagsüber geschlossen. In den Restaurants der größeren Hotels haben Reisende aus dem westlichen Ausland sicherlich die Möglichkeit, in einem geschlossenen Raum ein Frühstück oder Mittagessen zu sich zu nehmen. Im Zweifelsfall aber bleibt nur der Rückzug ins eigene Hotelzimmer. Der Koran schränkt das Fastengebot für diejenigen Gläubigen ein, die sich auf einer Reise befinden. Reisende dürfen in dieser Zeit mit dem Fasten aussetzen, müssen die verlorene Zeit jedoch später nachholen. Auf Reisen befindet sich ein Tourist eigentlich grundsätzlich, doch das zählt wohl nicht. Wer allerdings mit dem Auto oder dem Bus in diesen Tagen unterwegs ist, findet die Rasthäuser an den Landstraßen geöffnet.

Die *Pasdaran* verstärkt in den Ramadan-Wochen ihre Kontrollen in den Städten des Landes und achtet nicht nur auf Einhaltung der Kleiderordnung, sondern auch auf die Einhaltung der Fastengebote. Personen, die Ramadan in der Öffentlichkeit brechen, werden, wenn sie Glück haben, nur ermahnt, wenn sie Pech haben, ausgepeitscht.

Doch nicht nur die Versorgung mit Nahrungsmitteln gestaltet sich in diesen vier Wochen schwierig. Das gesamte öffentliche Leben läuft nur mit halber Kraft, und Gäste aus dem Ausland müssen sich darauf einstellen, daß Bazare, Geschäfte und auch Banken oder Postämter verkürzte Öffnungszeiten haben. Denn schließlich wird von allen Arbeitern und Angestellten erwartet, daß sie am Fasten teilnehmen. Und wer das Fasten konsequent betreibt, ist sicherlich nicht so leistungsfähig wie im übrigen Jahr.

Der Monat Ramadan lag 1997 sehr früh im Jahr (10.1. - 8.2.1997) und beginnt in den nächsten Jahren jeweils elf Tage früher. Obwohl das Fasten in den Wintermonaten mit seinen kurzen Tagen wohl leichter zu bewerkstelligen ist, sollten sich Reisende gut überlegen, ob sie die Entbehrungen während dieser Wochen auf sich nehmen wollen und können. Eine Einladung zum Essen in einer Familie nach Sonnenuntergang wiegt allerdings alle Entbehrungen des Tages wieder auf. Das Problem des Fastens stellt sich für die meisten Iran-Interessierten in den nächsten Jahren nicht, da sich die Wintermonate für eine Reise in das Land nicht besonders eignen und in dieser Zeit auch kaum Reisen angeboten werden. Der Fastenmonat Ramadan liegt, nach unserer Zeitrechnung, in den nächsten Jahren wie folgt:

31. Dezember 1997 - 29. Januar 1998
20. Dezember 1998 - 18. Januar 1999
09. Dezember 1999 - 07. Januar 2000

Das vom fastenden Teil der Bevölkerung eines jeden islamischen Landes am stärksten herbeigesehnte Fest des gesamten Jahres heißt *"Id al-Fitr"* (Fastenbrechen) und wird in den ersten drei Tagen des auf Ramadan folgenden Monats Schawwal in ausgelassener Stimmung gefeiert.

Neben den allgemeinen islamischen Feiertagen kennt der Iran eine Reihe von **schiitischen Feierlichkeiten**, die mit den religiösen Führern, den zwölf Imamen, eng verknüpft sind. So liegt ein ganz spezieller schiitischer Feiertag am 18. "Dhu al-Hidscha", dem letzten Monat des religiösen Kalenders. An diesem Tag erinnern sich die Gläubigen an die Ereignisse von *Ghadir Khumm*, als Mohammad, von seiner letzten Mekka-Wallfahrt kommend, nach schiitischem Glauben *Ali* zu seinem Nachfolger erklärte. Begangen werden weiterhin eine Reihe von Feier- wie auch Trauertagen. Gefeiert werden die Geburtstage aller Imame, betrauert ihre Todestage.

Das bedeutendste Ereignis im Ablauf des religiösen Jahres ist, wie bereits im ersten Kapitel ausführlich dargelegt, die zehntägige **Trauerfeierlichkeit um den Märtyrertod des dritten Imam**, *Husain*. Bei den alljährlich stattfindenden Prozessionen versammeln sich Tausende von Gläubigen und vereinigen sich in ihrem Haß auf die Sunniten, die sie für die Leiden der Familie *Alis* verantwortlich machen. Sie zeigen in ihrer Trauer extreme Formen des Schmerzenskultes.

Auch während dieser ersten zehn Tage des Trauermonats ist den Touristen das Reisen im Land nicht unbedingt zu raten. Obwohl die Trauerumzüge sicherlich interessant zu beobachten sind, werden sie vielleicht so manchen Unbeteiligten doch abschrecken. Die Frömmigkeit artet bei zahlreichen Gläubigen in Hysterie aus und wirkt auf Außenstehende, gerade auf westliche Beobachter, immer wieder beängstigend. Diese Formen des Schmerzenskultes, die **Selbstgeißelungen,** die auch beim Tod und der Beerdigung Khomeinis zu beobachten waren, schrecken nicht nur Andersgläubige, sondern auch Muslime sunnitischer Richtung ab. Doch heute sind die Selbstgeißelungen der Gläubigen, die sich besonders in den Schwertgeißler- und Kettengeißlerprozessionen zeigen, weitgehend verboten und finden nur noch in abgeschwächter Form statt.

Wer trotzdem reisen will, sollte sich darauf einstellen, daß das öffentliche Leben in diesen Tagen nicht reibungslos abläuft, Ämter und auch Bazare mehrere Tage geschlossen haben und der Eintritt in die Moscheen nicht immer möglich ist. Die Trauerfeierlichkeiten um den dritten Imam liegen in den folgenden Jahren in einer für Touristen angenehmen Reisezeit. Höhepunkt der Feierlichkeiten ist der 10. Muharram, Husains Todestag, mit zahlreichen Prozessionen. Der erste Tag des Monats Muharram nach christlicher Zeitrechnung:

29. April 1998
18. April 1999
07. April 2000

Ein anderes, auch sehr bedeutendes Fest orientiert sich am iranischen Sonnenkalender. Die großen **Norouz-Feierlichkeiten**, die, nach christlichem Kalender gerechnet, am 21. März beginnen, läuten nicht nur den Frühling, sondern zugleich auch das neue Jahr ein. Das persische Wort *"norouz"* heißt neuer Tag. Das größte Familienfest des Jahres, das auf vorislamische Zeit zurückgeht, wird die ersten 13 Tage des ersten Monats des Sonnenkalenders, des Monats Farvardin, gefeiert. In den ersten Jahren nach der Revolution hatte die islamische Regierung versucht, dieses Fest zu unterbinden, eben weil es **vorislamischen Ursprungs** ist. Doch das iranische Volk ließ sich dieses neben dem Fastenbrechen beliebteste Fest des gesamten Jahres nicht verbieten. Heute wird es wie eh und je gefeiert.

Die Schulen und Universitäten des Landes haben während der Feierlichkeiten Ferien. Und viele Iraner nehmen sich während dieser Zeit Urlaub. Für Touristen zu beachten ist, daß während dieser Tage Bazare und Geschäfte, Postämter und Banken zumindest zeitweise geschlossen haben.

Traditionell wird zu Beginn der Feierlichkeiten in den Wohnungen ein Tischtuch ausgebreitet, auf dem sieben verschiedene Gegenstände ausgelegt werden, die in der persischen Sprache mit einem "S" beginnen. Man erinnert hiermit an die alljährlich wiederkehrende **Erneuerung der Natur.** Bis zum 13. Tag des neuen Jahres bleibt das Tischtuch liegen. Zudem geben die Familien am ersten Tag des Festes Erbsen in ein Wassergefäß und lassen sie vier Tage quellen. Anschließend werden die Erbsen in ein feuchtes Tuch gehüllt, in dem die jungen Keime anfangen zu sprießen. Bis zum 13. Tag läßt man sie wachsen. Während dieser Tage werden nacheinander alle Verwandten besucht, zuallererst die Großeltern, dann die Eltern und zu guter letzt auch noch die entferntere Verwandtschaft. Man schenkt sich Süßigkeiten, Pflanzen und den Kindern ein wenig Geld. Wenn das Wetter mitspielt, ziehen die Menschen mit ihren Familien am 13. Tag des Norouz-Festes zum Picknick in die freie Natur. An diesem Tag werden die während der 13 Tage des Festes gezogenen Erbsenkeime in einen Fluß oder Kanal geworfen.

Da der Mondkalender "wandert", kommt es ständig vor, daß weltliche und religiöse Feiertage miteinander kollidieren. Seit der Gründung der Islamischen Republik wird den religiösen Feierlichkeiten der Vorzug gegeben. Wenn also Ramadan und Norouz zusammenfallen, muß auf das abschließende Norouz-Picknick in der Öffentlichkeit verzichtet werden. Familien, die nicht fasten wollen, treffen dann im Privaten mit der Verwandtschaft zusammen.

Im Bazar

"Ueberhaupt herrscht hier ein bedeutender Handel, und man findet hier Erzeug-
nisse des Gewerb- und Kunstfleißes der
betriebsamen Perser in den verschiedensten Branchen. Kaum war es ruchbar geworden, daß wir (Engländer) ange-
kommen seien, so wurden wir vom Morgen bis zum Abend von allerlei Händlern
überlaufen, welche uns ihre Waren an-
priesen; und es kostete uns oft nicht geringe Ueberwindung, die so schön und
zierlich gearbeiteten Sachen zurück-
zuweisen."[68]

Die Tatsache, daß es zur Zeit im Iran nicht allzuviel Tourismus gibt, erweist sich bei vielen Gelegenheiten als Vorteil, so auch beim Bazarbummel. Es gibt im Iran wunderschöne Bazarstraßen bzw. ganze Bazarviertel mit zum Teil überdeckten Gassen. Teheran soll angeblich den größten Bazar der Welt besitzen, obwohl gleich mehrere Städte der islamischen Welt diesen Rekord für sich beanspruchen.

In vielen iranischen Bazaren, gerade den größeren, belegt noch heute *jedes Handwerk eine Gasse.* Viele Lädchen konzentrieren sich nicht auf den reinen Verkauf, sondern haben zugleich an Ort und Stelle ihre Werkstatt untergebracht, in der man dem Handwerker bei der Herstellung der Ware zuschauen kann. Hier hat der Reisende noch die Möglichkeit, ungestört zu bummeln, ohne in jedem Laden unter Druck zu geraten, diesen nicht ohne irgendeinen Gegenstand wieder verlassen zu können. Ein Zustand also, wie es ihn in touristisch überlaufenen Ländern überhaupt nicht mehr gibt.

Der Verkäufer freut sich natürlich auch im Iran, einem Ausländer von seiner Ware verkaufen zu können, aber er ist nicht unbedingt darauf angewiesen, mit einem Touristen um einen guten Preis zu feilschen. Denn sein Warenangebot orientiert sich in erster Linie an den Bedürfnissen der einheimi-

Gedeckter Bazar in Kerman

schen Bevölkerung, und diese kauft ohnehin. Die Bazare im Iran erfüllen also auch heute noch ihren ursprünglichen Zweck als Einkaufszentrum für Waren des täglichen Bedarfs der dort lebenden Menschen.

Einen reinen Touristenbazar gibt es im Iran nicht, obwohl sich besonders in Isfahan zahlreiche Läden im Umkreis des Imam-Platzes inzwischen wieder auf die Wünsche der westlichen Besucher eingestellt haben. Hier gibt es viele für den westlichen Touristen hergestellte Ware, die ein Einheimischer nie kaufen würde und für die der Tourist nach allen bekannten Regeln feilschen muß. In solchen Läden muß man zudem häufig in harter Währung zahlen. Doch die meisten Bazarlädchen sind eben nicht auf den Tourismus angewiesen, und deshalb werden Ausländer bei einem Gang durch die Gassen auch nicht massiv bedrängt. Es wird auch nicht versucht, ihnen irgendetwas aufzuschwatzen. Doch dieser Zustand könnte sich bei steigenden Touristenzahlen schnell ändern.

Es ist bekannt, daß dort, wo es viele Touristen gibt, auch viele Touristen ausgenommen werden. Solche Zustände herrschen in den iranischen Bazaren dank niedriger Touristenzahlen zum Glück nicht vor. Obwohl man im Isfahaner Bazar durchaus schon aufpassen muß, nicht zu sehr übers Ohr gehauen zu werden.

Doch momentan kann der Reisende in den Bazaren der meisten Städte noch relativ ungestört bummeln. In den ganz normalen Bazarläden, in denen auch die iranische Bevölkerung einkaufen geht, ist es zudem völlig unüblich, um den zu zahlenden Preis zu handeln. Entweder man akzeptiert den genannten Preis, oder man läßt es bleiben. Meist zahlen ausländische Käufer denselben Preis für die Ware wie die einheimischen Käufer.

Für den Besuch des Bazars, des Gemüsemarktes und generell jedes Geschäftes ist es ratsam, sich die persischen Zahlen anzueignen, um eventuelle Preisschildchen lesen zu können. Die persischen Zahlen sind, bis auf drei, identisch mit den arabischen, werden aber teilweise mit ihnen vermischt, so daß für eine Iran-Reise auch die sich unterscheidenden arabischen Zahlen gelernt werden sollten. Die Zahlen werden, im Unterschied zu den Buchstaben, von links nach rechts gelesen. Also wie bei uns.

٠	0	ßefr	١١	11	yâzdah
١	1	yek	١٢	12	dawâzdah
٢	2	do	١٣	13	ßizdah
٣	3	ße	١٤	14	tschahârdah
٤	4	tschahâr	١٥	15	pânzdah
٥	5	pandj	١٦	16	schânzdah
٦	6	schesch	١٧	17	hewdah
٧	7	haft	١٨	18	hedjdah
٨	8	hascht	١٩	19	nûzdah
٩	9	noh	٢٠	20	bißt
١٠	10	dah			(â wird lang ausgesprochen)

Begegnungen
mit den Menschen

Kontaktaufnahme und Begrüßung

Reisende, in erster Linie wohl Individualreisende, werden immer wieder einmal auf die Hilfe der Einheimischen angewiesen sein. Und auch wenn sie des Persischen kaum oder gar nicht mächtig sind, werden sie im allgemeinen keine größeren Schwierigkeiten haben, sich im Land zurechtzufinden. Die Menschen sind Fremden gegenüber aufgeschlossen und zeigen sich hilfsbereit.

Obwohl nicht übermäßig viele Menschen im Iran Englisch, Deutsch oder Französisch sprechen, müssen sich Reisende nicht unbedingt auf die Suche nach ihnen machen. Häufig kommen sie von ganz von allein, wenn sie fremde Gesichter sehen. Ausländer sind im iranischen Stadtbild bislang noch recht selten, so daß sie diejenigen, die Englisch sprechen, geradezu anziehen. Die Hilfsbereitschaft der Menschen ist, wie überall im islamischen Raum, einfach umwerfend und geht so weit, daß sogar eigene Arbeiten unterbrochen werden, um dem Fremden behilflich sein zu können.

Im Iran unterliegt die **Kontaktaufnahme** zwischen Ausländern und Einheimischen, wie in anderen islamischen Ländern auch, gewissen Regeln, die aus der Beziehung der Geschlechter zueinander resultieren. So werden Kontakte meist nur mit Angehörigen desselben Geschlechts geknüpft. Eine Iranerin, die ohne männliche Begleitung unterwegs ist, wird sicherlich nicht auf einen ausländischen Mann zugehen, um diesem ihre Hilfe bei der Hotelsuche anzubieten. Anders sieht die Sache natürlich aus, wenn sie einem ausländischen Paar behilflich sein kann. Denn in einem solchen Fall kann sie sich direkt an die Frau wenden. An diese Regeln sollten Reisende auch denken, wenn sie sich ihrerseits an jemanden wenden, um eine Auskunft zu erlangen. Gemäß der Geschlechtertrennung sollten Männer auf gar keinen Fall eine Frau um Hilfe bitten, weil sie diese dadurch in eine peinliche Situation bringen. Die umstehenden Menschen können nicht wissen, ob es sich um eine harmlose Frage nach dem Weg oder eine Kontaktaufnahme mit Hintergedanken handelt. Für alleinreisende Touristinnen dagegen ist es angebracht, für eine Auskunft *nur* Frauen anzusprechen, weil Männer in dem Hilfegesuch einer ausländischen Frau eventuell einen Annäherungsversuch sehen.

Neben der ausgeprägten Hilfsbereitschaft, die die Menschen immer wieder veranlaßt, Fremde anzusprechen, steht gerade bei jüngeren Iranern auch der Wunsch, bestehende Sprachkenntnisse zu erweitern und zu verbessern. Dadurch, daß doch relativ wenige Fremde das Land bereisen, haben sie kaum Möglichkeiten, außerhalb von Schule und Universität die erlernte Sprache auch in der Praxis anzuwenden. Ganz egal also, wo sich Touristen aufhalten: Wenn Einheimische mit europäischen Sprachkenntnissen ebenfalls unterwegs sind, bleiben die Touristen nicht lange allein.

Reisende sollten immer bedenken, daß es Iranern in der Öffentlichkeit nicht gestattet ist, einen Menschen des anderen Geschlechts, der nicht zur Familie gehört, zu berühren. Das betrifft auch den Händedruck. Bei uns in Deutschland oder in Europa ein Zeichen der Höflichkeit, zählt er im Iran zu den unerlaubten Kontaktaufnahmen zwischen den Geschlechtern. Nach islamischer Vorstellung kann bereits ein Händedruck der Auslöser für **Zina** sein. Das mag westlichen Besuchern übertrieben scheinen, und es halten sich auch längst nicht alle Iraner daran. Doch ganz egal, was sie davon halten, der größte Teil der Bevölkerung beachtet dieses Gebot.

Deshalb sollten auch Reisende davon Abstand nehmen, Einheimische des anderen Geschlechts auf der Straße per Handschlag begrüßen zu wollen. Ein ausländischer Mann sollte generell keiner Frau die Hand reichen, auch nicht in anderen islamischen Ländern. Das würde als schwerer Verstoß gegen die guten Sitten gewertet. Auch eine ausländische Frau sollte es vermeiden, einem Mann in der Öffentlichkeit die Hand entgegenzustrecken. Aus Höflichkeit wird er vielleicht die Hand ergreifen, in jedem Fall ist es eine peinliche Situation.

Iranische Gastfreundschaft

Häufig folgt der Kontaktaufnahme eines Iraners oder einer Iranerin auf der Straße eine **Einladung** zu einem Besuch ihrer Familie. Manche Touristen sind in Ländern der dritten Welt generell unsicher und trauen sich nicht recht, eine Einladung anzunehmen. Wer eine Einladung ausschlägt, ahnt vermutlich gar nicht, wie interessant ein Tag oder ein Abend in einer iranischen Familie sein kann. Wer also in eine Familie eingeladen wird, sollte sich, sofern er Bedenken hat, überwinden und zusagen. Zumal der Gastgeber ansonsten sehr enttäuscht wäre.

Doch wenn Reisende eine Einladung zu einer Familie erhalten, sollten sie diese zunächst trotzdem mehrmals ablehnen. Nicht immer nämlich ist eine Einladung ernst gemeint, manchmal wird sie nur aus Höflichkeit ausgesprochen, weil man sich verpflichtet fühlt, dem Fremden gegenüber zu demonstrieren, daß er im Gastland willkommen ist. Besonders auffällig ist, wenn eine Einladung anstelle einer Begrüßung ausgesprochen wird. Wenn ein Tourist eine Einladung dankend ablehnt und der vermeintliche Gastgeber daraufhin sofort auf ein anderes Thema zu sprechen kommt oder sich schnell verabschiedet, wurde die Einladung nur aus Höflichkeit ausgesprochen, genauso wie die Floskel "You are welcome", die Fremden überall im Vorbeigehen zugerufen wird. Hätte der Tourist nun gleich bei der ersten Anfrage zugesagt, hätte er den Gastgeber ganz schön in Verlegenheit gebracht. Dieser hätte von seinem Angebot nicht mehr zurücktreten können und den Fremden zu sich nach Hause einladen müssen, auch wenn er in

Wirklichkeit gar keine Zeit oder Lust gehabt hätte. Vielleicht wäre zu Hause auch gar nichts vorrätig gewesen, was er als guter Gastgeber dem Gast hätte auftischen können. Wenn eine Einladung jedoch mit ziemlicher Beharrlichkeit ausgesprochen und eine Ablehnung partout nicht akzeptiert wird, kann der Reisende bedenkenlos zusagen.

Viele iranische Familien stehen finanziell nicht besonders gut da und leben nahe der Armutsgrenze. Wenn Reisende also eingeladen werden und den Eindruck erhalten, der Gastgeber kann seine eigene Familie kaum ernähren, sollten sie natürlich lieber absagen. Aber normalerweise kann man relativ sicher sein, daß eine ernsthafte Einladung nur dann ausgesprochen wird, wenn der Gastgeber seine Gäste ohne Schwierigkeiten bewirten kann. Genau deshalb ist es wichtig, eine Einladung zunächst einmal abzulehnen.

Natürlich sollte man immer auch ein bißchen Vorsicht walten lassen. So wurden wir hin und wieder einmal von Menschen, die es besonders gut mit uns meinten, gewarnt, wir sollten nicht mit jedem nach Hause gehen, denn es gäbe ja nicht nur "gute" Iraner, und so manch einer hätte es vielleicht nur auf unser Geld abgesehen oder würde sich eine Einladung nach Deutschland erhoffen, ohne die er keine Chance auf ein Visum habe. Wir haben natürlich nicht jede Einladung angenommen, waren aber auch nicht besonders vorsichtig, haben damit jedoch überhaupt keine schlechten Erfahrungen gemacht. Wir sind immer aus wahrer Gastfreundschaft und aus Interesse iranischer Familien an einer ihnen fremden Kultur eingeladen worden. Aber es kann natürlich auch Ausnahmen geben, und ein gesundes Mißtrauen schadet nie.

Zu Gast in einer iranischen Familie

Unterschiedliches Auftreten in
einer religiösen und einer modernen Familie

Wer spontan eingeladen wird und sich mit seinem Gastgeber kurzentschlossen auf den Weg in dessen Heim macht, kann der Familie natürlich kein Gastgeschenk mitbringen. Wer hingegen eine Einladung für den Abend oder den nächsten Tag erhält, sollte seine Gastgeber mit einer Kleinigkeit erfreuen. Da man seine Gastfamilie üblicherweise noch nicht so gut kennt, sollte man sich auf neutrale Geschenke beschränken. Bei einem ersten Besuch bieten sich immer Blumen an. Wer eine Familie mit Kindern besucht, kann diesen Spielzeug mitbringen. Es ist dagegen unüblich, Gebäck, Pistazien oder auch Tee zu verschenken, dann eher etwas für den Haushalt, Teegläser oder Teller. Wer eine Familie besser kennenlernt und weiß, wo ihre Interessen liegen, kann durchaus auch andere Geschenke mitbringen. Eine Frau aus gläubiger Familie wird man mit ein paar Metern

Tschadorstoff erfreuen, eine Frau, die grundsätzlich nur Mantel und Kopftuch trägt, sicherlich nicht. Man kann natürlich auch, für alle Fälle, bereits Kleinigkeiten wie Schokolade oder Süßigkeiten von zu Hause mitbringen.

Wenn also die zu besuchende Familie noch nichts von ihrem "Glück", das heißt dem zu erwartenden Besuch, ahnt, geht der Gastgeber häufig zuerst ins Haus, um seine Familie "vorzuwarnen". Wie bereits angesprochen, endet die Öffentlichkeit normalerweise im Privathaus oder der Privatwohnung. Für Frauen aus religiösen Familien reicht sie mitunter noch weiter – bis ins Wohnzimmer. Dann nämlich, wenn Männer zu Besuch sind, die nicht zur Familie gehören. Da sie dann auch im eigenen Haus in der Öffentlichkeit stehen, müssen sie sich verschleiern. Frauen aus weniger streng religiösen Familien verschleiern sich dagegen nicht in ihrer Wohnung.

Wenn sich unter seinen Gästen ein Mann befindet, wird der Familienvater, falls er streng religiös ist, die weiblichen Familienmitglieder auffordern, sich zu verschleiern. Hier gilt gleich anzumerken, daß alleinreisende Männer seltener zu einer Familie eingeladen werden als Paare oder alleinreisende Frauen. Der Grund dafür dürfte darin liegen, daß bei einem Besuch in Haus oder Wohnung das Eindringen in den Privatbereich, also den traditionellen Lebensraum der Frauen, als zu stark empfunden wird. Männer treffen sich deshalb bevorzugt zu Tee und Wasserpfeife im Teehaus. Bei einem Paar ist das Eindringen in die Privatsphäre eher zu akzeptieren, weil eben auch eine Frau dabei ist. Alleinreisende Frauen sollten bei einer Einladung in eine iranische Familie natürlich immer ein gesundes Mißtrauen an den Tag legen.

Je nachdem, ob Touristen bei ärmeren oder reicheren, religiöseren oder westlicheren Familien eingeladen sind, werden sie einige Überraschungen erleben und mitunter von einem Extrem ins andere fallen. In der Öffentlichkeit unterscheiden sich die Menschen aufgrund der islamischen Kleiderordnung nicht besonders voneinander, und auch ihr Auftreten und Verhalten wird im großen und ganzen von islamischen Geboten bestimmt. Zu Hause offenbart sich dann sozusagen der "wahre Charakter" einer Familie. Die Unterschiede in der Ausstattung einer Wohnung oder auch im Auftreten einer Familie wurden bereits im vorherigen Kapitel dargestellt.

Beim **Eintreten in eine Wohnung** oder ein Haus hat der Besucher als erstes unaufgefordert seine Straßenschuhe auszuziehen. Iranische Wohnungen sind immer mit Teppichen ausgelegt, so daß der Besucher gut mit Strümpfen durch die Räume laufen kann. Weibliche Besucher haben mit dem Absetzen des Kopftuches und dem Ablegen des Mantels zu warten, bis sie dazu aufgefordert werden. Beim Eintreten in ein Haus genügt normalerweise ein Blick, um festzustellen, welche Einstellung eine Familie zur Kleiderfrage vertritt. Zeigen sich die Frauen der Familie in Anwesenheit der

Gäste selbst nur verschleiert, werden weibliche Gäste vergeblich auf die Aufforderung warten, die Straßenkleidung abzulegen. In diesem Fall sollten Touristinnen Kopftuch und Mantel wie selbstverständlich anbehalten und ihre Gastgeber auch nicht darum bitten, die Kleidung ablegen zu dürfen. Tragen die Frauen des Hauses dagegen keine Verschleierung, werden sie ihre weiblichen Gäste als erstes auffordern, ihr Kopftuch während des Besuches in ihrem Haus abzulegen.

In zahlreichen Familien, sofern Großfamilien heute noch zusammen unter einem Dach wohnen, kann der Reisende feststellen, daß ältere Frauen häufig auch im eigenen Haus einen *Tschador* tragen, während die jüngeren Frauen, auch in Anwesenheit von männlichen Gästen, gänzlich unverschleiert und in westlicher Kleidung auftreten. Die religiöse Einstellung einer Frau äußert sich bereits in der Kleidung und der Frisur, die unter ihrer Verschleierung zum Vorschein kommt. Es trifft einen schon der Schlag, wenn eine iranische Frau, die sich auf der Straße in Schwarz hüllen muß, plötzlich im Minirock und einer schicken Bluse vor einem steht. Ihre Einstellung zur Zwangsverschleierung wird damit sofort offensichtlich. Denn es ist natürlich nach islamischen Gesetzen eine große Sünde, sich in einer solchen Aufmachung Gästen zu präsentieren.

Mit dem **Begrüßen der einzelnen Familienmitglieder** verhält es sich ähnlich wie mit der Kleiderfrage. Erst einmal die Familienmitglieder beobachten, dann merkt man schon, wie man sich zu verhalten hat. Ist man von einer religiösen Familie eingeladen worden, ist, genauso wie auf der Straße, davon Abstand zu nehmen, Familienmitglieder des jeweils anderen Geschlechts per Handschlag zu begrüßen. Zwischen den Geschlechtern kommt es allein zu einer sprachlichen Begrüßung. Männer und Frauen untereinander begrüßen sich dann schon intensiver, entweder durch einen Händedruck oder, wenn man bei einem weiteren Besuch in der Familie vielleicht schon vertrauter ist, mit einer herzlichen Umarmung. Um seinen Respekt vor dem Alter zu zeigen, sollte man immer zunächst die Großeltern oder Eltern und dann erst die jüngeren Familienmitglieder begrüßen. In traditionelleren Familien wird zudem erwartet, daß man sich zuerst den männlichen und dann erst den weiblichen Familienmitgliedern zuwendet. *"Salam"* (Gruß oder Friede) ist die übliche Begrüßung im Iran und kann zu jeder Tages- und Nachtzeit benutzt werden.

Nach der allgemeinen Begrüßung wird man sich im Wohnzimmer niederlassen und bei einem Tee **erste Gespräche** knüpfen. In der Familie zeigt sich, daß europäische Sprachen im Iran nicht sehr weit verbreitet sind. Es kann sogar passieren, daß man von Menschen eingeladen wird, die kaum Englisch sprechen. Die englische Sprache wird zwar ab der Mittelschule gelehrt, aber viele haben eben nur die Grundschule besucht. Und obwohl die Verständigung in einem solchen Fall mehr als schlecht ist, bleibt die Gastfreundschaft immer herzlich. Dann werden eben Fotoalben gezeigt oder, soweit vorhanden, Video- und Musikkassetten vorgespielt. Doch wenn eingeladen wird, spricht normalerweise zumindest ein Familienmitglied Englisch, dem dann die Aufgabe des Dolmetschers zufällt.

Ein fester Programmpunkt, der in westlich geprägten Familien bei der Einladung ausländischer Gäste einfach dazugehört und ein absolutes Muß ist, ist das **Präsentieren der häuslichen Videothek.** Das Sammeln von Videokassetten gehört zu einem der ganz großen Hobbies zahlreicher iranischer Familien. Natürlich geht es hierbei nicht um das Sammeln iranischer oder islamischer Spielfilme. Nein, gefragt ist alles, was aus dem westlichen Ausland zu bekommen ist: Spielfilme, Musik und Unterhaltung. Da etliche Familien eine umfangreiche Sammlung an westlichen Filmen vorweisen können, müssen die Schmuggelwege, die in das Land führen, doch gut funktionieren.

Videos von europäischen Fernsehsendungen oder amerikanischen Spielfilmen werden also gerne vorgeführt. Besonders stolz ist die Familie, wenn sie ihren ausländischen Gästen einen aktuellen amerikanischen Spielfilm präsentieren kann, den diese womöglich noch gar nicht gesehen haben.

Meist sind die Familien vor allem daran interessiert zu erfahren, wie das Leben in einem gänzlich anderen Kulturkreis ausschaut. Wenn man ein paar Fotos von der Heimat dabeihat, von Haus und Familie, ist das nicht verkehrt. Sehr häufig drehen sich erste Gespräche um Unterschiede und Gemeinsamkeiten der verschiedenen Gesellschaftsformen. Je nachdem, welche Einstellung eine Familie zu westlichen Lebensformen einnimmt, wird sie diese verherrlichen oder zutiefst ablehnen und die Vorzüge des eigenen Lebens preisen oder auch nicht. Der Besucher wird bald feststellen, daß die Menschen immer bereit sind, ganz offen und ehrlich über ihre Lebensverhältnisse zu erzählen, so daß der Gast viel über das Leben im Iran erfährt.

Es kann passieren, daß Touristen zunächst den Eindruck erhalten, der überwiegende Teil der iranischen Bevölkerung sei westlich eingestellt und stünde der Regierung der Mullahs ablehnend gegenüber. Doch dies ist sicherlich nicht richtig. Es ist vielmehr zutreffend, daß es vorwiegend Familien der oberen Mittelschicht und der Oberschicht sind, die Fremdsprachen beherrschen und deshalb Touristen zu sich nach Hause einladen. Und viele dieser Familien gehören zu jenen Kreisen, die auch heute noch, fast 20 Jahre nach Beendigung des Schah-Regimes, eine westliche Lebensweise bevorzugen. Familien der ärmeren Bevölkerung sprechen dagegen seltener Einladungen aus, weil sie durch fehlende Fremdsprachenkenntnisse kaum Kontakte knüpfen können und vermutlich auch ganz andere Sorgen haben.

Natürlich werden bei einem solchen Gespräch zwischen Iranern und Europäern zwangsläufig auch die gesellschaftlichen Besonderheiten des Iran angesprochen. Zu **Themen wie Verschleierung oder Geschlechtertrennung** hat jeder Reisende irgendeine Ansicht, ganz egal, ob er die religiösen Hintergründe dieser Maßnahmen kennt oder nicht. Reisende werden ganz schnell feststellen, daß der *Tschador* bei einem Teil der Bevölkerung umstritten ist. Es gibt einfach kein Gespräch im Iran, ohne auf die Vorzüge bzw. Nachteile des *Tschadors* zu sprechen zu kommen. Besonders in Gesprächen zwischen Frauen wollen diese ganz konkret wissen, was man als Ausländerin, die sich in ihrem Heimatland nicht verschleiern muß, davon hält. Viel interessanter ist jedoch, was die Iranerinnen selbst von der Verschleierung halten.

Die Befürworterinnen des Umhangs argumentieren nach wie vor, daß dieses schwarze Stück Stoff den Frauen Schutz biete. Seit Einführung der Kleiderordnung sei es für sie wieder sicher, sich auch nach Einbruch der Dunkelheit allein auf den Straßen zu bewegen, ohne Gefahr zu laufen, belästigt zu werden. So erzählen Frauen, daß sie freiwillig und ohne Druck seitens ihrer Männer nicht nur einen Mantel, sondern auch noch einen *Tschador* tragen, eben zum Schutz vor der restlichen Männerwelt. Doch wie bereits angedeutet, werden Touristinnen eher Frauen kennenlernen, die jede Form der Verschleierung ablehnen. Doch die Deutlichkeit, mit der die Ablehnung der Zwangsverschleierung besonders von jungen Frauen zum Ausdruck gebracht wird, überrascht dann doch wieder. Sprüche wie: "Glaubt ihr etwa, wir mögen das Kopftuch" sind keine Seltenheit. Doch viele Frauen im Iran nehmen die ganze Sache mit Humor und machen ihre Witze über Verschleierung und Geschlechtertrennung. Ändern können sie es ja ohnehin nicht.

Auch **Gespräche über die aktuelle Politik** des Iran bleiben kaum aus. Die Iraner sind sehr daran interessiert zu erfahren, was man denn im Ausland so ganz allgemein vom Iran denkt und was man persönlich von der Islamischen Revolution und der Person *Khomeinis* hält. Doch Politik und Religion sind immer empfindliche Themenbereiche, in denen Kritik nicht allzu deutlich formuliert werden sollte. Dies betrifft natürlich in erster Linie Gespräche, die auf der Straße geführt werden. Dann sollte man doch lieber ausweichend antworten. Obwohl viele Iraner auch in dieser Beziehung recht locker sind und auf offener Straße und für jeden deutlich vernehmbar erzählen, daß zu Schah-Zeiten alles besser war. Aber wer kann das als Außenstehender schon richtig bewerten?

Ein Gesprächsthema, das auch immer wieder angesprochen wird, ist der **Iran-Irak-Krieg**, der noch gut zehn Jahre nach seiner Beendigung die Menschen zutiefst berührt und erschüttert und mit großer Trauer erfüllt. Fast jede Familie hat Tote und Verletzte zu beklagen, gedenkt mit Gemälden an den heimischen Wänden ihrer Opfer. Riesige Märtyrerfriedhöfe zeugen von dem unendlichen Leid. Als besonders tragisch wird empfunden, daß auch zahlreiche Kinder in diesen Krieg ziehen mußten und unter den 14- bis 18jährigen Soldaten besonders viele Tote zu verzeichnen waren. Hier können die meisten Familien die Politik der geistlichen Regierung bis heute nicht nachvollziehen, die jeden gefallenen Soldaten als Märtyrer für den gerechten Islam feierte und den Familienangehörigen die Trauer um ihren Ehemann, Sohn oder Bruder schlichtweg verbot.

Einladung zum Essen

"Es wurden zwar etliche wenig hölzerne Löffel aufgelegt, deren sich aber niemand als wir Franken gebrauchten, weil die Persianer die Hand anstatt eines Löffels gebrauchten, indem sie auf gewisse Weise die vier Finger biegen und krümmen, welches ihnen sehr bequem ist, uns aber überaus unflätig und unhöflich vorkommt."[69]

Eine Einladung zu einem Besuch einer Familie beinhaltet häufig auch ein Essen. Je nachdem, zu welcher Tageszeit eingeladen wurde, wird ein warmes Essen bereitet oder auch Gebäck oder Obst serviert. Auch hier wird der Reisende jene Unterschiede feststellen können, die bereits oben beschrieben wurden. Ärmere Familien, aber auch solche, die bevorzugt traditionell leben, haben in ihren Räumen meist nur Teppiche ausgelegt sowie Kissen an den Wänden der Räume. Diese Familien servieren ihre Mahlzeiten traditionell auf einem auf dem Boden ausgebreiteten Tuch, auf dem dann der "Tisch" gedeckt wird. Bei westlich eingestellten Familien wird, wie bei uns, bevorzugt am Tisch gespeist. Ganz ehrlich, am Boden macht es mehr Spaß.

Vor dem Essen wird meist ein Tee serviert, während einer Mahlzeit wird Wasser getrunken, wobei jeder selbst entscheiden muß, ob er nun Leitungswasser trinken möchte oder nicht. Mit dem Trinken von Leitungswasser sollte man im Iran, wie in vielen anderen Ländern auch, vorsichtig sein. Ein weiteres *Getränk*, das zum Essen gern serviert wird, nennt sich *Dugh* und besteht aus Joghurt, Wasser und verschiedenen Kräutern.

Wird in der Familie gekocht, zeigt sich die ganze Vielfältigkeit der *persischen Küche*, die sich in den Restaurants gar nicht richtig entfalten kann. Reis ist das Grundnahrungsmittel im Iran, das bei keiner Mahlzeit fehlen darf und auf verschiedene Arten und mit verschiedenen Gewürzen zubereitet wird. Dazu wird dann meist ein Fleisch- oder ein Gemüsegericht serviert sowie Salate, Joghurt und Brot. Und zum Nachtisch gibt es meist Obst – Früchte der Saison. Und dann noch einmal einen Tee.

Zu jeder Mahlzeit, ob im Restaurant oder zu Hause, gehört dünnes *Fladenbrot*. Es gibt verschiedene Arten, die allesamt im Steinofen gebacken werden. Der Brotteig wird zum Backen direkt an die innere Ofenmauer geklatscht. Sowie das Brot fertig gebacken ist, löst es sich von der Mauer und wird mit einem langen Spieß aus dem Ofen hervorgeholt. Viele Familien holen sich das Brot zu jeder Mahlzeit frisch vom Bäcker. In Restaurants, die in größeren Mengen einkaufen, ist es dagegen nicht so frisch.

Steingebackenes Brot *(Sangak)* schmeckt besonders gut, hat eine längliche Form von etwa einem halben Meter und ist mit Löchern übersät, die daher rühren, daß es auf Kieselsteinen gebacken wird. Häufig hängen noch zahlreiche Steinchen am Brot, wenn es aus dem Ofen kommt.

Wenn man ein **Essen auf dem Boden** zu sich nimmt, ist es üblich, auf den Knien zu hocken oder sich im Schneidersitz hinzusetzen. Das ist sicherlich etwas anstrengend, wenn man es nicht gewohnt ist.

Ganz egal, ob mit Besteck oder den Händen gegessen wird, die **linke Hand** hält sich zurück. Sie gilt als unrein, weil sie zum Reinigen nach dem Toilettengang benutzt wird. Sie wird nur verwendet, wenn man beide Hände benötigt, um Fleisch zu zerschneiden oder Brot zu zerteilen. Wenn Essen zum Mund geführt wird, geschieht dies immer mit der rechten Hand. Wenn mit den Händen gegessen wird, bedient man sich dabei des bei jeder Mahlzeit bereitgestellten dünnen Fladenbrotes. Dieses wird in kleine Stücke gerissen, zu Schaufeln geformt und kann nun Fleisch und Gemüse aufnehmen, genauso wie ein Löffel. Bei jedem Bissen wird neues Fladenbrot gebrochen. Auch wenn man mit Messer und Gabel ißt, sollte man die linke Hand nur zum Zerteilen verwenden und immer mit der rechten Hand die Gabel zum Mund führen.

Nach dem Essen wird meist noch einmal Tee serviert. Es kann jedoch auch passieren, daß ein Gastgeber seinen Gästen mit einer Flasche Whiskey eine besondere Freude machen will. Obwohl **Alkohol** offiziell nicht verkauft wird und der Genuß von Alkohol unter Strafe gestellt wird, ist er zu entsprechenden Preisen auf dem Schwarzmarkt zu bekommen. Und viele Iraner lassen sich das Alkoholtrinken von religiöser und staatlicher Seite nicht verbieten. Doch sind sie häufig überrascht und enttäuscht zugleich, wenn sie erfahren, daß es Menschen in Europa gibt, die keinen Alkohol trinken und daher das so gutgemeinte Gläschen nach dem Essen ablehnen. Das können sie ganz und gar nicht verstehen.

Iranische Familien sind großzügige Gastgeber und bewirten ihre Gäste so gut wie möglich. Doch hin und wieder kommt es vor, daß ein oder auch mehrere Gäste zum Essen eingeladen werden, die Gastgeber reichhaltig auftischen und die **Gäste dann allein essen müssen**, während die gesamte Familie zuschaut und jeden Bissen beobachtet. In einem solchen Fall hat man ein richtig schlechtes Gefühl und denkt, daß man seinen Gastgebern ihr Essen wegißt. Auf die Frage, warum sie nicht mitessen, heißt es stets, man habe bereits zu einem früheren Zeitpunkt gegessen.

Übernachtung in einer Familie

Manchmal werden Gäste auch dazu eingeladen, in einer Familie zu übernachten. Besonders in kleineren Ortschaften oder auf dem Land kann das häufiger passieren, wenn es kaum oder gar keine Hotels gibt. In diesem Fall sind Reisende sogar auf ein solches Angebot angewiesen. Auch wenn es ihnen vielleicht etwas unangenehm ist, weil sie einer Familie keine Umstände bereiten wollen, ist eine Einladung, über mehrere Tage in einer Familie zu verweilen, sehr interessant, weil sie dadurch die Möglichkeit erhalten, einen Einblick in den Tagesablauf einer iranischen Familie zu bekommen. Wenn man eine solche Einladung erhält, muß man sich allerdings darüber im klaren sein, was einen erwartet. Die Familie wird darum bemüht sein, sich ständig um den Gast zu kümmern, der eventuell keine Minute Ruhe haben wird. Ein solches Verhalten ist äußerst nett gemeint, kann aber einem Europäer, der sich vielleicht auch einmal zurückziehen will, durchaus auf die Nerven gehen. Also sollte man sich schon vorher darauf einstellen oder die Einladung lieber ausschlagen.

Ein **Platz zum Schlafen** ist immer vorhanden, vermuteter Platzmangel also kein Grund, eine Einladung abzulehnen. Verfügt eine Familie über ausreichend Räumlichkeiten, wird sie den Gästen immer einen eigenen Raum zur Verfügung stellen. Für die Gäste werden am Abend eine dünne Matratze sowie einige Decken und Kissen aus den Schränken hervorgeholt und aufgebaut. Eine zusätzliche Person im Haus macht häufig nicht so furchtbar viele Umstände.

Wenn man über eine längere Zeit in einer Familie weilt, wird man auch die **sanitären Anlagen** benutzen müssen. Außer in Küche und Bad/Toilette ist der gesamte Wohnbereich mit Teppichen ausgelegt. Am Toiletteneingang steht häufig ein Paar Badeschlappen bereit, damit man nicht umständlich seine Straßenschuhe überstreifen muß. Diese Badeschlappen sollte der Gast nur im Bereich der Toilette benutzen und anschließend wieder abstellen. Man sollte mit ihnen nicht im restlichen Wohnbereich umherlaufen, weil sie wirklich nur für die Toilette gedacht sind. Ähnlich verhält es sich mit der Küche. Auch hier stehen Badeschuhe zum Überstreifen bereit, und auch diese sollten nicht in den Wohnräumen benutzt werden. Falls in einem Haus Toilette und Küche in einem, von den Wohnräumen abgetrennten Trakt untergebracht und über den Hof zu erreichen sind, können diese auch mit Straßenschuhen betreten werden.

Toilettenpapier sollte der Reisende in einem iranischen Haushalt allerdings nicht unbedingt erwarten. Da es im Iran kaum Touristen aus westlichen Ländern gibt, stellen sich auch die Hotels nur teilweise auf diese Gepflogenheit Reisender ein, und wenn, dann nur solche der besseren Kategorie. Da die meisten Iraner jedoch kein Toilettenpapier benutzen, sollte sich der Reisende, falls er nicht auf die einheimische Methode der Reinigung zurückgreifen möchte, mit solchem versorgen. Allerdings ist es im Iran mitunter schwierig, Toilettenpapier zu kaufen, besonders in kleineren Städten. Doch Taschentücher oder Servietten, die umfunktioniert werden können, findet der Reisende fast überall. Jedoch sollte er daran denken, daß die "arabischen Toiletten" nicht dazu gedacht sind, massenweise Toilettenpapier herunterzuspülen und daher leicht verstopfen können. Besser sollte er sich doch für einige Zeit umstellen: In der Toilette steht immer eine Kanne mit Wasser bereit.

Gegenseitige Familienbesuche bestimmen hauptsächlich die Freizeit der iranischen Familien, wie bereits an anderer Stelle ausführlich dargelegt wurde. Der Zusammenhalt zwischen einzelnen Teilen einer Familie ist viel größer als bei uns. So geschah es doch ziemlich häufig, daß wir, wenn wir bei einer Familie zu Besuch waren, nicht lange allein blieben. Irgendwelche Verwandtschaft kam fast immer vorbei. Und der Tee und das Essen hat immer für alle gereicht, einfach weil eine Familie ständig mit verwandtschaftlichem Besuch rechnet und reichlich kocht. Und es kann auch passieren, daß man als ausländischer Gast innerhalb der Familie herumgereicht wird. Dann heißt es von der einen Schwester: "Also morgen zum Mittagessen müßt ihr unbedingt bei uns vorbeikommen", und der Bruder meint: "Und für den Abend lade ich euch zu mir und meiner Familie ein". Auf diese Art und Weise lernt man eine iranische Großfamilie sehr schnell kennen.

Anhang

Anmerkungen

1 Für eine genaue Aufgliederung der verschiedenen islamischen Gruppierungen siehe: Der Fischer Weltalmanach '94, Frankfurt/M. 1993, Sp. 893f.

2 Zahlenangaben in diesem Absatz aus: Harenberg Länderlexikon '93/94, Dortmund 1993, S. 159 (Iran), S. 155 (Irak), S. 189 (Jemen) u. S. 241 (Libanon).

3 Koranzitate aus: Der Koran, Vollständige Ausgabe, Heyne Verlag, München 1992, 3. Aufl.

4 Hadith aus: Annemarie Schimmel, Der Islam - Eine Einführung, Stuttgart 1990, S. 53.

5 Hadith aus: So sprach der Prophet - Worte aus der islamischen Überlieferung, ausgewählt und übersetzt von Adel Theodor Khoury, Gütersloh 1988, S. 49.

6 Glaubensbekenntnis aus: Annemarie Schimmel, S. 32.

7 Hadith aus: So sprach der Prophet, S. 136.

8 Auszug aus dem Reisebericht Engelbert Kaempfers, der Ende des 17. Jahrhunderts den Iran bereiste: Am Hofe des persischen Großkönigs 1684-1685, Stuttgart 1984, S. 177.

9 Hadith aus: Yann Richard, Die Geschichte der Schia im Iran, Berlin 1983, S.21f.

10 Hadith aus: Werner Ende und Udo Steinbach (Hrsg.), Der Islam in der Gegenwart, München 1991, 3. Auflage, S. 71.

11 Auszug aus dem Reisebericht Engelbert Kaempfers (s. Anm. 8), S. 138.

12 Auszug aus dem Reisebericht Engelbert Kaempfers, S. 139.

13 Auszug aus dem Reisebericht Engelbert Kaempfers, S. 131.

14 Auszug aus dem Reisebericht Engelbert Kaempfers, S. 131.

15 Zahlen aus: Heinz Halm, Der schiitische Islam, Von der Religion zur Revolution, München 1994, S. 144.

16 Nach Heinz Halm, S. 145, gibt es heute etwa 300 Mudschtahids in Qom.

17 Auszug aus dem Reisebericht Engelbert Kaempfers, S. 188.

18 Auszug aus dem Reisebericht Engelbert Kaempfers, S. 184f.

19 Auszug aus einem Reisebericht des türkischen Reisenden Evliya Tschelebi, der Mitte des 17. Jahrhunderts den Iran bereiste, in: Heinz Halm, S. 58.

20 Auszug aus einer längeren Reisebeschreibung, veröffentlicht in: Heinz Halm, S. 68f.

21 Zitat aus: Monika Schuckar, "Der Kampf gegen die Sünde", Frauenbild und Moralpolitik in der Islamischen Republik Iran, Gießen 1983, S. 16f.

22 Ayatollah Morteza Motahari, Stellung der Frau im Islam, Hamburg o. J., S. 40.

23 Hadith aus: So sprach der Prophet, S. 248.

24 Hadith aus: Nawal el Saadawi, Tschador - Frauen im Islam, Bremen 1980, Neuauflage 1991, S. 149.

25 Hadith aus: So sprach der Prophet, S. 245.

26 Hadith aus: Kaplan Omar, Sexualität im Islam und in der türkischen Kultur, Frankfurt 1979, S. 45.

27 Ayatollah Morteza Motahari, S. 113.

28 Hadith aus: So sprach der Prophet, S. 252. "Ältere verheiratete Frau" bedeutet hier "ältere verwitwete oder geschiedene Frau".

29 Hadith aus: So sprach der Prophet, S. 270.

30 Auszug aus dem Reisebericht Engelbert Kaempfers, S. 179. Zur Erinnerung: Ali = 1. Imam der Schiiten; Omar = 2. Kalif in der Nachfolge Mohammads.

31 Ayatollah Morteza Motahari, S. 48ff.

32 Reza Schah Pahlawi bei einer Rede vor seinem Kabinett im Mai 1935, aus:
Bahman Nirumand und Keywan Daddjou, Mit Gott für die Macht, Eine politische Biographie des Ayatollah Chomeini, Hamburg 1989, S. 55.

33 Sadrolaschraf, Justizminister Reza Schahs, in seinen Memoiren, in: Bahman
Nirumand und Keywan Daddjou, S. 56.

34 Auszüge aus diesem Werk in: Bahman Nirumand und Keywan Daddjou, S. 65ff.

35 Mohammad Reza Schah Pahlawi zur "Weißen Revolution",
aus: Bahman Nirumand und Keywan Daddjou, S. 101f.

36 Pressemeldung der Tageszeitung "Ettelaat" vom 4. November 1964,
in: Bahman Nirumand und Keywan Daddjou, S. 119.

37 Ayatollah Chomeini, Der islamische Staat, hrsg. v. Klaus Schwarz, Berlin 1983.

38 Angaben aus: Hans Robert Roemer, Die Islamische Republik Iran auf dem Weg
zum Gottesstaat?, in: Orient 21, 1980, S. 467.

39 Angaben über die Analphabetenrate der iranischen Bevölkerung schwanken bei den
verschiedenen Autoren. Diese Zahl nennt Wolfgang Ritter, Der Iran unter der Diktatur des Schah-Regimes, Frankfurt 1979, S.68.

40 Parole demonstrierender Schahgegner. Für einen chronologischen Ablauf der islamischen Revolution siehe: Ralf Gregor Küpper, Chronologie des Protestes, in: Kritik
20, 1979, S. 60ff.

41 Ayatollah Khomeini in einer auf Tonband aufgezeichneten Botschaft an das iranische
Volk von 1978, aus: Bahman Nirumand und Keywan Daddjou, S. 166.

42 Erster Punkt eines 17-Punkte-Planes, verlesen auf einer Großdemonstration in Teheran im Dezember 1978, Ralf Gregor Küppers, S. 71f.

43 Khomeini im Januar 1979, aus: Bahman Nirumand und Keywan Daddjou, S. 209.

44 Khomeini bei einer Rede in Qom, zwei Wochen nach seiner Rückkehr in den Iran,
aus: Bahman Nirumand, Iran - Hinter den Gittern verdorren die Blumen, Reinbek
1985, S. 132.

45 Khomeini in Paris zu seiner künftigen Rolle im Iran, aus: Bahman Nirumand, S. 52.

46 Khomeini bei seiner Rede in Qom (s. Anm. 13), aus: Bahman Nirumand, S. 131.

47 Khomeini im Sommer 1979, aus: Bahman Nirumand, S. 171.

48 Khomeini im Sommer 1979, aus: Bahman Nirumand, S. 171.

49 Erklärung Khomeinis im Pariser Exil, aus: Bahman Nirumand, S. 52.

50 Parolen aus: Monika Schuckar, S.10; Fereshteh Ghodstinat und Monika Schuckar,
Weibliche Flüchtlinge im Iran: Fluchtmotive und Lebenssituation in der Bundesrepu-
blik Deutschland, Frankfurt/M. 1987, S. 6.

51 Die Bemühungen Schokuhis, Minister für Bildung und Erziehung, blieben ohne Erfolg. Aus einem Zeitungsinterview von 1979, aus: Bahman Nirumand, S. 179.

52 Veröffentlichungen der Testamente von gefallenen iranischen Soldaten in der Teheraner Tageszeitung "Keyhan" vom 8. 12. 1987, 7. 3. 1988 und 7. 10. 1987, aus: Dawud Gholamasad und Arian Sepideh, Iran: Von der Kriegsbegeisterung zur Kriegs-
müdigkeit, Hannover 1988, S. 31, 32, 41.

53 Zahlenangaben über die Bevölkerungsentwicklung im Iran aus: Statistisches Bun-
desamt (Hrsg.), Länderbericht Iran 1992, Wiesbaden 1992, S. 24.

54 Zahlenangaben aus: Almuth Baron, Nur wenige wünschen sich die Herrschaft des
Schah zurück, in: FAZ, 13. 6. 1992.

55 Die Arbeitslosenquote betrug im Jahr 1991 etwa 40 %. Harenberg Länderlexikon
'93/94, Dortmund 1993, S. 159.

56 Länderbericht Iran 1992, S. 28.

57 Für Zahlenangaben über die Analphabetenrate der iranischen Bevölkerung von
    1977/78 bis 1987/88 siehe: Länderbericht Iran 1992, S. 40.
58 Zahlenangaben in diesem Absatz aus: Kirsten Bauer, Stichwort - Frauen im Islam,
    München 1994, S. 38.
59 Zahlenangaben in diesem Absatz aus: Länderbericht Iran 1992, S. 40.
60 Vergl. Tabelle bei: Kirsten Bauer, S. 56f. Die Analphabetenrate der iranischen Bevöl-
    kerung wird hier allerdings um 10 % höher angesiedelt als im Länderbericht
    Iran 1992.
61 Auszug aus dem Reisebericht Engelbert Kaempfers, S. 134f.
62 Für einen Vergleich siehe Tabelle bei: Kirsten Bauer, S. 48.
63 Khomeni in einer Rede vor Angestellten des Rundfunks und Fernsehens, aus: Bah-
    man Nirumand, S. 178.
64 Auszug aus dem Reisebericht Engelbert Kaempfers, S. 133.
65 Khomeini in einer Rede vor Angestellten des Rundfunks und Fernsehens, aus: Bah-
    man Nirumand, S. 178.
66 Namen der Personen abgeändert.
67 Pietro della Valle, Reisebeschreibungen in Persien und Indien, Berlin 1987, S. 27f.
68 Auszug aus dem Reisebericht Heinrich Petermanns, der den Iran Mitte des 19. Jahr-
    hunderts bereiste: Reisen im Orient, 1852 - 1855, Neudruck der 2. Ausgabe Leip-
    zig 1865, Amsterdam, 1976, S. 230.
69 Auszug aus dem Reisebericht von Pietro della Valle, S. 40.

Glossar

Aba: Langer Mantel der schiitischen Geistlichen

Allah: Gott

Amameh: Turban der schiitischen Geistlichen

Analogieschluß: Arabisch – *qijas;* Methode der islamischen Rechtsprechung; von einem in →Koran und →Sunna behandelten Fall wird auf einen ähnlichen Fall geschlossen.

Andarun: Persisch für "innen"; bezeichnet den Frauenbereich in einem traditionellen iranischen Wohnhaus.

Aql: "Vernunft"

Armee des Wissens: Hochschulabsolventen, die im Iran der sechziger Jahre aufs Land geschickt wurden, um der dortigen Bevölkerung Lesen und Schreiben beizubringen.

Armensteuer: →"Fünf Säulen des Islam"

Aschura: Zehnter Tag des islamischen Monats →Muharram;
Todestag des 3. →Imam *Husain.*

Aschura-Bräuche: Prozessionen und Passionsspiele der Schiiten zu Ehren ihres dritten →Imam *Husain.*

Ayatollah: "Wunderzeichen Gottes"; Titel eines islamischen Geistlichen.

Ayatollah al-uzma: "Großes Wunderzeichen Gottes";
Titel eines islamischen Geistlichen.

Birun: Persisch für "außen";
Bezeichnet den Männerbereich in einem traditionellen iranischen Wohnhaus.

Brautgeld: Ein im Ehevertrag ausgehandelter Betrag, der der Frau im Falle des Todes ihres Ehemannes oder bei einer Scheidung zusteht; arabisch – *mahr;* auch "Morgengabe" genannt.

Dschihad: "Anstrengung" (Allah zu dienen); Heiliger Krieg.

Fastenzeit: →Saum

Fatwa: "Rechtsgutachten"

Faqih: Islamischer Rechtsgelehrter

Feiziyye: Bekannte theologische Hochschule in Qom

Fiqh: Islamische Rechtswissenschaft

Fitna: "Chaos" oder "Unordnung"; hat mehrere Bedeutungen in der arabischen Sprache; hier meint es einen Zustand der Unordnung innerhalb der islamischen Gesellschaft, der durch die unkontrollierte Sexualität der Frau hervorgerufen wird.

Fünf Säulen des Islam: Fünf religiöse Pflichten, die die Gläubigen zu erfüllen haben, wollen sie nach ihrem Tod ins Paradies einziehen; hierunter fallen Glaubensbekenntnis (arabisch – *schahada)*, Pflichtgebet (arabisch – →*salat;* persisch – *namaz)*, Abgabe an die Armen (arabisch und persisch – →*zakat)*, Fasten (arabisch – →*saum;* persisch – *ruza)*, Pilgerfahrt (arabisch und persisch – →*hadsch)*.

Fünfer-Schiiten: Auch Zaiditen genannt; glauben an eine Reihe von fünf →Imamen.

Große Verborgenheit: Phase der zwölferschiitischen Religion von 941 bis in die Gegenwart in der der 12. →Imam jeglichen Kontakt zu seiner Gemeinde abgebrochen hat.

Hadd-Strafen: Strafen, die bereits in →Koran und →Sunna als Strafmaß für bestimmte Vergehen genannt sind und in islamischen Staaten, die nach der →Scharia richten, auch heute noch als verbindlich gelten. Hierunter fallen Abfall vom Glauben, →Zina, Diebstahl und Trunkenheit.

Hadith: Überlieferter Bericht über das Leben →Mohammads. Hierzu zählt alles, was Mohammad gesagt, getan und gebilligt hat.

Hadith-Sammlungen: Zusammenstellung der →Hadithe →Mohammads. Schiiten und Sunniten erkennen unterschiedliche Sammlungen als authentisch an.

Hadsch: "Besuch der heiligen Stätten"; Pilgerfahrt nach Mekka; eine der →"fünf Säulen des Islam".

Hadschi: Ehrentitel für Männer und Frauen, die an der →Hadsch teilgenommen haben.

Hidschra: "Emigration"; bezeichnet die Flucht →Mohammads von Mekka nach Medina. Beginn der islamischen Zeitrechnung.

Hijab: Islamische Bedeckung

Hodschat al-islam: "Autorität des Islam"; Titel eines islamischen Geistlichen

Howzeh elmiyeh: Persische Bezeichnung für eine theologische Hochschule

Idda: Gesetzlich vorgeschriebene Zeit, die eine Frau nach dem Ende ihrer Ehe warten muß, bis sie wieder heiraten darf

Idschma: →Konsens

Idschtihad: "Das sich Abmühen"; freie Interpretation der islamischen Quellen; berechtigt zur selbständigen Interpretation ist nur der →Mudschtahid.

Imam: Religiöses und weltliches Oberhaupt der Schiiten. Schiitische Muslime glauben an die Unfehlbarkeit ihrer Imame.

Kaaba: Haus Gottes in Mekka (Saudi-Arabien); bedeutendstes Heiligtum des Islam

Kadscharen: Herrschergeschlecht im Iran (1794-1925)

Kalif: "Nachfolger"; nach dem Tod →Mohammads eingeführtes Amt zur Leitung der Gemeinde

Kleine Verborgenheit: Phase der zwölferschiitischen Religion von 874 bis 941; nach dem Verschwinden des zwölften →Imam stand dieser noch über vier Botschafter mit seiner Gemeinde in Verbindung.

Konsens: Arabisch – *idschma;* gemeinschaftliche Urteilsfindung in Fragen der Rechtsprechung durch die islamische Gemeinde bzw. Rechtsgelehrte

Koran: "Rezitation"; heiliges Buch der Muslime und wichtigste Quelle des Islam

Madhhab: →Rechtsschulen

Maghnae: Islamische Kapuze; Verschleierungsart

Manto: Mantel

Mardscha at-taqlid: "Instanz der Nachahmung"; Titel eines islamischen Rechtsgelehrten

Masdschid: "Ort, wo man sich niederwirft"; Moschee

Masdschid Dschami: Besonders bedeutende oder große Moschee, in der freitags die Predigt abgehalten wird.

Mihrab: Gebetsnische einer Moschee an der →Qibla, der Wand, die nach Mekka zeigt.

Minbar: Kanzel, von der freitags gepredigt wird; an der →Qibla gelegen.

Mohammad: Laut →Koran letzter Prophet, den Gott auf die Erde sandte, um die Religion des einen Gottes zu verkünden.

Morgengabe: →Brautgeld

Mudschtahid: "Der sich Abmühende"; Islamischer Rechtsgelehrter, der zu →Idschtihad befähigt ist.

Muezzin: Gebetsrufer. Früher hat er selbst vom Minarett heruntergesungen, heute singt er nur noch über Lautsprecher.

Mufti: "Rechtsgutachter"

Eine Schlange von Pilgern bewegt sich auf Mekka zu (Stich aus dem 19. Jh.)

Muharram: Erster Monat des islamischen Jahres; Trauermonat

Muhra: Gebetsstein, der von den Schiiten beim täglichen Pflichtgebet verwendet wird.

Mullah: Allgemeine Bezeichnung für einen islamischen Geistlichen

Muta: Zeitehe

Namaz: →"Fünf Säulen des Islam"

Pasdaran: "Wächter der Revolution"; Revolutionsgarden

Pflichtgebet: →Salat

Pilgerfahrt: →Hadsch

Qibla: Bezeichnung für die Wand der Moschee, die nach Mekka zeigt.

Qijas: →Analogieschluß

Qisas-Strafen: Vergeltungsrecht bei Mord und Körperverletzung; der nächste männliche Verwandte des Opfers hat das Recht, den Täter zu töten oder ihm die gleiche Verletzung beizufügen.

Rahbar: In der iranischen Verfassung von 1979 genanntes Amt für die Leitung der Gemeinde in der Islamischen Republik Iran; von Khomeini ausgeübt.

Ramadan: Neunter Monat des islamischen Jahres; Fastenmonat

Rechtsschulen: Arabisch – *madhhab;* der sunnitische Islam beruft sich auf vier Rechtsschulen aus dem 8. und 9. Jahrhundert, die Malikiten, Schafiiten, Hanafiten und Hanbaliten. Die Rechtsschule der Schiiten ist nach ihrem sechsten Imam *Dschafar* benannt.

Rituelle Waschung: Vor jedem →Pflichtgebet zu verrichtende Waschung, um den Zustand äußerer Reinheit zu erlangen.

Rouze Khan: Sänger, der zu einer religiösen Veranstaltung ins Haus eingeladen wird.

Russaro: Kopftuch

Ruza: →Saum

Sadr: "Minister für religiöse Angelegenheiten"; eingesetzt von den →Safawiden-Herrschern zur Kontrolle der schiitischen →Ulama.

Safawiden: Herrschergeschlecht im Iran (1501-1722).

Salat: Tägliches Pflichtgebet; Sunniten beten fünfmal am Tag, Schiiten dreimal. Eine der →"fünf Säulen des Islam".

Saum: Fasten im →Ramadan; eine der →"fünf Säulen des Islam"

SAVAK: Geheimdienst des Schah

Schahada: →"Fünf Säulen des Islam"

Scharia: "Was vorgeschrieben ist"; das Islamische Recht; enthält die aus →Koran und →Sunna abgeleiteten Vorschriften, die zum Gesetz erhoben wurden.

Schiismus: Eine der beiden Richtungen des Islam; benannt nach "Schiat Ali" – Partei Alis.

Selbstgeißelungen: Schiiten kennen verschiedene Formen von Selbstgeißelungen während der ersten zehn Tage des Monats →Muharram: Brustschläger-, Kettengeißler- und Schwertgeißlerprozessionen.

Seyyed: Ehrentitel für männliche Nachkommen →Mohammads

Siebener Schiiten: Auch Ismaeliten genannt; glauben an eine Reihe von sieben →Imamen

Sighé: Zeitehe

Sunna: "Tradition"; befaßt sich mit dem vorbildlichen Leben →Mohammads, dem die Gläubigen nacheifern sollen. Die Sunniten berufen sich auf sechs →Hadith-Sammlungen, die Schiiten auf vier Sammlungen.

Sunnismus: Eine der beiden Richtungen des Islam; benannt nach der →Sunna des Propheten.

Sure: Abschnitt des →Koran; das heilige Buch ist in 114 Suren unterteilt.

Talaq: Verstoßungsformel bei einer Scheidung, die der Mann ohne Angabe von Gründen aussprechen darf.

Taqlid: "Nachahmung"; wer nicht selbst befähigt ist, →Idschtihad zu betreiben, muß anerkannten Rechtsgelehrten in ihrem Urteil folgen.

Taziya: "Beileidsbezeugung"; schiitisches Passionsspiel

Thora: Die fünf Bücher Mose; Gesetzbuch des Judentums

Tschador: Großes, meist dunkelfarbiges Tuch, das den weiblichen Körper umhüllt.

Ulama: Islamische Bezeichnung für Rechtsgelehrte

Umma: "Gemeinde"

Velayat-e faqih: Regierung des Experten

Vierzehn Unfehlbare: Den Schiiten gelten Mohammad, seine Tochter Fatima sowie die zwölf Imame als unfehlbar.

Wallfahrt: →Hadsch

Waschung: →Rituelle Waschung

Weiße Revolution: Reformprogramm *Mohammad Reza Schah Pahlawis;* beinhaltete eine Landreform

Zakat: Entrichtung der Armensteuer; eine der →" fünf Säulen des Islam"

Zeitehe: Schiitische Sonderform der Ehe

Zina: Geschlechtsakt zwischen nicht miteinander verheirateten Partnern; Unzucht oder Ehebruch

Zwölfer-Schiiten: Auch "Imamiten" genannt; glauben an eine Reihe von zwölf →Imamen

Literaturhinweise

Azadi, Sousan: **Flucht aus dem Iran – Eine Frau entrinnt den Ayatollahs**, München 1991, 8. Auflage. Wenn es schon eine Flucht sein muß, dann zumindest die einer Iranerin. Ansonsten gibt es über diese Thematik fast nur Schund zu lesen. Der Leser erfährt in diesem Buch einer Iranerin, die ihre Heimat liebt und nur unfreiwillig verläßt, einfach mehr über die wirkliche Situation als in einem Buch einer Amerikanerin, die das Land haßt.

Binswanger, Karl: **Das Selbstverständnis der Islamischen Republik Iran im Spiegel ihrer neuen Verfassung**, in: Orient 21, 1980, S. 320-330. Geht besonders auf die islamischen Elemente in der Verfassung ein.

Ende, Werner: **Die Mullahs und die Macht – Zur Rolle der Schia in der Geschichte Irans**, in: Journal für Geschichte 1, 1979, Heft 4, S. 2-7. Knappe, aber sehr gute Zusammenfassung der Schia im Iran bis zur Machtergreifung der Mullahs 1979.

Endreß, Gerhard: **Der Islam – Eine Einführung in seine Geschichte,** München 1991. Behandelt die verschiedenen Perioden des Islam.

Halm, Heinz: **Der schiitische Islam – Von der Religion zur Revolution,** München 1994. Wichtiges Buch über die Entwickluung des schiitischen Islam von seinen Anfängen bis zur Gegenwart. Besonders interessant ist das Kapitel über die Geißlerprozessionen und Passionsspiele mit zahlreichen Auszügen aus alten Reisebeschreibungen.

Hartmann, Richard: **Die Religion des Islam – Eine Einführung,** Darmstadt 1992, Nachdruck der Ausgabe Berlin 1944. Gibt gut verständlichen Überblick über den sunnitischen Islam. Der schiitische Islam wird nur im Anhang erwähnt.

Kremer, Heidemarie: **Freiwillig unter dem Schleier – Als Deutsche im Iran**, Freiburg 1993. Die Autorin ist mit einem Iraner verheiratet und schildert die Besuche bei seiner Familie im Iran.

Malanowski, Anja und Stern, Marianne (Hrsg.): **Iran – Irak, "Bis die Gottlosen vernichtet sind",** Reinbek 1987. Neben der Schilderung der historischen Abläufe dieses Krieges werden auch die Auswirkungen auf die iranische Bevölkerung beschrieben.

Mernissi, Fatima: **Geschlecht, Ideologie, Islam,** München 1987. Behandelt eingehend die Sexualität im Islam mit allem, was dazu gehört, also Ehe, Polygamie, Scheidung. Neben einem theoretischen Teil beschreibt sie die Situation in im Marokko der Gegenwart.

Nirumand, Bahman: **Iran – hinter den Gittern verdorren die Blumen,** Reinbek 1985. Der Autor lebte zur Zeit des Umsturzes im Exil, kehrte voller Hoffnungen in den Iran zurück und mußte erneut fliehen. Er schildert seine Erfahrungen vor dem Hintergrund der politischen Ereignisse.

Nirumand, Bahman und Daddjou, Keywan: **Mit Gott für die Macht – Eine politische Biographie des Ayatollah Chomeini**, Reinbek 1987. Eine Biographie mit zahlreichen Auszügen aus Reden und Interviews.

Richard, Yann: **Die Geschichte der Schia im Iran – Grundlagen einer Religion,** Berlin 1983. Grundlagen des Schiismus und speziell die Ausprägung im Iran.

Richard, Yann: **Ehe auf Zeit oder Prostitution? Frauenrollen im schiitischen Islam,** in: Freibeuter 48, 1991, S. 61-73.

Ritter, Wolfgang: **Der Iran unter der Diktatur des Schah-Regimes,** Frankfurt/M. 1979. Abhandlung über die politische und wirtschaftliche Entwicklung des Landes während der Pahlawi-Schahs mit den daraus resultierenden Veränderungen der Gesellschaft.

Samadzadeh Darinsoo, Fatemeh: **Die Islamisierung des Schulsystems der Islamischen Republik**, Teil I u. II, in Orient 27, 1986, S. 450 - 462 u. S. 629 - 641. Gibt einen Überblick über die organisatorische sowie inhaltliche Umstrukturierung des iranischen Bildungswesens.

Schimmel, Annemarie: **Der Islam – Eine Einführung,** Stuttgart 1990. Gute Einführung über Entstehung, Entwicklung und Ausbreitung des Islam.

Schuckar, Monika: **"Der Kampf gegen die Sünde" – Frauenbild und Moralpolitik in der Islamischen Republik Iran**, Gießen 1983. Ein Buch das auf die politischen und gesellschaftlichen Veränderungen im Iran im 20. Jh. eingeht. Über die Lockerung der islamischen Gesetze während der Pahlawi-Herrschaft und die Situation der iranischen Frauen nach der Revolution.

REISE KNOW-HOW Bücher werden von Autoren geschrieben, die Freude am Reisen haben und viel persönliche Erfahrung einbringen. Sie helfen dem Leser, die eigene Reise bewußt zu gestalten und zu genießen. Wichtig ist uns, daß der Inhalt nicht nur im reisepraktischen Teil „Hand und Fuß" hat, sondern daß er in angemessener Weise auf Land und Leute eingeht. Die Reihe REISE KNOW-HOW soll dazu beitragen, Menschen anderer Kulturkreise näherzukommen, ihre Eigenarten und ihre Probleme besser zu verstehen. Wir achten darauf, daß jeder einzelne Band gemeinsam gesetzten Qualitätsmerkmalen entspricht. Um in einer Welt rascher Veränderungen laufend aktualisieren zu können, drucken wir bewußt kleine Auflagen.

SACHBÜCHER:

Die Sachbücher vermitteln KNOW-HOW rund ums Reisen: Wie bereite ich eine Motorrad- oder Fahrradtour vor? Welche goldenen Regeln helfen mir, unterwegs gesund zu bleiben? Wie komme ich zu besseren Reisefotos? Wie sollte eine Sahara-Tour vorbereitet werden? In der Sachbuchreihe von REISE KNOW-HOW geben erfahrene Vielreiser Antworten auf diese Fragen und helfen mit praktischen, auch für Laien verständlichen Anleitungen bei der Reiseplanung.

RAD & BIKE:

REISE KNOW-HOW RAD & BIKE sind Radführer von lohnenswerten Reiseländern bzw. Radreise-Stories von außergewöhnlichen Radtouren durch außereuropäische Länder und Kontinente. Die Autoren sind entweder bekannte Biketouren-Profis oder „Newcomer", die mit ihrem Bike in kaum bekannte Länder und Regionen vorstießen. Wer immer eine Fern-Biketour plant – oder nur davon träumt – kommt an unseren RAD & BIKE-Bänden nicht vorbei!

Welt

Abent. Weltumradlung (RAD & BIKE)
DM 28,80   ISBN 3-929920-19-0

Achtung Touristen
DM 16,80   ISBN 3-922376-32-0

Äqua-Tour (RAD & BIKE)
DM 28,80   ISBN 3-929920-12-3

Auto(fern)reisen
DM 34,80   ISBN 3-921497-17-5

Die Welt im Sucher
DM 24,80   ISBN 3-9800975-2-8

Fahrrad-Weltführer
DM 44,80   ISBN 3-9800975-8-7

Motorradreisen
DM 34,80   ISBN 3-921497-20-5

Um-Welt-Reise (REISE STORY)
DM 22,80   ISBN 3-9800975-4-4

Wo es keinen Arzt gibt
DM 26,80   ISBN 3-89416-035-7

Outdoor-Praxis
DM 32,80   ISBN 3-89416-629-0

Nehberg bei RKH

Das Yanomami-Massaker
DM 36,00   ISBN 3-89416-624-x

Europa

Amsterdam
DM 26,80   ISBN 3-89416-231-7

Bretagne
DM 39,80   ISBN 3-89416-175-2

Budapest
DM 26,80   ISBN 3-89416-212-0

Bulgarien
DM 39,80   ISBN 3-89416-220-1

Dänemarks Nordseeküste
DM 24,80   ISBN 3-89416-634-7

England, der Süden
DM 36,80   ISBN 3-89416-224-4

Europa Bike-Buch (RAD & BIKE)
DM 44,80   ISBN 3-89662-300-1

Großbritannien
DM 39,80   ISBN 3-89416-617-7

Hollands Nordseeinseln
DM 24,80   ISBN 3-89416-619-3

Irland-Handbuch
DM 39,80   ISBN 3-89416-636-3

Island
DM 44,80   ISBN 3-89662-035-5

Kärnten
DM 29,80   ISBN 3-89622-105-x

Litauen mit Kaliningrad
DM 29,80   ISBN 3-89416-169-8

London
DM 26,80   ISBN 3-89416-199-x

Madrid
DM 26,80   ISBN 3-89416-201-5

Mallorca
DM 36,80   ISBN 3-89662-156-4

Mallorca für Eltern und Kinder
DM 24,80   ISBN 3-89662-158-0

Mallorquinische Reise (REISE STORY)
DM 29,80   ISBN 3-89662-153-x

Mallorca, Wandern auf
DM 29,80   ISBN 3-89662-162-0

Oxford
DM 26,80   ISBN 3-89416-211-2

Paris
DM 26,80   ISBN 3-89416-200-7

Polen: Ostseeküste/Masuren
DM 29,80   ISBN 3-89416-613-4

Prag
DM 26,80   ISBN 3-89416-204-x

Provence
DM 39,80   ISBN 3-89416-609-6

Pyrenäen
DM 39,80   ISBN 3-89416-610-x

Rom
DM 26,80   ISBN 3-89416-203-1

Europa

Schottland-Handbuch
DM 39,80   ISBN 3-89416-621-5

Sizilien
DM 39,80   ISBN 3-89416-627-4

Skandinavien – der Norden
DM 36,80   ISBN 3-89416-191-4

Tschechien
DM 36,80   ISBN 3-89416-600-2

Ungarn
DM 32,80   ISBN 3-89416-188-4

Warschau/Krakau
DM 26,80   ISBN 3-89416-209-0

Wien
DM 26,80   ISBN 3-89416-213-9

Deutschland

Berlin mit Potsdam
DM 26,80   ISBN 3-89416-226-0

Borkum
DM 19,80   ISBN 3-89416-632-0

Mecklenburg/Vorp. Binnenland
DM 19,80   ISBN 3-89416-615-0

München
DM 24,80   ISBN 3-89416-208-2

Nordfriesische Inseln
DM 19,80   ISBN 3-89416-601-0

Nordseeinseln
DM 29,80   ISBN 3-89416-197-3

Nordseeküste Niedersachsens
DM 24,80   ISBN 3-89416-603-7

Oberlausitz/Zittauer Gebirge
DM 24,80   ISBN 3-89416-165-5

Ostdeutschland individuell
DM 36,80   ISBN 3-89622-480-6

Ostfriesische Inseln
DM 19,80   ISBN 3-89416-602-9

Ostharz mit Kyffhäuser
DM 19,80   ISBN 3-89416-228-7

Ostseeküste/Mecklenburg-Vorpom.
DM 19,80   ISBN 3-89416-184-1

Ostseeküste Schleswig-Holstein
DM 19,80   ISBN 3-89416-631-2

Wasserwandern Mecklenb./Brandenb.
DM 24,80   ISBN 3-89416-221-x

Rügen/Usedom
DM 19,80   ISBN 3-89416-190-6

Sächsische Schweiz
DM 19,80   ISBN 3-89416-630-4

Schwarzwald
DM 24,80   ISBN 3-89416-611-8

P R O G R A M M

REISE STORY:

Reise-Erlebnisse für nachdenkliche Genießer bringen die Berichte der REISE KNOW-HOW REISE STORY. Sensibel und spannend führen sie durch die fremden Kulturbereiche und bieten zugleich Sachinformationen. Sie sind eine Hilfe bei der Reiseplanung und ein Lesevergnügen zugleich.

Ü B E R S I C H T

KulturSchock

Diese Reihe vermittelt dem Besucher einer fremden Kultur wichtiges Hintergrundwissen. **Themen** wie Alltagsleben, Tradition, richtiges Verhalten, Religion, Tabus, das Verhältnis von Frau und Mann, Stadt und Land werden nicht in Form eines völkerkundlichen Vortrages, sondern praxisnah auf die Situation des Reisenden ausgerichtet behandelt. Der **Zweck** der Bücher ist, den Kulturschock weitgehend abzumildern oder ihm gänzlich vorzubeugen. Damit die Begegnung unterschiedlicher Kulturen zu beidseitiger Bereicherung führt und nicht Vorurteile verfestigt.

11 Titel sind lieferbar, darunter:

Hanne Chen
KulturSchock China
VR China und Taiwan
280 Seiten, reichlich illustriert, DM 24.80

Rainer Krack
KulturSchock Thailand
240 Seiten, reichlich illustriert, DM 24.80

Gabriele Kalmbach
KulturSchock Pakistan
288 Seiten, reichlich illustriert, DM 24.80

Monika Heyder
KulturSchock Vietnam
240 Seiten, reichlich illustriert, DM 24.80

Rainer Krack
KulturSchock Indien
204 Seiten, reichlich illustriert, DM 24.80

Nachwort

Freiheiten, die Touristen in anderen Ländern gewährt werden, nur weil der Staat Devisen braucht, haben sich nicht unbedingt ausgezahlt. Teile der Bevölkerung der betreffenden Länder wie Algerien oder Ägypten, aber eigentlich generell aller islamischen Länder mißbilligen das Auftreten zahlreicher Ausländer in ihrem Land und kämpfen gerade in jüngster Zeit auch dagegen an. Ob wir das gut finden oder nicht, ist nicht die Frage. Es hat sich jedoch gezeigt, daß Touristen, wenn sie Respekt von seiten der Einheimischen erwarten wollen, mehr an die Verhältnisse und Gegebenheiten im jeweiligen Land anpassen müssen. Dazu gehört sicherlich auch eine bessere Vorbereitung auf das jeweilige Reiseland, um schon vor Reiseantritt die geschichtlichen, religiösen und kulturellen Hintergründe kennenzulernen. Zahlreiche Europäer schrecken vor einer Reise in den Iran zurück und argumentieren, daß sie sich ihre Freiheiten im Urlaub nicht beschneiden lassen, ihre Kleidung und ihr Auftreten selbst wählen wollen. In Algerien oder Ägypten hatten Touristen in den letzten Jahrzehnten alle Freiheiten mit dem Ergebnis, daß sich Teile der Bevölkerung auflehnen und inzwischen das Reisen in diese Länder sehr gefährlich bzw. unmöglich geworden ist. Im Iran gibt es gewisse Richtlinien, die bereits vor Antritt der Reise bekannt sind. Der Reisende kann sich auf Bekleidung und Auftreten einstellen. Wer bereit ist, diese Einschränkungen in Kauf zu nehmen, lernt ein Land mit liebenswürdiger und gastfreundlicher Bevölkerung kennen.

Die Autorin

Kirsten Winkler bereist seit Beendigung ihres Studiums der Kunstgeschichte die islamische Welt. Ihr besonderes Interesse gilt der Erforschung der verschiedenen Moscheentypen. Mehrere Reisen führten sie in den Iran.